I0876731

Abwehr - Aneignung - Instrumentalisierung

Greifswalder Theologische Forschungen

(GThF)

Herausgegeben von Christfried Böttrich im Auftrag der
Theologischen Fakultät Greifswald

Band 24

Abwehr – Aneignung – Instrumentalisierung

Zur Rezeption Karl Barths in der DDR

Herausgegeben von
Michael Hüttenhoff und Henning Theißen

EVANGELISCHE VERLAGSANSTALT
Leipzig

Bibliographische Information der Deutschen Nationalbibliothek
Die Deutsche Nationalbibliothek verzeichnet diese Publikation in der Deutschen Nationalbibliographie; detaillierte bibliographische Daten sind im Internet über http://dnb.dnb.de abrufbar.

© 2015 by Evangelische Verlagsanstalt GmbH · Leipzig
Printed in Germany · H 7904

Das Werk einschließlich aller seiner Teile ist urheberrechtlich geschützt. Jede Verwertung außerhalb der Grenzen des Urheberrechtsgesetzes ist ohne Zustimmung des Verlags unzulässig und strafbar. Das gilt insbesondere für Vervielfältigungen, Übersetzungen, Mikroverfilmungen und die Einspeicherung und Verarbeitung in elektronischen Systemen.

Das Buch wurde auf alterungsbeständigem Papier gedruckt.

Cover: Kai-Michael Gustmann, Leipzig
Satz: Stephan Rehm, Greifswald
Druck und Binden: Hubert & Co., Göttingen

ISBN 978-3-374-04151-0
www.eva-leipzig.de

Inhaltsverzeichnis

Zu den methodischen Problemen einer Theologiegeschichte der DDR[1]

Michael Hüttenhoff und Henning Theißen

Etwas mehr als 25 Jahre ist es her, dass die friedliche Revolution in Deutschland die Schlussphase der DDR einläutete. Damit ging auch ein Kapitel theologischer Forschung und Lehre zu Ende, das der Verantwortung des christlichen Glaubens in der gesellschaftlichen Situation der DDR gewidmet war. Die Theologie, die in diesem Gebiet zwischen 1949 und 1989 betrieben wurde, kann zwar nicht isoliert betrachtet und »in die Jahreszahlen 1945/49-1989 eingepfercht werden«[2]. Sie entwickelte sich nicht frei von Beziehungen nach außen, die durch Literatur, persönliche Begegnungen und Briefe vermittelt wurden. Aber dennoch bildet die Geschichte der Theologie in der DDR einen räumlich und zeitlich klar abgrenzbaren Gegenstand.

Diese Geschichte – also die Geschichte der Personen, die in der DDR theologisch produktiv waren, der Institutionen, an denen Theologie betrieben wurde, der bearbeiteten Themen und der erarbeiteten Konzeptionen – ist trotz vieler Forschungsbeiträge zu Einzelfragen noch nicht geschrieben. Der hier vorliegende Band will einen Beitrag dazu leisten, dass diese Lücke geschlossen wird.

Wir legen diesen Beitrag rund ein Vierteljahrhundert nach der ›Wende‹ vor. Das Jubiläum der seinerzeitigen Ereignisse gibt nicht nur der öffentlichen Kultur des Gedenkens, sondern auch der wissenschaftlichen Erforschung der Geschichte gewordenen DDR neuen Auftrieb. Wie andere Bereiche der Wissenschaft erlebt auch die universitäre Theologie einen Generationenwechsel. Wer gegenwärtig in Deutschland Theologie studiert, hat in der Regel die deutsche Teilung nicht mehr selbst erlebt. Damit schickt sich auch die Beschäftigung mit der Theologiegeschichte der DDR an, die Perspektive der Zeitzeugen

---

1 Die Einleitung konzentriert sich, bedingt durch die Kompetenzen der Herausgeber, auf die Geschichte der evangelischen Theologie. Eine *umfassende* Theologiegeschichte der DDR müsste selbstverständlich die katholische Theologie einbeziehen.

2 Kurt Nowak, Zum Widerstreit um die »Kirche im Sozialismus«, in: ZEE 37 (1993), 235-238, hier: 236; zustimmend aufgenommen von Wolfgang Thumser, Kirche im Sozialismus. Geschichte, Bedeutung und Funktion einer ekklesiologischen Formel (BHTh 95), Tübingen 1996, 3-4.

hinter sich zu lassen. Das kommt einer unvoreingenommenen historischen Betrachtungsweise entgegen. Aber gerade dieser Betrachtungsweise stehen die Zeitzeugen misstrauisch gegenüber. Wer nicht dabei gewesen sei, könne nicht verstehen, was geschehen sei und wie man sich verhalten habe. Umgekehrt ist die Sicht der Zeitzeugen dem Verdacht ausgesetzt, dass sie von trügerischen Erinnerungen und apologetischen Interessen geprägt werde. Angesichts dieses Dilemmas muss sich die Theologiegeschichtsschreibung bemühen, die politische, gesellschaftliche und zeitgeschichtliche Situation, in der Personen oder Institutionen bestimmte theologische Themen erörtert haben, sorgfältig zu analysieren und zu interpretieren.

Das Spezifikum der Theologie in der DDR bestand nicht in bestimmten Inhalten, sondern in der Pluralität der Situationen, die in den 40 Jahren der DDR für die verschiedenen Zeitabschnitte, Regionen, konfessionellen Milieus und theologischen Traditionen zu beobachten sind. Im Sinne dieser Differenzierungen könnte ein Ziel für die Theologiegeschichtsschreibung der DDR darin bestehen, eine »theologische Landkarte« der Träger von Theologie in der DDR zu erstellen. Wer war zu welcher Zeit an welcher Institution theologisch tätig, und welche Profile zeigte die theologische Arbeit der betreffenden Personen? Ein solches Projekt würde einen Überblick über die Quellen erlauben, die der zu schreibenden Theologiegeschichte zugrunde liegen können. Zwar hat die theologische Produktion einer bestimmten konfessionellen und theologischen Prägung zu einem bestimmten Zeitpunkt in der Geschichte der DDR gewiss kaum aus anderen Quellen geschöpft als vergleichbare theologische Strömungen derselben Zeit auf anderem als ostdeutschem Boden. Die evangelische Theologie hat sich in der DDR selbstverständlich nicht minder auf Bibel und Bekenntnis bezogen als anderswo. Die theologischen Traditionen, die rezipiert wurden, waren die gleichen wie in der Bundesrepublik. Doch sind ja nicht diese Quellen, sondern die theologische Produktion selbst der eigentliche Gegenstand der DDR-Theologiegeschichtsschreibung. Die theologische Produktion aber unterlag in der DDR wie der gesamte Produktivsektor besonderen Bedingungen, aus denen sich die methodischen Schwierigkeiten einer Theologiegeschichte der DDR ergeben.

Auf einige dieser methodischen Schwierigkeiten soll im Folgenden hingewiesen werden. Sie lassen sich gut im Vergleich zur Situation in der Bundesrepublik erläutern, ohne dass damit doch noch eine inhaltliche »Spezifik« der Theologiegeschichte der DDR behauptet werden soll.

Sofern Theologiegeschichtsschreibung sich vorrangig auf gedruckte Quellen in Form von wissenschaftlichen Büchern und Aufsatzliteratur stützt – auch wenn diese nach dem Eisberg-Modell immer nur die Spitze dessen sein kann, was an christlicher Sprach- und Denkarbeit in einer bestimmten Epoche der Geistesgeschichte geleistet wird[3] –, ist für die DDR zu bedenken, dass die Möglichkeiten zu derartiger Publikationstätigkeit nicht nur auf materielle Schwierigkeiten stieß, die alle Bereiche der wirtschaftlichen Produktion in einem dirigistischen System betreffen. Vielmehr unterstanden bekanntlich gerade Bildung und Wissenschaft in der DDR besonderer staatlicher Kontrolle nicht nur in Form zentral gelenkter Produktionsbedingungen, sondern auch aufgrund der inhaltlichen Zensur, der alle in der DDR erscheinenden Druckerzeugnisse unterlagen. So kam in der DDR für den theologischen Büchermarkt, von wenigen lokal oder regional begrenzten Ausnahmen (wie der Herrnhuter Brüdergemeine) abgesehen, nur die Evangelische Verlagsanstalt mit Sitz in Berlin in Betracht, die nicht nur praktisch den gesamten inländischen Publikationsbetrieb tragen musste, sondern auch für den breiten Bereich der Lizenzausgaben zuständig war, die von theologischer Literatur westlicher Provenienz in den sozialistischen Ländern erscheinen konnten (freilich ebenfalls erst, nachdem sie die Zensur durchlaufen hatten). Sie sorgte im Verbund mit zahlreichen halb- oder illegalen Kanälen der theologischen Literaturbeschaffung (Büchergeschenk und -schmuggel sowie Hektographie) für eine erträgliche Versorgung zumindest in den wissenschaftlichen Bibliotheken der DDR, die das Bild einer komplett von der Zensur diktierten Literaturlage korrigiert.[4] Dass seit Mitte der 1990er Jahre die Praxis staatlicher Zensur am Beispiel der Evangelischen Verlagsanstalt exemplarisch gut dokumentiert ist,[5] gibt einen Eindruck davon, welche Besonderheiten diese invasive Kontrolle für die veröffentlichten theologischen Texte mit sich brachte. Dass dies auch das Verständnis der Texte und ihre

---

3 Vgl. die folgenden, sich wechselseitig näher bestimmenden Bemerkungen von Dietrich Ritschl: »Schriftliche Theologie zielt auf die eigentliche, die mündliche und im tatsächlichen Leben geschehende Theologie hin. Schriftliches ersetzt nicht das Mündliche, es gibt Anlaß dazu.« – »Theologie ist nicht identisch mit der Gesamtheit des Denkens und Sprechens der Gläubigen. Sie ist nur ein kleiner Teil davon und zwar derjenige, der dieses Denken und Sprechen sowie auch das Tun der Gläubigen sich zu regeln, zu prüfen und zu stimulieren anheischig macht« (ders., Zur Logik der Theologie. Kurze Darstellung der Zusammenhänge theologischer Grundgedanken, München 1984, 17 bzw. 25).

4 Hinzu kommt die Literatur, die von den Instituten zur Erforschung des wissenschaftlichen Atheismus angeschafft wurde und durchaus solide theologische Bestände einschloss.

5 Vgl. Siegfried Bräuer / Clemens Vollnhals (Hg.), »In der DDR gibt es keine Zensur«. Die Evangelische Verlagsanstalt und die Praxis der Druckgenehmigung 1954-1989, Leipzig 1995.

Interpretation beeinflusst, dürfte einleuchtend sein und wird uns im weiteren Verlauf unserer Überlegungen noch beschäftigen müssen.

Zu der Frage, wo und wie überhaupt theologische Literatur in der DDR produziert werden konnte, gesellt sich nicht minder gewichtig die Frage, wer die Möglichkeit hatte, solche zu veröffentlichen und damit als Träger von Theologie in der DDR in Erscheinung zu treten. Denkt man in Analogie zum bundesrepublikanischen Pendant vorrangig an die Theologinnen und Theologen an den Fakultäten universitärer Ausbildungsstätten, deren es in der DDR sechs gab (Rostock, Greifswald, Berlin, Jena, Halle, Leipzig), so dürfte spätestens seit den Forschungen von Friedemann Stengel[6] deutlich sein, dass diese Stätten theologischer Wissenschaft in der Auswahl ihres akademischen Lehr- und Forschungspersonals schon vor der 1970/71 erfolgten Umwandlung in zentralistisch gelenkte Sektionen einer staatlichen Einflussnahme unterlagen, die sich deutlich von der Freiheit der Wissenschaft zur akademischen Selbstverwaltung in Westdeutschland unterschied und damit Einfluss auf theologische Profile zu nehmen vermochte. Der strukturelle Unterschied zwischen theologischen Fakultäten/Sektionen einerseits und theologischen Ausbildungsstätten in kirchlicher Trägerschaft andererseits war in der DDR deutlich größer als in der Bundesrepublik. Das zeigt sich besonders in der Tatsache, dass die auf dem Gebiet der DDR bestehenden »Kirchlichen Hochschulen« (als die sie in Übernahme des westdeutschen Modells nach 1990 wiederbegründet wurden), nämlich das von der Evangelischen Kirche in Berlin-Brandenburg getragene »Sprachenkonvikt« in Berlin,[7] das in Trägerschaft der Evangelischen Kirche der Kirchenprovinz Sachsen befindliche Katechetische Oberseminar in Naumburg[8] und das zur Evangelisch-Lutherischen Landeskirche Sachsens gehörige Theologische Seminar in Leipzig,[9] einen rein innerkirchlichen Bildungszug darstellten, der keinerlei staatliche Anerken-

---

6 Vgl. Friedemann Stengel, Die theologischen Fakultäten in der DDR als Problem der Kirchen- und Hochschulpolitik des SED-Staates bis zur ihrer Umwandlung in Sektionen 1970/71 (AKThG 3), Leipzig 1998.

7 Vgl. Rudolf Mau, Das »Sprachenkonvikt«. Theologische Ausbildungsstätte der Evangelischen Kirche in Berlin-Brandenburg (›Kirchliche Hochschule Berlin‹) 1950-1991, in: Matthias Köckert (Hg.), Der Wahrheit Gottes verpflichtet. Theologische Beiträge aus dem Sprachenkonvikt. FS Rudolf Mau, Berlin 1993, 11-25.

8 Vgl. Ulrich Schröter (Hg.), Im Schatten des Domes. Theologische Ausbildung in Naumburg 1949-1994, Leipzig ^{2}2012.

9 Vgl. Werner Vogler (Hg. in Verb. m. Hans Seidel / Ulrich Kühn), Vier Jahrzehnte kirchlich-theologische Ausbildung in Leipzig. Das Theologische Seminar – die Kirchliche Hochschule Leipzig, Leipzig 1993.

nung genoss. Das brachte mit sich, dass an diesen Einrichtungen auch junge Theologinnen und Theologen für den kirchlichen Dienst ausgebildet wurden, die vom staatlichen Abitur ausgeschlossen waren, aber an den untergradigen Einrichtungen des kirchlichen Bildungszugs (wie dem Katechetischen Seminar Potsdam-Hermannswerder oder dem Katechetischen Proseminar Naumburg) eine Hochschulzugangsberechtigung erworben hatten, die in der DDR freilich nur den Weg zum Theologiestudium eröffnete. Ebenso konnten diese Einrichtungen keine akademischen Grade vergeben, obwohl sie intern Promotions- und Habilitationsprogramme anboten und durchführten, deren Absolventen nach der friedlichen Revolution nicht selten nachgraduiert wurden. Beide Faktoren dieses innerkirchlichen Bildungszugs wirkten sich auf die theologische Arbeit selbst aus. Man muss für das inhaltliche Profil wissenschaftlicher Theologie an diesen kirchlichen Einrichtungen mit der Möglichkeit rechnen, dass sie den im Bildungssektor der DDR allgegenwärtigen staatlichen Beeinflussungsmaßnahmen weniger stark ausgesetzt, aber gleichwohl besonders sensibilisiert waren[10] – während umgekehrt der Erfolg solcher Einflussnahmen an universitären Einrichtungen sich eher profilbildend ausgewirkt zu haben scheint, damit jedoch inhaltliche Auseinandersetzungen bis hin zu Richtungskämpfen besonders an der theologischen Fakultät der Berliner Humboldt-Universität beförderte.[11] Es wäre allerdings entschieden zu einfach, für die Universitäten von einer mit der staatstragenden Bildungsauffassung konvergenten Theologie auszugehen und für die kirchlichen Einrichtungen von vornherein eine demgegenüber kritisch eingestellte Theologie zu unterstellen, auch wenn die strukturellen Voraussetzungen dies nahe zu legen scheinen. Vielmehr weisen die strukturellen Unterschiede zwischen staatlichen und kirchlichen Stätten theologischer Wissenschaft auf die erhebliche innere Differenzierung der Theologie in der DDR hin. Dass über den selbstverständlichen, von den einzelnen Personen getragenen Wissenschaftsaustausch hinaus auch die beiden Institutionsformen keineswegs gegeneinander abgeschottet waren, zeigt ein Vorgang wie der 1982 erfolgte Wechsel von Martin Seils vom Katechetischen Oberseminar Naumburg an die Universität Jena.

---

10 Z.B. existierte am Katechetischen Oberseminar Naumburg seit April 1973 durch Kuratoriumsbeschluss ein Pflichtformular, das alle Studierenden und Dozierenden gegenüber versuchten Stasi-Anwerbungen zur Dekonspiration anhielt (EZA 108/265).

11 Vgl. die zeitgeschichtliche Darstellung der Auseinandersetzung zwischen dem an Barth orientierten Ehepaar Müller(-Streisand) und den der Ost-CDU nahestehenden Kräften an der Berliner Fakultät durch Stengel, Fakultäten in der DDR, 380-394.

Trotz der organisatorischen und inhaltlichen Vielfalt, in der wissenschaftliche Theologie an staatlichen und kirchlichen Ausbildungsstätten in der DDR betrieben wurde, ist die Produktivität dieses Zweiges im Wissenschaftsbetrieb, verglichen mit der Bundesrepublik, im Ganzen schmal. So weist z.B. die heutzutage elektronisch leicht durchführbare Recherche in Bibliotheksverbundkatalogen für das Schlagwort »Barth«, das den Gegenstand des in diesem Band behandelten Teils der Theologiegeschichte der DDR bildet, nur eine einstellige Zahl von Buchveröffentlichungen auf dem Gebiet der DDR aus. Bei anderen Themen dürfte die Lage kaum signifikant anders sein. An diesem Bild würde sich vermutlich auch nicht sehr viel ändern, wenn man die theologischen Qualifikationsschriften hinzunähme, die in der DDR als maschinenschriftliche Typoskripte entstanden, aber gemäß den akademischen Gepflogenheiten einerseits sowie den wirtschaftlichen und technischen Möglichkeiten andererseits nicht oder doch nur sehr viel seltener als in Westdeutschland gedruckt veröffentlicht wurden.

Ein weiterer Faktor zur Erklärung jener Dysproportionalität betrifft diejenigen Werke von Theologinnen und Theologen aus der DDR, die bewusst in Westdeutschland veröffentlicht wurden. Sicherlich zählen auch sie zu den Quellen einer Theologiegeschichte der DDR, obwohl deren Erreichbarkeit auf dem Gebiet der DDR selbst von vornherein Schranken gesetzt waren. Wichtiger als die Frage, wo zu welchem Zeitpunkt welches Buch verfügbar war, dürfte die Beobachtung sein, dass in die Wahl des Publikationsortes Faktoren eingingen, die unmittelbar die methodischen Herausforderungen der DDR-Theologiegeschichtsschreibung betreffen. Die Veröffentlichung in einem westlichen Verlag bot Trägern der Theologie in der DDR die Möglichkeit, sich ohne Beschränkungen durch die Zensur frei zu äußern – wenngleich in einer Weise, die in der DDR selbst dann weniger gehört werden konnte. Die Auseinandersetzung mit der Zensur gehörte freilich auch in solchen Fällen zu den Faktoren, die die Situation der Theologie in der DDR mitbestimmten. Die Publikation in einem Westverlag war freilich nur eine der möglichen Formen dieser Auseinandersetzung. Neben Autoren, die den je nach Einzelumständen langwierigen Prozess, auf Änderungswünsche vonseiten der Zensoren einzugehen, nicht scheuten, gab es auch Beispiele für Theologinnen und Theologen, die auf die Publikation ihrer womöglich umfangreichen Textproduktion weitgehend mehr oder weniger freiwillig verzichteten. Die im Westvergleich schmale Literaturproduktion stellt im Ganzen die Erforschung der Theologiegeschichte der DDR vor die methodische Herausforderung, dass sie in beträchtlichem Maß eine »Theologie ohne Texte« (Axel Noack) oder doch eine Theologie ohne veröffentlichte Texte zum Gegenstand hat.

Angesichts der schmalen Literaturproduktion ist die Verwendung anderer Quellen für die Erforschung der Theologiegeschichte der DDR unverzichtbar. Eine besondere Bedeutung kommt dabei zwei Quellencorpora zu:

1. Das erste Quellencorpus umfasst kirchliche Dokumente, welche die Arbeit und Arbeitsergebnisse kirchlicher Gremien dokumentieren. Die theologische Arbeit der kirchlichen Organe dürfte in der DDR für das theologiegeschichtliche Gesamtbild eine deutlich höhere Bedeutung besitzen als in der Bundesrepublik. Dabei ist kirchliche Theologie keineswegs als Lückenfüller für systembedingte Defizite akademischer Theologie aufzufassen. Die kirchlichen Dokumente stellen vielmehr deshalb wichtige theologiegeschichtliche Quellen dar, weil in den Kirchen der DDR in einem gegenüber allen anderen Bereichen der Gesellschaft vergleichsweise hohen Maß diejenige Selbständigkeit und Selbstbestimmung gegeben war, die auch für einen wissenschaftlichen Theologiebetrieb eigentlich Voraussetzung ist.
2. Die kirchliche Arbeit ist auf allen Ebenen durch das Ministerium für Staatssicherheit und andere staatliche Organe beobachtet worden. Zu Synodaltagungen, Pfarrkonventen, Gottesdiensten, Vorträgen, Hauskreisen und Gesprächen liegt eine Vielzahl an Berichten, Einschätzungen und Arbeitsplänen vor. Im Ganzen bilden sie ein gewichtiges Textcorpus, das eine Kontrolloptik auf theologiegeschichtliche Ergebnisse ermöglicht und erheischt, wie sie so sonst nicht gegeben ist. Da die Texte interessengeleitet sind und im Blick auf Qualität und Zuverlässigkeit erhebliche Unterschiede aufweisen, verlangt ihre Auswertung jedoch größte Sorgfalt.

Die Pluralität der Situationen wurde entscheidend durch Einschnitte in der Geschichte und Kirchengeschichte der DDR geprägt. Das Ende des so genannten Zweiten Kirchenkampfs und der 17. Juni 1953, der Bau der Mauer, die DDR-Verfassung von 1968 und die damit einhergehende Trennung bzw. Regionalisierung der großen Kirchenzusammenschlüsse (EKD/BEK, VELKD/VELKDDR, EKU-West und -Ost), die Entspannungspolitik, der Empfang der Leitung des BEK durch Erich Honecker 1978 und anderes beeinflussten die theologische Arbeit. Mit dem Bau der Mauer endete die Tradition der kirchlichen »Handreichungen«, die immer auch das Erbe eines kirchlichen »Wächteramtes« gegenüber dem Staat wahrnahmen. Die Auseinandersetzung mit der Situation von Kirche und Staat blieb freilich auch nach dem Mauerbau ein wesentliches Thema der Theologie in der DDR; es wäre irrig anzunehmen, dass ab dieser Zeit jede grundsätzliche theologische Auseinandersetzung mit der sozialistischen Staatsordnung unterblieben wäre.[12] Hiergegen spricht schon ein Dokument wie der »Brief aus Lehnin«,[13] mit dem die Führungspersönlichkeiten der evangelischen Kirchen in der DDR auf die sozialistische Verfassung von 1968 und deren Folgen für die Religionsfreiheit Einfluss zu nehmen vermochten. Allerdings verlagerte sich diese Auseinandersetzung in jener Zeit insoweit stärker in das Innere der Kirche, als nach dem Mauerbau das Verhältnis der Kirche zur ›Welt‹ zunehmend mit Hilfe der Formel »Zeugnis und Dienst« ausgedrückt wurde, die zum Kennzeichen des ureigensten Auftrags der Kirche in der DDR avancierte. Dem kirchlichen Selbstverständnis nach schloss dieser Auftrag die grundsätzliche Reflexion des Verhältnisses zum Staat fraglos ein. Erkennbar ist die Hinwendung zu dieser Form der Behandlung des Problems besonders an den »Zehn Artikeln über Freiheit und Dienst der Kirche« (1963); sie hatte aber ihre Wurzeln in der Tätigkeit des nach dem Mauerbau von den ostdeutschen Mitgliedern dominierten Öffentlichkeitsausschuss der EKU[14] und strahlte besonders in den 1969 gegründeten Kirchenbund aus, bis sie 1985 in die »Gemeinsame Erklärung« aller BEK-Gliedkirchen »zu den theologischen Grundlagen der Kirche und ihrem Auftrag in Zeugnis und Dienst« mündete. In der Gründungszeit des BEK trat dabei die Theologie des späten Bonhoeffer als Referenzkonzeption in den Vordergrund, während der Einfluss Karl Barths abnahm.[15]

---

12 Auf diese problematische These läuft allerdings ein nicht unerheblicher Teil der kirchenzeitgeschichtlichen Forschungen hinaus, die Gerhard Besier in den 1990er Jahren zum Thema »Kirche und SED-Staat« unternommen hat, vgl. seinen resümierenden Lexikonartikel: ders., Evangelische Kirchen, in: Hans-Joachim Veen / Peter Eisenfeld / Hans Michael Kloth / Hubertus Knabe / Peter Maser / Ehrhart Neubert / Manfred Wilke (Hg.), Lexikon Opposition und Widerstand in der SED-Diktatur, Berlin 2000, 122-125, hier 123: »1961, als Dibelius faktisch nur noch für Westberlin Bischof sein konnte, ging im Osten die Ära der Oppositionsrolle der Kirchen zu Ende. Bis 1988 wurde die Legitimität der Diktatur nicht mehr in Frage gestellt, sondern nur noch ›systemimmanente‹ Kritik geübt, die es andererseits erforderlich machte, auch positive Aspekte des Systems zu benennen – oft in Abgrenzung gegen den Westen.«

13 Dokumentiert: KJ 95 (1968), 181-182.

14 Zur Herkunft der Zehn Artikel aus dem EKU-Öffentlichkeitsausschuss vgl. überblickshalber Friedrich Winter, Die Evangelische Kirche der Union und die Deutsche Demokratische Republik. Beziehungen und Wirkungen (UnCo 22), Bielefeld 2001, 162-166.

15 Vgl. Wolf Krötke, Karl Barths und Dietrich Bonhoeffers Bedeutung für die Theologie in der DDR, in: KZG 7 (1994), 279-299, hier 283: »Barth [...] konnte den Weg dieser Kirche [sc. in der DDR] noch mit seinem ausdrücklichen Urteil begleiten. Bonhoeffers theo-

Die diachrone Pluralisierung der Situationen wird durch andere Faktoren synchron verstärkt, nicht zuletzt auf regionaler Ebene, wo sich z.B. die Auswirkungen des Zweiten Kirchenkampfes und der Niederschlagung des Juniaufstands 1953 von Gegend zu Gegend sehr unterschiedlich darstellten. Weiterhin sind konfessionelle Differenzierungen erforderlich, die der oftmals lutherischen Prägung der Fakultäten bei mehrheitlich unierten Landeskirchen auf dem Gebiet der DDR Rechnung tragen. Dabei wäre auch zu würdigen, dass nach der Gründung des BEK die grundsätzlich ja den Eisernen Vorhang überschreitende konfessionelle Gemeinschaft der Kirchen ein Gegengewicht bekommt in Gestalt der sog. »größeren Gemeinschaft«, die die Kirchen auf dem Gebiet der DDR aufgrund ihres gemeinsamen Auftrags zu »Zeugnis und Dienst« an der Gesellschaft der DDR untereinander eingingen, auch über konfessionelle Grenzen hinweg. Konfessionelle und theologische Traditionen und Rezeptionslinien sind dadurch beeinflusst worden, was wiederum am Beispiel der Barthrezeption gut sichtbar wird.

Zur Rezeption Karl Barths in der DDR

Der vorliegende Band bietet Materialien zu einem bestimmten Kapitel einer derart situativ differenzierten Theologiegeschichte der DDR, nämlich der Rezeption Karl Barths. Nach den bislang vorgetragenen Erwägungen zu einer überblickshaften »theologischen Landkarte« der DDR soll nun also derjenige

logisches Vermächtnis wurde dagegen erst nach und nach erschlossen. Was es für die Existenz der Kirche in der DDR bedeute, ist eigentlich erst ab Mitte der sechziger Jahre, also in der Zeit nach dem Mauerbau, gefragt worden. [...] Umgekehrt spielte Bonhoeffers Theologie so gut wie keine Rolle, als es in den fünfziger Jahren um die grundlegenden Fragen des Verhältnisses der Kirche zum sozialistischen Staat ging, auf die Barth nachhaltig eingewirkt hat.« Krötke schließt freilich sogleich die Warnung an, dies sei nicht im Sinne eines »bloßen zeitlichen Nacheinander« (283) von Barth- und Bonhoefferrezeption zu verstehen, da erstere über Barths direkte Äußerungen zur Kirche in der DDR (283) und seinen Einfluss auf die im ganzen Kirchenbund maßgebliche Barmer Theologische Erklärung (283-284) fortbestanden habe. Vielmehr seien nach dem Mauerbau Anliegen Barths unter Rekurs auf Bonhoeffer für die kirchliche Lage in der DDR fruchtbar gemacht worden (284). Vgl. zur Bonhoefferrezeption Wolf Krötke, Dietrich Bonhoeffer als Theologe der DDR. Ein kritischer Rückblick, in: Trutz Rendtorff (Hg.), Protestantische Revolution? Kirche und Theologie in der DDR: Ekklesiologische Voraussetzungen, politische Kontexte, theologische und historische Kriterien. Vorträge und Diskussionen eines Kolloquiums in München, 26.-28.4.1992 (AKIZ B 20), Göttingen 1993, 295-309; Thumser, Kirche, 101-123. 219-240.

Themenbereich ins Auge gefasst werden, dem sich die Beiträge dieses Bandes im einzelnen widmen. Offensichtlich gehörten die Veröffentlichungen Barths ebenso wie die Texte Bonhoeffers und die Barmer Theologische Erklärung zu den Grundtexten evangelischer Theologie im 20. Jahrhundert. Aus diesen Quellen schöpfte auch die Theologie der DDR.

Auch an der Barthrezeption ist zu beobachten, wie sich die Pluralität der Situationen auswirkte. Dass der Einfluss Barths in den 1970er-Jahren abnahm, wurde bereits festgestellt. Außerdem ist mit unterschiedlichen Rezeptionskulturen der Theologie Barths zu rechnen. Sie unterschieden sich grundsätzlich dadurch, wer wo zu welchem Zeitpunkt und mit welchem Interesse oder welchen (womöglich konfessionell vermittelten) Hintergrundannahmen welche Texte Barths rezipierte. Die verschiedenen Rezeptionskulturen produzierten daher verschiedene Barth-Bilder und Barth-Beurteilungen. Die drei Substantive, die den Titel dieses Bandes bilden, sollen schematisch und vereinfacht die unterschiedlichen Richtungen der Barthrezeption in der DDR andeuten.

In den Beiträgen dieses Bandes sind außerdem drei Zugangsweisen der Rezeptionsforschung erkennbar, die sich in den verschiedenen Aufsätzen teilweise verbinden, aber unterschiedlich stark hervortreten.

Der *prosopographische* Zugang untersucht einzelne Gestalten der Barthrezeption, die in unterschiedlicher Weise als Tradenten seiner Theologie in der DDR angesehen werden können. Dieser Vorgehensweise sind die vier ersten Beiträge des Bandes verpflichtet, die neben dem persönlich Barth am nächsten stehenden Berliner Theologen Heinrich Vogel den Cottbuser Generalsuperintendenten Günter Jacob, den Hallenser Studentenpfarrer und später Naumburger Praktischen Theologen Johannes Hamel sowie den Berliner Systematischen Theologen Hanfried Müller betreffen. Bereits die Zusammenstellung dieser vier Namen deutet die Pluralität der Situationen an, in denen Barths Theologie rezipiert wurde.

Von einem *institutionentheoretischen* Zugang kann man in der Barthrezeption mit Blick auf etliche der zum Projekt einer »theologischen Landkarte« genannten Faktoren sprechen. Das betrifft nicht nur die staatlichen und kirchlichen Ausbildungsstätten, die neben ihrer wissenschaftlichen Forschungsleistung auch in ihrer Lehre als wichtige Rezipienten Barths einzustufen wären. Vielmehr ist die gesamte theologische Arbeit in den kirchlichen Organen und Gremien, soweit sie sich auf Barth bezog, vor allem vor ihrem institutionentheoretischen Hintergrund zu erfassen, der die »Funktion«, die Theologie für die Kirche wahrnimmt, genauer zu bestimmen vermag. Besonders der fünfte Beitrag dieses Bandes folgt dem institutionentheoretischen

Zugang, indem er die Barthrezeption in den Gremien der unierten Kirchen nach dem Mauerbau untersucht, aber auch der sechste Beitrag, der erstmals die durch Partei und Staat gesteuerte Barthrezeption thematisiert, hat institutionentheoretische Aspekte.

Ein *milieutheoretischer* Zugang bietet sich an, wenn eine klare konfessionelle Zuordnung oder traditionsgeschichtliche Ableitung eines konkreten Rezeptionsvorgangs erschwert ist – sei es, weil der Rezipient nicht als einzelne Person in klar definierter Funktion (z.B. als Inhaber eines kirchlichen Amtes) auftritt, sei es, weil bestimmte Situationen wie z.B. nach der Gründung des Kirchenbundes dazu führen, dass konfessionelle Prägungen Verbindungen mit abweichenden Bestimmtheiten (aufgrund der erwähnten »größeren Gemeinschaft« der auf dem Gebiet der DDR gelegenen Kirchen) eingehen, sei es, weil Loyalitäten gegenüber unterschiedlichen Stellen die Einordnung der Rezeption erschweren. Die Rezeption Barths in der staatlich gelenkten Presse der DDR dürfte ein solches Milieu spiegeln (sechster Beitrag), doch auch die viel allgemeiner gehaltene Berufung auf Barth in gesellschaftlichen Handlungsfeldern wie beim ethisch motivierten Einsatz für DDR-Häftlinge markiert ein bestimmtes Milieu, in dem Barth rezipiert wurde (siebter Beitrag). Nicht zuletzt scheinen die unierten Kirchen mit fortschreitender Geschichte der DDR aufgrund ihrer konfessionellen Entgrenzung in der wechselseitigen Annäherung mehr und mehr Merkmale eines Milieus als einer fest definierten Konfessionskultur aufgewiesen zu haben (fünfter Beitrag).

Die Beiträge dieses Bandes wurden am 10. und 11. April 2014 in Berlin vorgetragen und kollegial diskutiert. Vortrag und Diskussion wurden in Kooperation der Herausgeber als Expertenkonsultation zur Rezeptionskultur der Theologie Barths im Rahmen des von Henning Theißen durchgeführten Projekts »Diskurse unierter Theologie als Aneignung und Transformation neuzeitlicher Leitperspektiven« und zugleich als Workshop im Anschluss an das von Michael Hüttenhoff geleitete DFG-Forschungsprojekt »Günter Jacob (1906–1993). Kirchenverständnis, Zeitdiagnose und kirchliches Handeln« veranstaltet. Dem Rektorat der Ernst-Moritz-Arndt-Universität Greifswald sowie der Deutschen Forschungsgemeinschaft als Geldgebern beider Projekte gilt der Dank beider Herausgeber. Wiederum dem Rektorat der Universität Greifswald und weiterhin der Evangelischen Kirche in Deutschland danken wir für Druckkostenzuschüsse, welche die Veröffentlichung dieses Bandes möglich gemacht haben.

Christfried Böttrich sei für die Aufnahme dieses Bandes in die Greifswalder Theologischen Forschungen gedankt; ebenso Sabine Schöning und Stephan Rehm für die Herstellung der Druckvorlage.

Saarbrücken und Greifswald, im Januar 2015.

Konsens oder Dissens?

Vergleichende Beobachtungen zu israeltheologischen Aspekten bei Karl Barth und Heinrich Vogel

Christoph Vogel

In einem theologischen Seminar der Universität Heidelberg in den frühen 1990er Jahren wurde Heinrich Vogel in einer Randnotiz zur Barthschen Dogmatik als »lutherischer Barthianer« verhandelt. Er selbst hätte sich so gewiss nur mit einem Schmunzeln verstanden. Und ganz gewiss hätte er auf die Verhältnisbestimmung hingewiesen, die er selbst vorgenommen hatte, als er als Widmung in das Barth zugeeignete Exemplar seiner Christologie hineinschrieb: »magno consensu in dissensu«; und das er in späteren Jahren umkehrte in ein »magno dissensu in consensu«[1].

Vogel selbst hat sein theologisches Verhältnis zu Karl Barth zunehmend von seiner theologisch doch sehr eigenständigen Haltung her interpretiert – wobei gleich hinzugefügt werden muss, dass sich nicht diese theologische Eigenständigkeit Vogels entwickelte[2], sondern die Wahrnehmung der Differenzpunkte zu Barth. Freilich: Prägend in der Beziehung der beiden ist der breite Strom eines christologischen Konsenses.

1. Karl Barth und Heinrich Vogel: Theologische Begegnung

Wilhelm Hüffmeier hat die theologischen Differenzen zwischen den beiden ausgewertet und darin die dogmatische Methodik, die Tauflehre, die Eschato-

---

[1] Wilhelm Hüffmeier, »Magno consensu in dissensu« – die theologische Freundschaft zwischen Karl Barth und Heinrich Vogel, in: ZThK 105 (2008), 36-62, 37. Vgl. Heinrich Vogel, Freundschaft mit Karl Barth, Zürich 1973, 57.

[2] Diese Eigenständigkeit ist erstaunlich früh festzustellen. Vgl. Traugott Vogel, Heinrich Vogels Beiträge zur Predigtlehre, in: BThZ 20 (2003), 265-279, 268.

logie[3] und das jeweilige Verständnis der christlichen Kunst ausgemacht.[4] Bei Hüffmeier entsteht das Bild eines theologisch keineswegs gradlinigen Verhältnisses der beiden. Es ist durch eine – durch das höhere Alter Barths und seiner am Beginn der Freundschaft schon erlangten wissenschaftlichen Reputation – »gewisse Asymmetrie«[5] geprägt. Und dennoch zeigen sich wechselseitig außerordentliche Hochachtung, Interesse und Respekt. Diese gründen gerade in der jeweiligen theologischen Freiheit, die beiden Denkern zu eigen gewesen ist. Ihnen gemeinsam ist eine theologische (und auch konfessionelle) Freiheit, die aus dem jeweiligen Hören auf die Heilige Schrift erwuchs. »Wer Gott und was sein Wort ist, was Gesetz und was Evangelium ist, was Heil und Unheil, was Glaube, Liebe und Hoffnung sind, was der Staat ist und wie sich das Verhältnis der Staatsbürger zu ihm gestalten sollte, das alles erschließt sich beiden exklusiv aus dem einen Wort Gottes, das Jesus Christus heißt und das allein in der Bibel bezeugt wird. [...] Beide haben sich immer wieder zu dieser Gemeinsamkeit bekannt!«[6] In dieser theologischen Freiheit liegt wohl auch der »ungeheure Hoffnungsimpuls« begründet, den Zeitzeugen, die beide kannten und beide erlebt hatten, spürten. Barth und Vogel konnten einen solchen »Hoffnungsimpuls« mit ihrer Persönlichkeit und in ihrer Theologie auch vermitteln.[7]

---

3 Der bekannte Wortwechsel um die Bestimmung von Gottes Reich als Neuschöpfung (Vogel) oder Verherrlichung gelebten Lebens (Barth) am Beispiel der gelähmten Tochter Vogels (Brigitte Vogel) – Vogel: »Sie wird laufen.«, während Barth den Gedanken vermeiden wollte, als habe »Gott in diesem Fall einen Fehler gemacht« (zit. bei Hüffmeier, Freundschaft, 57) – gewinnt noch einmal eine andere Wendung, wenn man das Protokoll eines Gesprächs Barths mit Jürgen Fangmeier zurate zieht, in welchem Barths Antwort wie folgt wiedergegeben wird: »Das dürfe aber nicht so gedacht werden, dass Gott heute einen Fehler gemacht hat, den er dann einmal korrigiere. Vielmehr wird dann das, was wir jetzt nicht sehen, ans Licht treten: dass Gott an dem Kind kein Fehler unterlaufen ist. Und das Hellwerden dessen ist dann seine Heilung.« (Eberhard Busch, Meine Zeit mit Karl Barth. Tagebuch 1965-1968, Göttingen 2011, 100) Damit würden auch die von Hüffmeier konstatierten unterschiedlichen Überlieferungen in der Antwort Barths ihre Divergenz verlieren (vgl. Hüffmeier, Freundschaft, 57).

4 Hüffmeier, Freundschaft, 49-61.

5 Hüffmeier, Freundschaft, 40.

6 Hüffmeier, Freundschaft, 47.

7 So etwa Traugott Vogel in einem Gespräch mit mir. Karl Kupisch hat in seiner Barth-Biographie die schöne Formulierung (zu Barth) gefunden, dass seine Dogmatik »durchpulst von einem lebendigen Strom« gewesen ist (Karl Kupisch, Karl Barth in Selbstzeugnissen und Bilddokumenten, Reinbek 1971, 99). Für Heinrich Vogel wäre

Inwiefern sich hier die israeltheologische Perspektive der beiden zuordnet, dem soll hier nachgegangen werden. Zu Barths Israeltheologie liegt eine umfangreiche Rezeption vor.[8] Zu Heinrich Vogel werden hier in dieser Frage erste Schritte unternommen. Sowohl Barths als auch Vogels israeltheologische Einsichten und vor allem die Konsequenzen ihrer Einsichten traten prominent in Erscheinung: Bei Karl Barth etwa seine Neubestimmung des Verhältnisses von Christen und Juden durch die Auslegung von Römer 9-11 in KD II/2, bei Heinrich Vogel sei auf sein Engagement für das »Wort zur Judenfrage« auf der EKD-Synode in den Anfangsjahren der DDR 1950 in Berlin-Weißensee verwiesen[9]. Friedrich-Wilhelm Marquardt hat zwischen diesen beiden Konsequenzen insofern eine Brücke gebaut, als dass er die These aufstellte, dass der »Einfluss« der israeltheologischen Arbeit Barths auch auf das Weißenseer Wort »mit Händen zu greifen«[10] sei.

Doch kurz soll zuvor dem Entstehen des persönlichen Verhältnisses zwischen Vogel und Barth nachgegangen sowie vier Sätze zum Verhältnis Heinrich Vogels zur DDR formuliert werden.

---

wohl eher der Ausdruck angemessener, dass er in seiner Rede »durchstürmt« wurde von jenem lebendigen Strom.

[8] Vgl. nur Eberhard Busch, Unter dem Bogen des einen Bundes. Karl Barth und die Juden 1933-1945, Neukirchen-Vluyn 1996. – Bertold Klappert, Israel und die Kirche. Erwägungen zur Israellehre Karl Barths (TEH NF 207), München 1980. – Ders., »Dass Jesus ein geborener Jude ist«. Das Judesein und die Israelwerdung Gottes nach Karl Barth, in: ders., Miterben der Verheißung. Beiträge zum jüdisch-christlichen Dialog (NBST 25), Neukirchen-Vluyn 2000, 140-182. – Manuel Goldmann, »Die große ökumenische Frage ...« Zur Strukturverschiedenheit christlicher und jüdischer Tradition und ihrer Relevanz für die Begegnung der Kirche mit Israel, Neukirchen-Vluyn 1997. – Friedrich-Wilhelm Marquardt, Die Entdeckung des Judentums für die christliche Theologie. Israel im Denken Karl Barths, München 1967.

[9] Vgl. dazu: Wilhelm Hüffmeier, Vom Segen einer Berufung – Heinrich Vogel als Synodaler, in: BThZ 20 (2003), 143-153, 147-148; Christoph Vogel, »Die letzte Chance«. Heinrich Vogels Beitrag zur Entstehung des ›Wortes zur Judenfrage‹ der EKD-Synode in Berlin-Weißensee 1950, in: EvTh 73 (2013), 189-206.

[10] Dieses auch auf dem Weg über das Schweizerische Hilfswerk und dem Einfluss seiner »theologischen Arbeit an der ›Judenfrage‹« auf die Bekennende Kirche sowie auf das Weißenseer Wort (Marquardt, Entdeckung, 86).

2. Karl Barth und Heinrich Vogel: Spuren persönlicher Begegnung

Heinrich Vogel ist Karl Barth über dessen Texte begegnet. Die literarische Begegnung ereignete sich im Predigerseminar in Wittenberg[11], in welchem Vogel 1925 und 1926 während seiner zweiten Ausbildungsphase lernte. Barth hat aber auf ihn im Unterschied zu Sören Kierkegaard keinen sonderlichen Eindruck gemacht; er schreibt rückblickend, dass die Lektüre sich »keineswegs im Zeichen einer begeisterten Zustimmung« vollzog[12]. Doch bereits wenige Jahre später, im Jahr 1930, übersandte Vogel an Barth sein Buch »Allein und auch« in der Hoffnung auf und mit der Bitte um eine »Äußerung« Karl Barths dazu[13]. 1931 lernten sich beide in Berlin persönlich kennen.[14] 1933 erwähnt Barth Vogel in einem folgeschweren Brief an Dietrich Bonhoeffer; Barth versucht diesen unter Bezug auf Heinrich Vogel zur Rückkehr nach Deutschland zu bewegen:

> »Sollten Sie mit Ihrem schönen theologischen Rüstzeug [...] sich nicht fast ein wenig genieren, etwa vor einem Mann wie Heinz Vogel, der verhutzelt und aufgeregt, wie er ist, einfach immer wieder – da ist, seine Arme kreisen lässt wie eine Windmühle und ›Bekenntnis, Bekenntnis‹ schreit und in seiner Weise [...] tatsächlich ablegt?«[15]

Als dieser Brief Barths 1950 öffentlich wurde, wurde die Reaktion der beiden ein Ausweis für den großzügigen Humor wie auch das scharfe geistige Florett, mit dem beide umzugehen wussten.[16]

Als Durchbruch in seiner Beziehung zu Barth wird man das Jahr 1934 ansehen müssen: Beide sahen sich offenbar mehrfach in Berlin[17], vor allem aber

---

[11] T. Vogel, Beiträge, 270; vgl. H. Vogel, Zu meinem Lebensweg, in: ders., Gesammelte Werke, Bd. 10, Berlin 1983, 479-480.

[12] H. Vogel, Freundschaft, 13.

[13] Hüffmeier, Freundschaft, 40.

[14] H. Vogel, Freundschaft, 12.

[15] Zit. in: Dietrich Bonhoeffer, London 1933-1935, hg.v. Hans Goedeking / Martin Heimbucher / Hans-Walter Schleicher (DBW 13), München 1994, 33.

[16] Hüffmeier, Freundschaft, 43-44.

[17] Vogel traf auf Karl Barth womöglich vor der Barmer Synode in Berlin bei »einer Zusammenkunft des Pfarrernotbundes im Hause von Gerhard Jacobi« (H. Vogel, Freundschaft, 14), auf jeden Fall aber nach der Barmer Synode, als Barth zur Dahlemer Synode am 30./31. Oktober anreiste. Er sei damals, so schreibt Vogel, »von dem Eindruck sei-

saßen sie nach der Überlieferung Heinrich Vogels in Barmen zusammen in der Bank. Er schreibt 50 Jahre später zu der gemeinsamen Arbeit in Barmen:

> »Ich saß Karl Barth gegenüber.[[18]] Wir bekamen merkwürdige Äußerungen, gerade von lutherisch-konfessioneller Seite aus, zu hören, deren Sprecher offenkundig mehr nach rückwärts blickte auf die zu wahrenden Bekenntnisse der Kirche als auf die, wie Barth und ich meinten, jetzt gebotene neue Bekenntnisentscheidung. Ich weiß noch, mit welcher Freude Barth es aufnahm, als er merkte, dass in seinem Mitstreiter und Freund[!] die Erkenntnis wach war: Hier gilt es eine neue Entscheidung, wie sie die Kirche so bisher eben noch nicht auszusprechen hatte.«[19]

Zwei Jahre später, 1936, ist in den Briefen der Wechsel der Beziehung der beiden ins »Du« nachweisbar[20]. Vom 15. September 1938 datiert der Brief, mit dem Vogel Barth um die Patenschaft seines gerade geborenen Sohnes Martin Karl Heinrich bittet.[21]

Das gemeinsame theologische Arbeiten, das gemeinsame Streiten für die christologische Mitte verband sich bei den beiden zu einer Freundschaft zwischen dem Älteren und dem Jüngeren und beides kulminierte in einer »Lust«[22] am gemeinsamen Dialog.[23]

---

ner schon ausgeprägten Persönlichkeit geradezu gefangen« gewesen (H. Vogel, Freundschaft, 15).

18 Etwas anders könnte Vogels Beschreibung zehn Jahre früher verstanden werden: »[...] ich saß auf derselben Kirchenbank neben Karl Barth [...]« (H. Vogel, Freundschaft, 19).

19 Heinrich Vogel, Die Christus-Mitte der theologischen Erklärung von Barmen, in: BThZ 1 (1984), 215-223, 217.

20 Hüffmeier, Freundschaft, 41.

21 Für Martin steht Martin Niemöller Pate – namentlich und im Amt.

22 So schreibt Barth an Vogel am 5.9.1956: »[Du] bildest den Sonderfall ›Lutheraner Vögelchen‹, den zu lieben mir nicht nur keine Schwierigkeit, sondern Lust bereitet, nicht zuletzt auch darum, weil ich mich mit ihm auch necken darf.« (Zit. bei Gerhard Besier, Heinrich Vogel – ein Lutheraner im bruderrätlichen Flügel der Bekennenden Kirche, in: BThZ 8 [1991], 232-244, 244.)

23 Von diesem zeugt auch der außerordentlich umfangreiche Briefwechsel zwischen den beiden, der insgesamt knapp 100 Briefe und Karten umfasst.

3. HEINRICH VOGEL UND DIE DDR: VIER SÄTZE

1. Vogel lebte nicht in der DDR.
Er zog im Jahr 1945 von Dobbrikow nach Berlin-Zehlendorf, zunächst nach Schlachtensee, dann nach Düppel. Dort starb er auch 1989.

2. Vogel lehrte in der DDR.
Bereits seit den ersten Anfängen der Theologischen Fakultät nach dem Krieg[24] bis zu seiner Emeritierung 1967 war Vogel Lehrer der Systematischen Theologie an der Humboldt-Universität. Prägend wurde er dort u.a. 1958, als er in einer Zeit zunehmender Repression durch Partei und Regierung als Dekan der Fakultät die »Wegweisung« für das Theologiestudium vorlegte, die von allen Dekanen der Theologischen Fakultäten im Osten Deutschlands unterschrieben wurde.[25] Seit dem 13. August 1961 kam ihm als einem der sehr wenigen (neben ihm noch Johannes Schneider und Liselotte Richter) das Privileg zu, ›Grenzgänger‹ zu sein. Zeitweise lehrte er zugleich an der Kirchlichen Hochschule, der Humboldt-Universität und am Sprachenkonvikt in der Borsigstraße[26] und damit an drei Berliner theologischen Einrichtungen.

3. Vogel war Lehrer zahlreicher Theologinnen und Theologen in der DDR.
Vogel war Lehrer, auch wenn nicht – um das Bonmot Jüngels aufzunehmen – jeder sein Schüler gewesen ist.[27] Doch neben zahllosen Pfarrerinnen und Pfarrern, Katechetinnen und Gemeindegliedern, die in Gesprächen seinen prägenden Einfluss durch seine Theologie und seine Persönlichkeit bezeugen, sind hier zu nennen: Ilse Bertinetti an der Humboldt-Universität, Hellmut Bandt in Greifswald und Traugott Vogel am Sprachenkonvikt sind ehemalige Assistentin und Assistenten von ihm. Auch beide Fritzsches, Helmut in Rostock und Hans-Georg in Berlin, gelten als seine Schüler. Zu Jüngel ist

---

24 Am 1. März 1946 wurde das Sommersemester eröffnet. Vgl. Wolf Krötke, Die Theologische Fakultät der Humboldt-Universität zu Berlin 1945-2010, in: Heinz-Elmar Tenorth (Hg.), Geschichte der Universität Unter den Linden 1810-2010, Bd. III, Berlin 2012, 47-87, 47. Die Kirchliche Hochschule hatte – ebenfalls mit Heinrich Vogel als Dozent der Systematischen Theologie – bereits zum Wintersemester 1945 den Lehrbetrieb wieder aufgenommen.

25 Krötke, Fakultät, 53-54.

26 Rudolf Mau, Das »Sprachenkonvikt«, in: Matthias Köckert (Hg.), Der Wahrheit Gottes verpflichtet. Theologische Beiträge aus dem Sprachenkonvikt. FS Rudolf Mau, Berlin 1993, 11-25, 17. Vgl. Krötke, Fakultät, 59.

27 Eberhard Jüngel, Das Geheimnis der Stellvertretung, in: BThZ 1 (1984), 65-80, 66.

Eigenes gesagt worden;[28] auch Gottfried Forck gehört in diese Reihe. Hanfried Müllers Promotion hat Vogel betreut. Die Berufungen jener, deren Lehrer Vogel war, galten als Zeichen dafür, dass sich Barths Lehre an den Fakultäten im Osten ausweitet.

Heinrich Vogel war Lehrer in der DDR: Und zugleich war er dies durch die ihm eigentümliche Verbindung von theologischer Leidenschaft und positioneller Persönlichkeit[29]: Seine theologische Leidenschaft und seine positionelle Persönlichkeit wirkten stärker als sein materiales dogmatisches System.[30]

4. Vogel bezog eine theologisch begründete solidarische Position zum Atheismus – bzw. zum atheistischen Menschen.
»›Das Geheimnis der Stellvertretung‹ zwingt die Kirche, Christus nicht anders als in Solidarität mit den Gottlosen zu verkündigen und selbst in dieser Solidarität zu leben.«[31] Diese Positionierung zum Atheismus in einem »Ja zum atheistischen Bruder«[32] zeigte sich für Vogel in einer besonderen »Solidarität«[33] mit dem Osten und der DDR. Im Zuge dieser Position entzün-

---

[28] Jüngel, Geheimnis, 65-67.

[29] So sei hier eine Person bezeichnet, die aufgrund ihrer theologischen Erkenntnis öffentlich Position bezieht.

[30] Vgl. auch Krötke, Fakultät, 67.

[31] Traugott Vogel, Erneuerung der altlutherischen Christologie aus dem Geheimnis der Stellvertretung. Überlegungen zur Theologie Heinrich Vogels, in: Hanfried Müller / Ilse Bertinetti / Traugott Vogel, Aus Glauben gerecht. Beiträge zur Diskussion um die Rechtfertigungslehre (Aufsätze und Vorträge zur Theologie und Religionswissenschaft 58), Berlin 1973, 66-81, 75.

[32] Heinrich Vogel, Hromádka – unser Freund und Bruder, in: Neue Zeit, 9.6.1959, 4.

[33] »Nun aber gilt es die Verkündigung Jesu Christi an den Menschen, der nicht nur nichts mehr glaubt, sondern hinter allen Fassaden und Selbstmaskeraden an das Nichts glaubt, - an sich selbst! Der Christus, der den Fluch dieses Glaubens an sich selbst auf sich nahm und so an die Stelle dieses selbstverlorenen Menschen trat, ist sein Retter und seine wahre, einzige Hoffnung. Damit hat das Evangelium gerade in dieser unserer Situation eine unerhörte Chance. [...] Der Dienst an diesem Wort, zu dem wir [...] alle gerufen sind, wir, die wir den Namen Jesu Christi bekennen, wird nur in der Solidarität der Nackten [sc. religiös Entkleideten] mit den Nackten getan werden können, einer Solidarität, zu der wir uns nicht selbst entschließen, sondern in der wir uns immer von neuem vorfinden werden. [...] Die Solidarität dürfte auch der Ort sein, wo wir jene Sprache lernen, die das Ohr des Bruders erreicht.« (Heinrich Vogel, Jesus Christus und der religionslose Mensch, Berlin 1955, 21-23) So auch schon 1931 (Heinrich Vogel, Die christliche Solidarität mit dem Gottlosen, in: [Monatsschrift für] Pastoraltheologie [zur Vertiefung des gesamten pfarramtlichen Wirkens] 27 [1931], 326-332): »In Solidarität

dete sich der öffentliche Streit mit Otto Dibelius.[34] Letztlich begründet in der theologischen Erkenntnis, dass kein Mensch verworfen ist und der Mensch um Christi willen für den Menschen da ist, resultiert Vogels Mitgliedschaft in der Christlichen Friedenskonferenz, sein universitätspolitisches Wirken mit der bereits genannten »Wegweisung« oder – um noch ein weiteres Beispiel zu nennen – die von ihm »initiierte [...] Erklärung der Repräsentanten der theologischen Fakultäten vom April 1957 zum Appell der achtzehn führenden Atomforscher Westdeutschlands gegen die Vorbereitung eines atomaren Krieges [...], der sich die Bischöfe aller evangelischen Landeskirchen in der DDR anschlossen.«[35] Vogel verstand sein Wirken als eine »Brückenfunktion zwischen Ost und West«.[36]

4. Heinrich Vogels israeltheologische Erkenntnisse

Ein herausragendes Beispiel für das, was oben die Verbindung von theologischer Leidenschaft und positioneller Persönlichkeit genannt wurde, stellt Vogels Einsatz für das Zustandekommen eines Wortes zur Judenfrage auf der EKD-Synode in Berlin-Weißensee 1950 dar. Die Tagungsordnung für jene Synode sah vor, die Frage »Was kann die Kirche für den Frieden tun?« zu beraten – das hat sie dann auch getan und auch eine Erklärung dazu verabschiedet. Doch in Verbindung gebracht wird die Synode in der Regel mit dem »Wort zur Judenfrage«. Dieses hatte Heinrich Vogel eingefordert:

---

mit dem Gottlosen befindet sich der wahrhaft christliche Protest gegen die gottlose Irrlehre.« (329) »Christus wird in der Solidarität mit dem Gottlosen verkündigt« (331).

34 Vgl. beispielhaft nur den Offenen Brief vom 21. September 1959 an Bischof Dibelius, in dem Dibelius von Vogel u.a. vorgeworfen wurde, dass er den Obrigkeitsbegriff nach Römer 13 für die DDR verneint: »Faktisch vermögen Sie ein kommunistisches Staatswesen, das Sie mit dem totalen Staat identifizieren, eben nicht unter der Anordnung des Gottes zu sehen, dessen Gnade, Langmut und Geduld, wie wir meinen, keineswegs bloß über einem westlichen Staat, sondern auch über einem östlichen Staat geglaubt sein will.« (Potsdamer Kirche, Nummer 42 vom 18. Oktober 1959)

35 Käte Gaede, Die Theologische Fakultät Berlins von der Gründung der DDR bis 1961, in: Wissenschaftliche Zeitschrift der Humboldt-Universität zu Berlin. 7/1985; Zur Geschichte der Theologischen Fakultät Berlins, 601-603, 603.

36 Besier, Heinrich Vogel, 239.

»Die Kirche [...] hat ihre Schuld zu bekennen mit dem deutschen Volk an Israel [...] Und wenn es wirklich so ist, dass die Schuld an Israel all dieses ungeheuerliche Ausmaß von Leid heraufbeschworen hat, was möchte dann für ein Segen darin liegen, wenn bewusst in dieser Sache etwas ausgesprochen würde, und wenn, falls es denn niemand anders aussprechen will von denen, die alle miteinander schuldig sind, es diese Synode täte hier in Berlin, im Ostsektor von Berlin.«[37]

Heinrich Vogel kommt das Verdienst zu, während der Tagung der Weißenseer Synode »die Verbindung von Friedensfrage und Schuldbekenntnis vollzogen zu haben, indem er die Erarbeitung eines synodalen ›Wortes zur Judenfrage‹ beantragte, die Arbeitsgruppe leitete, die die Synodalerklärung erstellte, und sich erkennbar inhaltlich in die Formulierungen des Synodalwortes einbrachte.«[38] Dieses Wort setzte »wesentliche Impulse für eine Neugestaltung der christlich-jüdischen Beziehungen«[39]. Die dort formulierten theologischen Einsichten, wie das Festhalten an der Erwählung Israels auch post Christum crucifixum und die eschatologische Perspektive auf ein gemeinsames Rühmen der Christen »mit dem geretteten Israel«, lassen sich auf Heinrich Vogel zurückführen.[40]

---

37 Berlin-Weißensee 1950. Bericht über die zweite Tagung der ersten Synode der Evangelischen Kirche in Deutschland vom 23.-27. April 1950, hg. im Auftrage des Rates von der Kirchenkanzlei der Evangelischen Kirche in Deutschland, Hannover, o J. 116.

38 C. Vogel, Chance, 206.

39 Siegfried Hermle, Evangelische Kirche und Judentum – Stationen nach 1945, Göttingen 1990, 363; vgl. auch 371. Zu den praktischen Folgen vgl. 363-364.

40 Der vollständige Text lautet: »Gott hat alle beschlossen unter den Unglauben, auf daß er sich aller erbarme. Röm. 11,32. Wir glauben an den Herrn und Heiland, der als Mensch aus dem Volk Israel stammt. Wir bekennen uns zu der Kirche, die aus Judenchristen und Heidenchristen zu einem Leib zusammengefügt ist und deren Friede Jesus Christus ist. Wir glauben, daß Gottes Verheißung über dem von ihm erwählten Volk Israel auch nach der Kreuzigung Jesu Christi in Kraft bleibt. Wir sprechen es aus, daß wir durch Unterlassen und Schweigen vor dem Gott der Barmherzigkeit mitschuldig geworden sind an dem Frevel, der durch Menschen unseres Volkes an den Juden begangen worden ist. Wir warnen alle Christen, das, was über uns Deutsche als Gericht Gottes gekommen ist, aufrechnen zu wollen gegen das, was wir an den Juden getan haben; denn im Gericht sucht Gottes Gnade den Bußfertigen. Wir bitten alle Christen, sich von jedem Antisemitismus loszusagen und ihm, wo er sich neu regt, mit Ernst zu widerstehen und den Juden und Judenchristen in brüderlichem Geist zu begegnen. Wir bitten die christlichen Gemeinden, jüdische Friedhöfe innerhalb ihres Bereiches, sofern sie unbetreut sind, in ihren Schutz zu nehmen. Wir bitten den Gott der Barmherzigkeit, daß er den Tag der Vollendung heraufführe, an dem wir mit dem geretteten Israel den Sieg Jesu Christi rühmen dürfen.« (Berlin-Weißensee, 358-359) Vgl. zum Zusammenhang der

Der theologische Hintergrund dieser beiden Positionen, der Erwählung Israels wie Vogels Umgang mit der Verwerfung Israels sei hier nun skizziert und unten mit der holzschnittartig dargestellten Position Barths dazu ins Verhältnis gesetzt.

4.1. Israel, das auserwählte Volk

Vogel setzt sich in seiner Dogmatik an einer Stelle in einem eigenen Abschnitt ausdrücklich mit Israel auseinander – dies geschieht im Rahmen grundsätzlicher ekklesiologischer Überlegungen zum »Wesen der Kirche«[41]. Einen weiteren wesentlichen Gedankengang zum Thema entfaltet er in einem Abschnitt zum »Erwählungsglauben«[42]. Ansonsten sind die israeltheologischen Aussagen über sein Werk verteilt[43] – auf einzelne soll hier zurückgegriffen werden.

Das Spitzenzitat in dem zuerst genannten Abschnitt seiner Dogmatik lautet:

> »Das erste Entscheidende ist, dass dieses Volk [sc. Israel] allein durch göttliche Gnadenwahl wird und ist, was es ist: das Volk, mit dem Gott seinen Bund eingeht. Sein Volkwerden und Volksein gründet ausschließlich in dem Akt grundlosen, freien Erbarmens des Gottes, der sich an diesem Volk seiner Wahl als der offenbart und erweist, der er war und ist und bleibt [...]«[44]

Israel kommt eine wesentliche theologisch-christologische Funktion zu. Es bezeugt in und mit seiner Existenz das Geheimnis des ewigen und freien Gnadenwirkens Gottes in seinem Sohn.

> »Auf Christus weist die Gnadenwahl Gottes, die Israel gerade nicht um seinetwillen, nicht weil es besser oder wertvoller wäre als andere Völker, erwählte,

---

theologischen Einsichten des Wortes mit denen H. Vogels C. Vogel, Chance, 198-201 und Hüffmeier, Segen, 147-148.

41 Heinrich Vogel, Gott in Christo = ders., Gesammelte Werke, Bd. 2, Berlin 1982, 812-832.

42 H. Vogel, Gott in Christo, 937-956.

43 Z.B innerhalb der Christologie (Heinrich Vogel, Christologie = ders., Gesammelte Werke, Bd. 5, Berlin 1983) aber auch in einzelnen Schriften wie etwa Heinrich Vogel, Acht Artikel evangelischer Lehre um der gegenwärtigen Irrlehre willen den Verirrten zur Weisung, den Angefochtenen zum Trost bekannt auf dem Grund der Heiligen Schrift, Berlin 1933 oder Heinrich Vogel, Wie predigen wir über das Alte Testament?, in: EvTh 9 (1935), 339-360.

44 H. Vogel, Gott in Christo, 813.

sondern im Selbsterweis seines souveränen, freien, grundlosen Erbarmens, das durch Israel über alle Völker kommen sollte.«[45]

Wollte man mit Gott darüber rechten oder auch nur anfragen, wie er darauf käme »ausgerechnet dieses Volk zu erwählen zum Volk seines Eigentums«, oder warum »der Christus Gottes [...] gerade in diesem Volk, als ein Sproß an Davids Stamm geboren wurde«, oder warum »Gottes Treue unveränderlich blieb und nicht müde oder gewandelt wurde durch die Untreue und Halsstarrigkeit des Volkes«[46], gilt dies Vogel bereits als ein Versuch, das göttliche »Geheimnis zu entriegeln«[47].

Die Erwählung Israels ist eingebunden in Vogels Durchführung der doppelten Prädestinationslehre, die er streng christologisch ausführt. Ihre theologische Funktion ist das Wachen darüber, »dass Gottes Gnade als Gottes Gnade anerkannt werde«[48]. D.h., dass auch Israels Erwählung nur erkannt werden kann in der Selbstoffenbarung Gottes in Jesus Christus und zu verstehen ist als »Selbsterweis seines souveränen, freien, grundlosen Erbarmens«[49].

Vogel weist Israel eine christologisch tragende und bleibende Rolle zu. Dabei denkt Vogel Israel nicht empirisch, sondern in klarer Konsequenz und allein theologisch.

4.2. Gottes Treue behält den Sieg

Trotz seiner Erwählung ist auch Israel »der Verwerfung verfallen«[50]. Denn es versucht entgegen seiner Erwählung und entgegen seiner Bezogenheit auf Christus sich »in seiner nationalen Eigenständigkeit zu verstehen«[51], und den Gott in Christo allein als Gott Israels zu denken. Darin sieht Vogel eine Pervertierung des gnädigen Gottes Israels zu einem »Nationalgott«[52]. Jede auch nur ansatzweise nationale Interpretation erscheint Vogel fragwürdig. Er stellt denn auch ausdrücklich fest:

---

[45] H. Vogel, Christologie, 49.

[46] Heinrich Vogel, Praedestinatio gemina, in: Karl Kupisch (Hg.), Gottes Wort in Menschenmund, Berlin 1962, 319-344, 327.

[47] H. Vogel, Praedestinatio, 327.

[48] H. Vogel, Praedestinatio, 337.

[49] H. Vogel, Christologie, 49.

[50] H. Vogel, Gott in Christo, 814.

[51] H. Vogel, Gott in Christo, 813.

[52] H. Vogel, Gott in Christo, 814.

> »Wir werden es hier wirklich nicht mit dem ›Judentum‹, sondern mit dem durch Israel prototyp bezeichneten Geheimnis der Kirche zu tun haben«[53], ja: »die Gestalt und Ordnung dieses Volkes [hat] keine Eigenständigkeit, [stellt] keinen Selbstzweck dar[...]«[54]. »Wie nämlich Israel, was es ist, nur von der freien Gnadenwahl Gottes her ist, so nur zu dem hin, der aus ihm kommt und durch den die Erwählung, Berufung und Sammlung des Gottesvolkes aus allen Völkern verwirklicht werden sollte.«[55]

In großer Klarheit ist in diesen Sätzen noch einmal der theologische Bezugspunkt der Israeltheologie Vogels festgehalten: Gottes gnädiges Erbarmen über alle Menschen in Jesus Christus.

Nun sieht Vogel aber zwei mögliche Fehlinterpretationen innerhalb des theologischen Bezugsrahmens: Eine Fehlinterpretation wäre es, entweder Israel ohne die Kirche oder die Kirche ohne Israel zu denken[56]. Beide sind für ihn in Christus und durch Christus derart »ineinander«[57] verschränkt, dass »eine unlösliche Zusammengehörigkeit [...] zwischen Israel und der Kirche«[58] besteht. Zugespitzt formuliert Vogel: Die »Kirche [kommt] von der Synagoge nicht los, aber auch [...] die Synagoge mit aller ihrer Halsstarrigkeit letztlich nicht von der Kirche.«[59]

Genau an diesem Punkt, an dem Vogel betont, dass zwischen Kirche und Israel eine »unlösliche Verbindung in Kraft bleibt«[60], bezieht er sich ausdrücklich auf Barth und dessen Exegese von Römer 9 bis 11.

Das Gleiche geschieht auch bei der Abwehr einer zweiten Fehlinterpretation. Ebenfalls eine Fehlinterpretation wäre es nach Vogel, wenn die Kirche so erschiene, als würde sie Israel ablösen. Die Kirche ist nicht ohne Israel zu denken, weder in ihrem Sein, noch in ihrem Gewordensein, noch eschatologisch.

In drei Punkten resümiert Vogel diese Grundeinsichten zu Israel:

> »Das unergründliche Geheimnis liegt nun aber gerade nach der Erkenntnis der Wahrheit, wie sie uns in Röm. 9-11 begegnet, darin, daß erstens das erwählte Volk

---

53 H. Vogel, Gott in Christo, 814.
54 H. Vogel, Gott in Christo, 814.
55 H. Vogel, Gott in Christo, 814.
56 Gemeint ist wohl einerseits das Judentum, andererseits die Deutschen Christen.
57 H. Vogel, Christologie, 46.
58 H. Vogel, Gott in Christo, 814.
59 H. Vogel, Gott in Christo, 815.
60 H. Vogel, Gott in Christo, 814.

> des Alten Bundes das verworfene wurde, zweitens aber gerade *diese* Verwerfung es ist, die gewissermaßen die Erwählung des neuen Gottesvolkes als jenes ›dem Ölbaum aufgepfropften wilden Reises‹ [...] ermöglicht und drittens die über dem den Messias kreuzigenden Israel in Kraft getretene Verwerfung die Übermacht jener Gnadenwahl doch nicht zunichte machen, nicht außer Kraft setzen kann.«[61]

Damit trägt Vogel geradlinig Karl Barths exegetische Erkenntnis in seine Überlegungen ein. Dabei entspricht der Gedanke einer »in Kraft« gesetzten Verwerfung, die die Gnade nicht »außer Kraft« setzt, gerade seinem eigenen christologischen Verständnis: Die Verwerfung des Menschen ist möglich durch die Existenz des Erwählten in der Verwerfung. In Jesus Christus hat sich Gott selbst verworfen, wurde durch die Fleischwerdung »Gott wider Gott«[62], um so die Welt mit seinem Zorn zu versöhnen.

> »Das ganze Geheimnis ist darauf konzentriert, dass [...] der von keiner Sünde Wissende für uns zur Sünde gemacht ist, und also der an unserer Stelle Verworfene es ist, durch den und in dem wir, die Verworfenen, erwählt sind durch Gottes unerforschliches Erbarmen.«[63]

4.3. Der Jude Jesus von Nazareth ist Jesus Christus

Vogel reflektiert eigens die Fleischwerdung, die Existenz Jesu Christi, »der nach dem Fleisch ein Jude war«, in ihrem »Geschlechtszusammenhang«[64]; er denkt der leiblichen Herkunft des Fleischgewordenen, seiner Existenz in »Fleisch[...] und Blut[...]«[65], nach. Vogel tut dies jedoch vor allem mit dem Ziel,

---

[61] H. Vogel, Gott in Christo, 944.

[62] H. Vogel, Praedestinatio, 327. Vgl. Vogels Aussagen 1933: »Wir bekennen, dass Gottes Treue nach der Schrift Sieg behalten wird auch über Israels Halsstarrigkeit und Untreue.« (H. Vogel, Acht Artikel, 11; vgl. auch Thesen 18 bis 22 der Thesenreihe »Kreuz und Hakenkreuz« von 1933: Heinrich Vogel, Kreuz und Hakenkreuz, in: ZZ 11 [1933] 201-206) Freilich ist hier nicht deutlich, ob der Sieg Gottes die Bekehrung Israels oder etwa das Außerkraftsetzen der Verwerfung meinen kann. Allerdings fragt Vogel in einer Schrift von 1935 thetisch, den dortigen Gedankengang abschließend und ganz im Sinne eines Außerkraftsetzens der letztgültigen Verwerfung: »Muss nicht auch über Israel Gottes Gnade zuletzt den Sieg behalten? « (H. Vogel, Wie predigen, 359).

[63] H. Vogel, Gott in Christo, 943.

[64] H. Vogel, Christologie, 318.

[65] H. Vogel, Christologie, 317.

ein doketisches Missverstehen des Gottessohnes abzuweisen[66]. Das Geheimnis der Fleischwerdung ist für ihn gerade nicht biologisch, historisch oder psychologisch beschreibbar, sondern allein theologisch und kann somit nicht außer Acht lassen, dass »Fleisch«, »sarx«, »die dem Tod und der Hölle verfallene Existenz des von Gott abgefallenen, mit Gott verfeindeten, von Gottes Zorn geschlagenen Menschen«[67] beschreibt.

Die Bestimmung Jesu Christi als eines Juden dem Fleisch nach weist also auf den realen und nicht nur scheinbaren Christus. Der präexistente Logos wurde »ein ›historisches‹ Ereignis«[68] und in Jesus von Nazareth existent. Weil der Logos aber wirklich Mensch wurde, geriet er, wie es für alle Menschen gilt, in Widerspruch zu Gott und musste so Gottes Zorn ertragen.

> »Die Einwohnung des Logos im Fleisch ist die Einwohnung Gottes selbst, der so unbegreiflich herniedersteigend sein Volk[!] besucht, indem der ewige Sohn ein Mensch wird wie wir[!], einer von uns[!], unter uns[!]«[69]

Israel steht auch hier, innerhalb der Überlegungen zur Fleischwerdung Gottes, nicht für sich, es bildet keinen eigenständigen Gegenstand, keine eigene Kategorie, sondern ist Synonym für die Menschheit und dieser theologisch funktional zugeordnet.

> »In dem Fleischgewordenen glauben und erkennen wir den eingeborenen Gottessohn [...], der unsere Menschheit annahm«[70]. Ja, der Fleischgewordene ist »der Mensch«[71].

Israel ist bei Vogel eine auf Christus bezogene theologische Kategorie. Er thematisiert Israel im Zusammenhang mit der Fleischwerdung Gottes, dem Erwählungsgedanken und er öffnet eine eschatologische Perspektive[72]. Denn soteriologisch gilt für Israel nichts anderes als für jeden Menschen: Die Verheißung über Israel wird auch angesichts der in Kraft bleibenden Verwerfung

---

66 Mit Jesus von Nazareth ist gerade kein »menschliches Scheinwesen mit einem menschlichen Scheinleib« gemeint (H. Vogel, Christologie, 149).

67 H. Vogel, Christologie 88; vgl. 140.

68 H. Vogel, Christologie, 144.

69 H. Vogel, Christologie, 145-146.

70 H. Vogel, Christologie, 163.

71 H. Vogel, Christologie, 435; vgl. 463-464.

72 Vgl. zu diesen Themenfeldern seiner Theologie abermals H. Vogel, Acht Artikel, 11 und Vogels Thesen 18 bis 22 der Thesenreihe »Kreuz und Hakenkreuz« von 1933.

nicht außer Kraft gesetzt.[73] In diesem soteriologischen Paradox besteht auch die »Klammer der Verheißung«[74], durch die Kirche und Israel miteinander verbunden sind und bleiben und gemeinsam unter dieser Verheißung von Gottes Erbarmen dem eschatologischen Horizont entgegen sehen.[75]

5. Israeltheologische Aspekte bei Karl Barth

Über Karl Barths Reden von Israel[76] müsste nun wesentlich ausführlicher gesprochen werden[77], weil seine Auseinandersetzung mit der Bestimmung des Verhältnisses zwischen Kirche und Israel einen wesentlich größeren Umfang und eine zu Vogel unvergleichlich tiefere Argumentation aufweist. Es muss im hier vorgegebenen Rahmen dennoch in Kürze versucht werden, zumindest die Eckpfeiler der Israeltheologie Barths zu notieren[78] und mit einem Blick auf je einen Aspekt in Barths Auslegung von Römer 9 bis 11 innerhalb der Gotteslehre (§ 34 KD) sowie dem Israel-Exkurs in der Versöhnungslehre (§ 59 KD) zu ergänzen.

---

[73] Vgl. aber bereits 1936: »Gottes Treue [kann] durch keine menschliche Untreue aufgehoben werden [...] Diesen Sieg der Verheißung Gottes preist der Apostel über Israels Verwerfung.« (H. Vogel, Praedestinatio, 330)

[74] H. Vogel, Gott in Christo, 944.

[75] Deswegen halte ich sowohl das Urteil, dass Vogel das Synodalwort »im Sinne der Bekehrung der Juden« verfasst habe (so Irena Ostmeyer, Zwischen Schuld und Sühne, Evangelische Kirche und Juden in SBZ und DDR 1945-1990 (SKI 21) Berlin 2002, 48-49) für unzutreffend und die theologische Linie Vogels verkennend, als auch dass das Wort »›noch keine Ansätze zu einem neuen Durchdenken der theologischen Fragen [...], die der Kirche im Blick auf ihr Verhältnis zum Judentum und zu den Juden nach der Shoah gestellt werden müssen‹«, enthalte (unter Aufnahme eines Zitats von Siegfried Arndt, 50).

[76] Zur Problematik der Rede von einer »Israellehre« Karl Barth vgl. Busch, Bogen, 456.

[77] Das gilt auch für die Rezeptionsgeschichte seiner israeltheologischen Aussagen (vgl. Busch, Bogen, 437-444).

[78] Hier ist die Darstellung von Eberhard Busch, die auch die hier nicht in Rede stehende Entwicklung der Auseinandersetzung Barths mit dem Thema berücksichtigt, zugrunde gelegt, zum Folgenden vgl. insbesondere die Abschnitte 401-435 und 437-491. Vgl. auch Goldmann, Frage, 23-56.

5.1. Kurze Erinnerung: Israeltheologische Einsichten Karl Barths

Karl Barths Arbeit an einer Verhältnisbestimmung von Kirche und Israel, Christen und Juden, Kirche und Synagoge begann zwar bereits in Abgrenzung von seinen Lehrern, wie etwa von Harnack, in seiner ersten Auslegung des Römerbriefs 1919[79], erfuhr aber erst angesichts der politischen Herausforderungen in den 1930er und 1940er Jahren an Zuspitzung und Konkretion. 1933 trat Barth deutlich vor Augen, dass mit der nötigen Verhältnisbestimmung zu Israel und zu den Juden das theologische Fundament und damit das Kirchesein der Kirche selbst auf dem Spiel stand[80]. Mit dem Novemberpogrom 1938 radikalisierte sich seine Haltung aufgrund der theologischen Erkenntnis der notwendigen Zusammengehörigkeit von Kirche und Israel hin zu »Widerstand und Solidarität«[81] und der Arbeit im Schweizerischen Evangelischen Hilfswerk für die bekennende Kirche[82]. Dabei zielte Barth vornehmlich auf eine theologische Bestimmung Israels. Die Kirche ist Kirche aus Juden und Heiden, sie trägt eine doppelte Gestalt: Sie kann nur in der Einheit mit Israel überhaupt Kirche sein.[83] Denn Israel ist das erwählte, und zwar das bleibend erwählte Volk Gottes: Darin besteht laut E. Busch Barths theologiegeschichtliche Leistung, dass er die reformatorische Neubestimmung der göttlichen Gnade so interpretierte, »daß die Judenschaft gerade von dieser Gnade nicht mehr ausgeschlossen gesehen werden kann, sondern in ihr notwendig erhalten bleibt und mit ihr für die Kirche vorgegeben ist.«[84] Beide, Kirche und Israel, können deshalb Zeugen der Gnadenwahl Gottes sein. Beide, Kirche und Israel, sind Zeugen des göttlichen Bundes. Beide bezeugen auf »unterschiedliche Weise« und doch in gegenseitiger Verschränkung Gottes freies Erbarmen.[85]

---

79 Busch, Bogen, 17-19.

80 Busch, Bogen, 155-196. Goldmann macht Barths Predigt über Röm 15,5-13 im Bonner Universitätsgottesdienst vom 10. Dezember 1933 zum Ausgangspunkt seiner israeltheologischen Analyse bei Barth (Goldmann, Frage, 23; vgl. Busch, Bogen, 165-174).

81 Busch, Bogen, 313.

82 Busch, Bogen, 342-346.359-399.

83 Busch, Bogen, 406.

84 Busch, Bogen, 537.

85 Vgl. Busch, Bogen, 457. Als ein Schibboleth der Israeltheologie Barths erweist sich seine theologische Haltung zu den Judenchristen: »Ihr Eingehen in die Kirche ist kein Auflösen ihres Judeseins, sondern sie bleiben in ihr voll Israel, in einer Weise, wie es von den Heidenchristen nie zu sagen ist: Sie sind die unmittelbaren Verwandten des nichtchristlichen Israels.« (468)

5.2. AUFHEBUNG DER VERWERFUNG IN CHRISTUS

In seiner Auslegung von Römer 9 bis 11 wendet sich Barth ausdrücklich gegen die Vorstellung, dass Israel womöglich »ausgedient«[86] habe. Er arbeitet die Erkenntnis »von Gottes ungekündigtem Bund mit Israel und von der unlöslichen Verbindung von Kirche und Israel«[87] heraus.

Als Grundlage gilt ihm dabei, dass Israels Erwählung in Gottes freiem Erbarmen gründet: Gottes Handelns ist zum einen frei, zum anderen Erbarmen. Israels »Gesetzesübertretung« besteht nach Barth in der Nichtanerkenntnis dieses grundlegenden Handelns Gottes, im »Unterlassen des einen gerade ihm gebotenen Werkes des Glaubens«[88]. Doch Israels unterlassendes Handeln ist »unfähig, Gottes Erbarmen außer Kraft zu setzen«[89], weil es erwählt ist durch den, »der eben ganz und gar sein *Erbarmer* ist«[90]. So ist es in Jesus Christus offenbar geworden. Im Kreuz Jesu Christi sagt Gott »verhüllt unter dem Nein, nicht Nein, sondern auch Ja«[91] zu Israel. In der Auferstehung Jesu Christi vollziehe sich auch das »allmächtige Durchstreichen des Schlussstrichs des jüdischen Verwerfens und der jüdischen Verwerfung [...]«[92]. D.h., in seinem Bekenntnis zu dem Messias Israel stellt sich Gott in einem gegen Israel, das nicht an den Messias glaubt, und zu Israel, indem er sich zu dessen Messias als Heiland der Welt bekennt.

> »Indem Gott in der Auferweckung Jesu Christi den Schlussstrich des bösen ungläubigen Willens Israels Jesus gegenüber durchstrich und also jene Strenge bewies gegen die ihm Ungehorsamen, indem jetzt der Schnitt vollzogen wurde, der das ungläubige Israel als solches zurückließ und zugleich die Kirche begründete, ist ja auch jener ganz andere Schlussstrich durchgestrichen: der nämlich unter Israels Verwerfung.«[93]

Die Erwählung Israels bleibt bestehen: Es ist Gottes aus freiem Erbarmen erwähltes und zuerst erwähltes Volk. In Jesus Christus wird dieses freie Erbarmen mit seiner Geburt in diesem Volk bekräftigt und offenbar vor aller

---

86 Barth, Die Kirchliche Dogmatik [= KD], Bd. II/2, Zollikon 1942, 323.
87 Busch, Bogen, 405.
88 Barth, KD II/2, 266.
89 Busch, Bogen, 418.
90 Barth, KD II/2, 284.
91 Barth, KD II/2, 249.
92 Barth, KD II/2, 320.
93 Barth, KD II/2, 322.

Welt. Deshalb vermag die Kirche ihrem Wesen nach Kirche nur zu sein »in ihrer Einheit mit Israel«[94].

Die Offenbarung des gnädigen Gottes in Jesus Christus, die freie und gnädige Erwählung Israels, die Erkenntnis der »unlöslichen Verbindung« (Vogel) bzw. der »Einheit« (Barth) zwischen Kirche und Israel[95] – auch wenn Vogels theologischer Argumentationsgang von dem Barths material abweicht und quantitativ hinter ihm erheblich zurücksteht, so sind die gewonnenen israeltheologischen Einsichten denen Barths im Ergebnis verwechselbar ähnlich. Dies gilt insbesondere auch für den Gedanken des Unterliegens der Verwerfung Israels unter Gottes Treue und die Außer-Kraft-Setzung der Verwerfung Israels, die nur an diesem Punkt bei Vogel nachweisbar ist – es kann davon ausgegangen werden, dass Vogel diese Erkenntnis von Barth in seine Dogmatik übernommen hat.

5.3. »Das Wort wurde … jüdisches Fleisch«

Zum Sichtbarmachen eines interessanten Unterschiedes zwischen den beiden scheint der Zugang zur Thematisierung Israels geeignet zu sein, den Barth in seinem Israel-Exkurs in KD IV/1 wählt. Darin legt Barth Johannes 1,14 pointiert und nahezu bildhaft aus als: »Das Wort wurde [...] jüdisches Fleisch.«[96] Damit betont Barth zunächst, was auch Vogel über die Fleischwerdung so sagen könnte (und sagt), dass dieses »Fleisch« in seiner ganzen Schonungslosigkeit zeigt, »wer und was der Mensch ist: seine Untreue [...] und Feindschaft gegen Gott«[97] und also den »von Gott negierte[n] Mensch[en]«[98]

Der Satz weist bei Barth darüber hinaus eine soteriologische Pointe auf: Denn in der Teilhabe Gottes an diesem »verworfene[n] und darum

---

[94] Barth, KD II/2, 223.

[95] H. Vogel, Gott in Christo, 814; Barth, KD II/2, 223. Barth betont diese Erkenntnis weitaus differenzierter und ausführlicher (vgl. allein die theologischen Voraussetzungen für den gemeinsamen Zeugendienst von Kirche und Israel der freien Gnade Gottes in der Prädestinationslehre § 34; Busch, Bogen, 451-469): »Barths These besagt [...], dass der Fortbestand des jüdischen Volkes und der Synagoge für die Welt *und* für die Kirche *notwendig* ist.« (457)

[96] Barth, KD IV/1, Zollikon-Zürich 1953, 181.

[97] Barth, KD IV/1, 187.

[98] Barth, KD IV/1, 189.

vergehende[n] Mensch[en]«[99] lässt Gott sein Urteil über den Menschen an sich selbst vollstrecken[100], »damit Israel und die Völkerwelt lebe.«[101]

Der Satz hat zudem eine erwählungstheologische Pointe darin, dass die Konkretion der Fleischwerdung als »jüdisch« Partikularität und Begrenztheit der Menschwerdung Gottes anzeigt. Diese geschieht singulär und exklusiv an einem bestimmten Ort zu einer bestimmten Zeit in eine bestimmte Person und Geschichte hinein. Darin aber ist die »Bestätigung von [...] [Israels] Erwählung«[102] des »hohe[n] Gott[es]«[103] der Erweis der »Gottheit Christi«[104].

Zu all dem bekommt der Satz nun aber auch eine empirische Pointe: Denn die Existenz in »jüdischem Fleisch« bedeutet ja auch, dass der »Sohn Gottes [...] als einer von diesen alttestamentlichen Menschen« existiert und in »Solidarität« mit diesem Volk lebt[105]. Die Offenbarung Gottes im Menschen Jesus vollzog sich – und hier formuliert Barth genau entgegengesetzt zu Vogel – »als ein Nationalnumen, [...] als ein Numen jener Stämme-Koalition, in der das Volk Israel als Ganzes entstanden ist.«[106]

6. Vergleichende Beobachtung

Der Bogen soll hier nicht überspannt werden angesichts von Beobachtungen auf die beiden theologischen Ansätze, auf die ein vergleichbar wenig detaillierter Blick geworfen wurde, wie er etwa von den Schweizer Bergen hinab in die norddeutsche Tiefebene möglich ist. Aber diese Tendenz einer allein und konsequent theologischen Interpretation sowohl Israels als auch des Johannesprologs bei Vogel[107] – der Fleischgewordene ist »der Mensch«, es geht um die »Menschheit«[108] – und der konsequent theologischen Interpretation mit Öffnungsmöglichkeit in die empirische Solidarität bei Barth – »Das Wort

99 Barth, KD IV/1, 191.
100 Klappert, Jesus, 167.
101 Klappert, Jesus, 169.
102 Barth, KD IV/1, 184.
103 Barth, KD IV/1, 192.
104 Barth, KD IV/1, 193.
105 Barth, KD IV/1, 191.
106 Barth, KD IV/1, 184.
107 Vgl. H. Vogel, Christologie, 100-164.
108 H. Vogel, Christologie, 435; vgl. auch 463-464.

wurde ... jüdisches Fleisch«, es geht um die »Menschheit Israels«[109] – scheint sich hier nahezulegen. Zugespitzt formuliert: Wo Karl Barths Theologie eine Öffnung auch in die empirischen Konsequenzen zulässt[110], sieht Heinrich Vo-

---

[109] Barth, KD IV/1, 187. Ausdrücklich verweist Barth in diesem Abschnitt auch politisch-empirisch sehr real auf die »Geschichte der Juden bis auf den heutigen Tag [...] Sie war und ist – ob von den Juden selbst und ihrer Umgebung verstanden oder nicht – gerade darin ein Stück lebendigen Alten Testamentes, daß in ihren großen Zügen auch sie eine einzige Geschichte von Demütigungen und Enttäuschungen, eine Leidensgeschichte ist« (191). – Dazu im Unterschied an anderer Stelle Vogel: »Hüten wir uns, den Charakter des alttestamentlichen Bundesvolkes [...] zu verkennen und die ihm gegebenen Verheißungen auf Grund eines überall nach unserer Auswahl anwendbaren nationalen Prinzips auf die Nation als solche zu übertragen.« (H. Vogel, Wie predigen, 355) Ein Bezug zum empirischen Judentum ergibt sich bei ihm lediglich durch Einsicht aus theologischer Erkenntnis: »Steht diese Schrift [gemeint ist das Buch Esther] nicht als ein warnendes Menetekel gleichsam an der Außenwand des Heiligtums, auf daß wir uns hüten sollen, die Judenfrage (das internationale Judenproblem!) etwa so lösen zu wollen wie jener Perserkönig es versuchte [...] Ist das Geheimnis des internationalen Judenproblems von dem Geheimnis Israels abtrennbar?« (359)

[110] Vgl. dazu die Analyse Marquardts, der die zeitgeschichtlichen Ereignisse des Jahres 1933 als Grund für Barths Wende in der Israel-Theologie hin »zur historisch-empirischen Identifikation Israels als Judentum« ansieht. (Marquardt, Entdeckung, 84) Auch Busch sieht im Jahr 1933 und der – aus Barths Sicht mangelhaften – Auseinandersetzung der kirchlichen Opposition mit dem Arierparagraphen nicht nur in seiner kirchlichen, sondern insbesondere auch in seiner staatlichen Gestalt einen Katalysator bei Barth: Es vollziehe sich bei ihm eine »Umkehr der Israelkritik in eine Kirchenkritik« (Busch, Bogen, 22), da Barth das Verhältnis der Kirche zu den Juden als die entscheidende Herausforderung jener Zeit erkannt hatte (147). Deshalb forderte er eine Neubestimmung dieses Verhältnisses aus dem Hören auf das Wort Gottes und gerade eine Relativierung der völkischen Definition durch eine explizit theologische (vgl. insbesondere seine Begegnung mit dem Pfarrernotbund in Berlin im Oktober 1933, 135-147, und das aus dieser Perspektive entwickelte Verständnis der Barmer Theologischen Erklärung, 204-214). Busch konstatiert nun aber anders als Marquardt: »Die Achillessehne dieses Ansatzes lag freilich darin, daß von daher bei Barth auch im Blick auf das Verständnis ›heute‹ lebender Juden das Hören auf ihre Stimme zwar nicht ausgeschaltet, aber doch zurückgestellt wurde hinter das Hören auf das im Alten und Neuen Testament bezeugte Wort Gottes.« (153) Eine Radikalisierung der Einstellung Barths hin zu einem »gebotenen Handeln der Kirche« sieht Busch ab dem Novemberpogrom 1938, ab dem »die Bejahung eines [...] Widerstands gegen Hitlerdeutschland und die Bemühung um die Gewährung von Asyl für verfolgte Juden« erkennbar werden (314). Niederschlag in der Kirchlichen Dogmatik hat diese empirische Zuspitzung etwa in KD III/3 [Zollikon-Zürich 1950], da Barth Theologie und Empirie angesichts der Staatsgründung Israels 1948 unmittelbar zusammensieht: Man kann zwar »die Juden [...] verachten, hassen,

gel grundsätzlich anthropologisch auf die in der Fleischwerdung Gottes offenbarte »angenommene und getragene Menschheit des Menschen«[111]. Von solcher Verallgemeinerung distanziert sich Barth in dem angesprochenen Zusammenhang gerade: »Das Wort wurde – nicht ›Fleisch‹, Mensch, erniedrigter und leidender Mensch in irgend einer Allgemeinheit, sondern jüdisches Fleisch.«[112]

Blickt man auf Vogels theologisches und kirchenpolitisches Engagement in der christlich-jüdischen Verhältnisbestimmung, ist es verblüffend, wie wenig er sich in der Folgezeit nach dem Weißenseer Wort direkt in diese theologische Arbeit – etwa auch in der Arbeit der Arbeitsgruppe auf dem Kirchen-

---

unterdrücken und verfolgen oder auch assimilieren, aber nicht wirklich antasten, nicht beseitigen, nicht auslöschen. Sie sind das einzige Volk, das fortexistieren muß, so gewiß Gott Gott ist« (zitiert bei Busch, Bogen, 534). Vgl. dazu die Aussage des späten Karl Barth: »Die Theologie, in der ich entscheidend probiert habe, aus der Bibel zu schöpfen, ist für mich nie eine private Sache gewesen, etwas der Welt und den Menschen Fremdes, sondern ihr Gegenstand ist: Gott für die Welt, Gott für den Menschen, der Himmel für die Erde. Das hat dazu beigetragen, dass meine ganze Theologie immer eine starke politische Komponente hatte, ausgesprochen oder unausgesprochen.« (Karl Barth, Letzte Zeugnisse, 1969, zitiert bei Kupisch, Karl Barth, 118)

111 H. Vogel, Gott in Christo, 653.

112 Barth, KD IV/1, 181. An Barth ist vielfach kritisiert worden, dass für seine Israeltheologie ein »theologisches Überlegenheitsbewusstsein« grundlegend sei, das ein theologisches Gespräch mit jüdischen Dialogpartnern überflüssig sein lässt. Ist diese Kritik berechtigt – das ist hier nicht zu entscheiden –, so trifft sie in einem noch schärferen Maße Vogel. Denn für ihn gilt nicht, was zu Barth immerhin gesagt werden kann: »[...] die bahnbrechende Leistung der Barthschen Israellehre [besteht] zu einem großen Teil darin, daß er von seinem christologisch zentrierten Bundesbegriff aus immer neu das zuerst und bleibend in diesen Bund gestellte *geschichtliche* Volk der Juden in den Blick bekommt. Es ist dessen beharrlicher, schon durch sein bloßes Dasein außerhalb der Kirche geleistete Widerstand gegen alle theologischen ›Bewältigungen‹ seiner Wirklichkeit, der das Judentum für Barth in immer größerer Dringlichkeit auch zur Frage an die Kirche macht.« (Goldmann, Frage, 7) Für Vogel kann dies so ausdrücklich nicht gesagt werden. Noch stärker als bei Barth tritt bei ihm der anthropologisch-hamartiologisch bestimmte »Negativaspekt« (so in Bezug auf Barth: 53) in seiner allein christologisch-ekklesiologischen Auseinandersetzung mit Israel hervor. Goldmanns Analyse der Spannung zwischen hervorgehobener Partikularität und negativ besetzter Universalität in der Barthschen Israeltheologie – »indem Barth die partikulare Größe Israels von dem Negativaspekt universalen Menschseins her definiert, löst er ihre Kontingenz und Einmaligkeit und damit ihre Partikularität selber letztlich auf. Das Besondere wird ein negatives Allgemeines.« (54) – trifft auf Vogel noch einmal verschärft zu, weil dessen israeltheologische Bestimmungen vor allem universal-anthropologischer Art sind.

tag – eingeschaltet hat; hier waren andere aktiv. Sein Interesse an Israel ist zuallererst und vornehmlich theologisch.[113]

Konsens oder Dissens? Die Alternative will bei der Betrachtung der israeltheologischen Ansätze von Barth und Vogel nicht einmal in ihrer differenzierten Form, »magno consensu in dissensu« und »magno dissensu in consensu«, so recht einleuchten. Vogel hat sich nicht mit der Intensität mit Israel beschäftigt wie Barth, ohne dass diese Quantität freilich den Stellenwert von Israels theologischer Bedeutung in Vogels Theologie widerspiegeln würde. Vogel hat bereits früh eine eigenständige ekklesiologisch grundgelegte Haltung zu Israel, zum unverbrüchlichen Zusammenhalt der Testamente, zur »Mitte« seines theologischen Denkens in der Offenbarung des Gottesnamens in Jesus Christus entwickelt und entsprechende theologische Position auch öffentlich

---

113 Diese theologische Konzentration war die Grundlage für jene Klarheit, mit der er von Anfang an den Nationalsozialismus als im Widerspruch und im Gegenüber zum Evangelium analysieren konnte. Vgl. exemplarisch Vogels klare Haltung in den »Acht Artikel Evangelischer Lehre« im unmittelbaren Zusammenhang mit der Einführung des Arierparagraphen, auf den die Schrift stichwortartig ausdrücklich Bezug nimmt (H. Vogel, Acht Artikel, 13). Ebenfalls 1933 seine weit verbreiteten »Thesen des Protestes, der Frage und der Bitte an die ›Glaubensbewegung Deutscher Christen‹«, die erschienen sind unter dem Titel »Kreuz und Hakenkreuz« (in: ZZ 11 [1933], 201-206). Oder die klare Positionierung in der Auseinandersetzung mit dem »Mythus des 20. Jahrhunderts« des NS-Ideologen Alfred Rosenberg (Heinrich Vogel, Wort Gottes oder Mythus, in: Karl Immer [Hg.], Zweite Bekenntnissynode der Evangelischen Kirche der Altpreußischen Union [Preußensynode] in Dahlem am 4. und 5. März 1935, Wuppertal 1935, 13-31). Weiter erörtert Vogel 1935 anhand der Frage »Wie predigen wir das Alte Testament?« gegenüber dessen Verunglimpfung als »Judenbuch« (H. Vogel, Wie predigen, 340) durch die Deutschen Christen den elementaren Zusammenhang der Testamente. Dieses »Ineinander« (H. Vogel, Christologie, 46) der Testamente entfaltet er anhand einer (eindrucksvollen!) Theologie des Namens Jesus Christus, 1949 in seiner Christologie (41-78) und zuvor schon 1936 in der Christologie-Vorlesung (Heinrich Vogel, Das Wort ward Fleisch, München 1936). 1935 wurde er durch die Rücktrittsdrohung von Präses Karl Koch daran gehindert, in seinem Grundsatzreferat auf der Steglitzer Synode für die getauften Juden Stellung zu beziehen (Christine-Ruth Müller, Die Judenfrage im Bereich der APU 1933 bis 1945, in: Gerhard Besier / Eckhard Lessing [Hg.], Die Geschichte der Evangelischen Kirche der Union, Bd. 3, Leipzig 1999, 509-548). Vogel schreibt dazu später: »In der Tat wollte ich in meinem Vortrag [...] nicht nur zur Frage der Judentaufe und der Judenchristen sprechen, sondern für den Juden als unseren Nächsten offen eintreten. Tatsächlich scheiterte das an dem Widerstand von Präses Koch, der mit seinem Rücktritt drohte, wenn ich bei meinem Entwurf bliebe [...] Noch heute bin ich der Überzeugung, dass wir die uns damals gebotene Entscheidung versäumt haben.« (535) 1950 ergreift er die Initiative zum ›Wort zur Judenfrage‹ auf der EKD-Synode von Berlin-Weißensee.

bezogen. Karl Barths Erkenntnisse insbesondere zu Römer 9 bis 11 waren für Vogel mehr noch als bloße theologische Bestätigung und Vergewisserung: Der Gedanke des Außer-Kraft-Setzens der Verwerfung Israels findet sich nur innerhalb seiner Rezeption dieser Barthschen Auslegung[114].

Nicht bestätigen ließ sich hier die These (Friedrich-Wilhelm Marquardts), dass der Einfluss von Barths Israeltheologie auf das Weißenseer Wort »mit Händen zu greifen«[115] sei: wenn überhaupt, dann ist er höchst indirekter Natur.[116] Vogel hat vor allem die Außer-Kraft-Setzung der Verwerfung in sein theologisches System integriert – dort konnte es unmittelbar Anschluss finden. Denn das fällt nun im direkten Vergleich doch auf: Für Vogel scheint die theologische Betrachtung Israels auch angesichts seiner soteriologischen Sonderstellung nur ein Themenbereich gewesen zu sein, an welchem er seine kraftvolle und hoffnungsstarke, zur persönlichen Positionierung drängen-

---

114 An beiden Bezugsstellen seiner Dogmatik grenzt Vogel sich dabei im Übrigen von einem Erlösungsüberschuss ab und warnt ausdrücklich vor dem »Kurzschluss« einer Apokatastasis panton als etwaiger theologischer Folge von Barths »unvergleichliche[r] Exegese« (H. Vogel, Gott in Christo, 944).

115 Marquardt, Entdeckung, 86.

116 Busch hat auf die »Asymmetrie« hingewiesen (Busch, Bogen, 460), die sich zwischen Israel und Kirche aus diesem christologischen Argumentationsgang ergibt. Denn ihm gemäß kann zuerst nur die Kirche Jesus Christus als Erfüllung der Messiasverheißung begreifen und die doppelte Gestalt der einen Gemeinde Gottes aus Juden und Christen erkennen. Dann aber trägt auch die Kirche die primäre Verantwortung »der Bewährung« (460; vgl. 537) dieser unlöslichen Verbundenheit zwischen Kirche und Israel. Genau in diesem Sinne einer hervorgehobenen Verantwortung für das christlich-jüdische Verhältnis argumentiert Vogel in Weißensee: »Allein die Kirche kann darum [sc. um die theologischen Zusammenhänge zwischen Kirche und Israel] wissen, und darum hat die Kirche in dieser Sache zu reden« (Berlin-Weissensee [1950], Bericht über die zweite Tagung der ersten Synode der Evangelischen Kirche in Deutschland vom 23.-27. April 1950, hg. im Auftrage des Rates von der Kirchenkanzlei der Evangelischen Kirche in Deutschland, Hannover o.J. [1950], 320; vgl. 326).

de und insofern innere Freiheit und Mut stiftende Theologie zum Ausdruck brachte.[117]

[117] Lohnend wäre es, von hier aus ausführlicher zu untersuchen, wie die Positionen des Wortes zur Judenfrage und Karl Barths Exegese Römer 9-11 in der DDR rezipiert worden sind. Einen ersten Angang dazu unternimmt Irena Ostmeyer (Ostmeyer, Schuld). Die Wirkung des »Worts zur Judenfrage« von 1950 sieht sie vor allem in der Thematisierung der Schuldfrage wie dem Aufruf zur Pflege jüdischer Friedhöfe gegeben – eine Arbeit, die vor allem durch »persönliche Kontakte« zustande kam und vor allem jenen jüdischen Friedhöfen zugutegekommen ist, für die der »staatliche Unterhalt unzureichend« gewesen ist (Ostmeyer, Schuld, 301). Ausgerechnet der große jüdische Friedhof in Berlin-Weißensee, unmittelbarer Nachbar der 1950er Synode, wurde durch den »Widerstand der Kirche« vor der Zerstörung durch den Bau einer Schnellstraße gerettet (301). Das Verhältnis von Kirche und Israel ist im Raum des Bundes der Evangelischen Kirchen in der DDR vor allem durch kirchenleitende Erklärungen – allen voran ist hier die EKiBB mit ihren Synodalerklärungen von 1960 und 1990 zu nennen, denen ein ausführlicher theologischer Prozess voranging (56-64) – und durch das Gedenken an den Novemberpogrom (51-55.163-167).

Karl Barth als Protagonist theologischer und kirchlicher Erneuerung

Die Barth-Rezeption Günter Jacobs seit 1944

Michael Hüttenhoff

Günter Jacob[1] sah in Karl Barth einen Theologen von »Weltgeltung«[2] , dem »die Christenheit der ganzen Welt tiefen Respekt und Dank«[3] schulde. Dennoch war er niemals ein reiner Barthianer. Während seines Theologiestudiums in Marburg wandte sich Jacob der dialektischen Theologie zu. Neben Barth beeinflusste ihn auch sein Marburger Lehrer Rudolf Bultmann, dem er in der Frage nach dem Wirklichkeitsbezug der Theologie näher stand als Barth. Außerdem spielten Martin Luther[4] und Søren Kierkegaard[5] für ihn eine große Rolle. Nach dem Krieg trat der Einfluss Barths zeitweise zurück.

---

[1] Günter Jacob (1906-1993) war von 1932-1946 Pfarrer in Noßdorf bei Forst / Niederlausitz. Er gehörte zum radikalen Flügel der Bekennenden Kirche. Von 1946-1972 war er Generalsuperintendent der Neumark und der Niederlausitz bzw. des Sprengels Cottbus. 1963-1966 amtierte er als Verwalter des Bischofsamtes für die Region Ost der Berlin-Brandenburgischen Landeskirche. Zu Jacob vgl. J. Jürgen Seidel, Art. Jacob, Günter, in: BBKL 13 (2004), 721-725; Michael Hüttenhoff, Günter Jacob. Kirchliche Praxis in zwei Weltanschauungsdiktaturen, in: Lucia Scherzberg (Hg.), Doppelte Vergangenheitsbewältigung und die Singularität des Holocaust (theologie.geschichte, Beiheft 5), Saarbrücken 2012, 357-394.

[2] Günter Jacob, Kirche und Arbeiterschaft, in: Potsdamer Kirche 1950, 197-198, 207-208, hier: 207.

[3] Günter Jacob, Gibt es Gottesbeweise?, in: Potsdamer Kirche 1959, Nr. 32 u. 33, hier: Nr. 32 (ohne Seitenzählung).

[4] Vgl. Günter Jacob, Der Gewissensbegriff in der Theologie Luthers (BHTh 4), Tübingen 1929; ders., Rez. Fleisch und Geist nach Luthers Lehre unter besonderer Berücksichtigung des Begriffs Totus homo. Von Erdmann Schott. Leipzig, Deichert 1928, in: ChrW 43 (1929), 139; ders., Zur Interpretation des natürlichen Daseins bei Luther, in: ZThK NF 13 (1932), 62-72; ders., Luthers Freiheitsbegriff und unsere Zeit, in: Nationale Erziehung. Monatsschrift für Eltern und Erzieher 14 (1933), 221-226.

[5] Vgl. Jacob, Der Geistbegriff bei Gogarten und Kierkegaard, in: ChrW 43 (1929), 68-73.

Jacob fühlte sich damals der Berneuchener Bewegung und dem sakramentalen Luthertum näher als Barth. Als Barths Denken wieder an Bedeutung gewann, verband Jacob, was er bei Barth gelernt hatte, mit Einsichten, die er der Berneuchener Bewegung, Dietrich Bonhoeffer, der ökumenischen Bewegung, den französischen Arbeiterpriestern und den theologischen Neuansätzen der 1960er Jahre verdankte. Die Grundentscheidungen seiner Theologie orientierten sich an Barth und Luther, doch wie sich diese Grundentscheidungen auf unterschiedlichen Feldern konkretisierten, wurde durch andere Einflüsse mit bestimmt und reagierte auf die Herausforderungen, denen Jacob als Christ und kirchlicher Amtsträger in der DDR ausgesetzt war.

Jacob hatte niemals ein akademisches Amt inne, sondern wirkte sein gesamtes Berufsleben hindurch in der evangelischen Kirche. Seine theologischen Überlegungen zielten stets auf die kirchliche Praxis und das christliche Leben, obwohl sein Denken einen Zug ins Grundsätzliche aufwies. Trotz eines enormen Arbeitspensums blieb ihm keine Zeit für Veröffentlichungen, die seinen Ansprüchen an wissenschaftliches Arbeiten genügten.[6] Seine bevorzugten Publikationsorgane waren die »Potsdamer Kirche«, die evangelische Kirchenzeitung für die Mark Brandenburg, und die »Zeichen der Zeit«, eine Zeitschrift, die sich an kirchliche Mitarbeiter richtete. Der Umfang dieser Publikationen und ihre Ausrichtung auf eine breitere Leserschaft erlaubten Jacob nicht, sich differenziert mit anderen Theologen auseinanderzusetzen und jeweils genau nachzuweisen, was er wem verdankte. Auch die längeren Aufsätze, die sich vorwiegend an Theologen richten, haben in der Regel nicht den Charakter wissenschaftlicher Fachaufsätze, aber sie zitieren ausgiebiger und lassen deutlicher erkennen, wen und was Jacob rezipierte.

Ab 1954 erwähnte Jacob Barth recht häufig. Die Verweise sind manchmal pauschal und redundant, aber einige Texte dokumentieren eine gründliche und breite Auseinandersetzung mit Barth.[7] Besonders aufschlussreich ist der Aufsatz »Karl Barth – der Lehrer der Bekennenden Kirche«, den Jacob

---

6 Vgl. Jacobs Charakterisierung seiner Veröffentlichungen in Günter Jacob, Vorwort, in: ders., Kirche auf Wegen der Erneuerung. Gesammelte Aufsätze aus drei Jahrzehnten, Berlin 1966, 7-11, hier: 11.

7 Vgl. z.B. Günter Jacob, Wer ist Jesus Christus?, in: Potsdamer Kirche 1960, Nr. 16 (ohne Seitenangaben); ders., Amt als Dienst. Geistliche Rede des Kurators, in: Wir gedenken unserer Brüder, die von uns getrennt sind. Als Handschrift gedruckt / Vertraulich – nur für die Hand der Westbrüder, hg. vom Rat der evangelischen Michaelsbruderschaft, o.O., o.J. (ca. 1962), 22-38; ders., Zehn Artikel und sieben Sätze. Versuche einer Wegweisung, in: JK 25 (1964), 189-196.

anlässlich von Barths 80. Geburtstag am 10. Mai 1966 in der »Neuen Zeit« veröffentlichte.

Im Folgenden werde ich von den Texten ausgehen, die Barth namentlich erwähnen. Selbstverständlich könnten auch andere Texte auf die Barth-Rezeption hin untersucht werden. Aber bei den ausdrücklichen Erwähnungen befinden wir uns auf sicherem Terrain. Sie führen uns an die wichtigsten Punkte heran und bieten für diesen Aufsatz genug Material.

1. Theologische Existenz

Die Grundentscheidungen, die Jacobs Theologie prägten, fielen bereits in die Zeit, bevor er 1932 seine erste Pfarrstelle in Noßdorf bei Forst in der Niederlausitz übernahm. Jacob gehörte zu den vielen jungen Theologen, die unter den Einfluss der dialektischen Theologie gerieten und dabei vom Bewusstsein einer grundlegenden theologischen und kirchlichen Erneuerung getragen wurden. Im Rückblick beschrieb Jacob 1957 diese Erneuerung, als deren wichtigsten Protagonisten er Barth ansah, folgendermaßen:

> »Jetzt wurde der glühende Kern der biblischen Wahrheit wieder freigelegt. Jetzt wurde aller natürlichen Gotteserkenntnis abgesagt in Auslegung der Heiligen Schrift und ihres Zeugnisses von dem lebendigen Gott, der doch von uns Menschen überhaupt nur erkannt werden kann, weil er selber aus seinem verborgenen Dunkel in der Geschichte des alttestamentlichen Bundes und dem Leben, Sterben und Auferstehen seines Sohnes herausgetreten ist und sich damit uns zu erkennen gibt. Jetzt wurde Ernst mit der Verkündigung der Bibel gemacht, daß Jesus Christus als der Sohn der alleinige Herr und das eine Wort Gottes im Leben und im Sterben ist. [...]
>
> Damit waren auch praktisch stärkste Anstöße zu einer Neuorientierung der sonntäglichen Predigt gegeben. [...] Predigt ist ganz streng und ausschließlich Auslegung der biblischen Texte, ob diese Texte in unsere Vorstellungswelt sich einfügen oder nicht [...] Predigt ist Verkündigung der Rechtfertigung des Sünders um des einen Opfers willen, das Jesus Christus auf Golgatha für alle Menschen gebracht hat.«[8]

---

[8] Günter Jacob, Der Weg der Kirche von 1900 bis 1957 (1957), in: ders., Gericht und Gnade. Zum Weg der christlichen Gemeinden in unserem Jahrhundert, Berlin 1986, 9-19, hier: 12-13.

Obwohl Jacob die Wende in der Theologie- und Kirchengeschichte auf die Zeit nach dem Ersten Weltkrieg datierte,[9] beschrieb er hier die Erneuerung nicht in der Sprache der frühen dialektischen Theologie. Jacob formulierte hier ›dogmatischer‹ als diese und verwendete Formeln der frühen 1930er Jahre. Der Ausdruck ›natürliche Theologie‹ wurde bei Barth erst ab 1930 zum Kampfbegriff und zur vorherrschenden Charakterisierung der von ihm abgelehnten Theologie.[10] Die Formulierung »daß Jesus Christus [...] der alleinige Herr und das eine Wort Gottes im Leben und im Sterben ist« nahm die erste These der Barmer Theologischen Erklärung auf.[11]

Die Hinwendung zur Heiligen Schrift und die christologische Konzentration, die das Zitat als Merkmale der theologischen und kirchlichen Erneuerung hervorhebt, verbanden sich bei Jacob wie bei anderen mit einer Relektüre der reformatorischen Theologie. Auch »die Arbeit unserer reformatorischen Väter« habe sich »auf stürmische Weise von neuem Bahn«[12] gebrochen. In seiner Lizentiatsarbeit untersuchte er selbst den »Gewissensbegriff in der Theologie Luthers«.

In der Wahl des Themas spiegelte sich Jacobs Interesse an der theologischen Anthropologie, am einzelnen Menschen. In dieser Hinsicht stand er Bultmann näher als Barth. Die Ekklesiologie spielte in seinen Veröffentlichungen vor 1932 kaum eine Rolle. Dass sich das um 1932 änderte[13], dürfte mit dem Eintritt ins Pfarramt zusammenhängen. Aber das Interesse an der

---

9 Z.B. Günter Jacob, Der Kampf der Kirche um ihre Freiheit in den Jahren 1933-1945, in: ders. / Hermann Kunst / Wilhelm Stählin (Hg.), Die evangelische Christenheit in Deutschland. Gestalt und Auftrag, Stuttgart 1958, 159-168, hier: 162.

10 Vgl. Karl Barth, Die Theologie und der heutige Mensch, in: ders., Vorträge und kleinere Arbeiten 1930-1933, hg. von Michael Beintker / Michael Hüttenhoff / Peter Zocher (Karl Barth-Gesamtausgabe III. Vorträge und kleinere Arbeiten), Zürich 2013 [=VuklA 1930], (8) 12-43, hier: 40-41. Vgl. dazu J.F. Gerhard Goeters, Karl Barth in Bonn, 1930-1935. Dem Gedächtnis Christoph Barths in herzlicher Erinnerung, in: EvTh 47 (1987), 137-150, hier: 142.

11 Vgl. Theologische Erklärung zur gegenwärtigen Lage der Deutschen Evangelischen Kirche, in: Martin Heimbucher / Rudolf Weth (Hg.), Die Barmer Theologische Erklärung. Einführung und Dokumentation. Mit einem Geleitwort von Wolfgang Huber, Neukirchen-Vluyn ^{7}2009, 33-43, hier: 37.

12 Jacob, Weg, 13.

13 Siehe Günter Jacob, Luthers Kirchenbegriff, in: ZThK NF 15 (1934), 16-32; Sind wir eine »sterbende Kirche?«. Kirchliche Gemeindeversammlung in Noßdorf, in: Forster Tageblatt, 15.9.1932 (Kreisarchiv Landkreis Spree-Neiße); Gemeindekirchenrat Noßdorf, [Jahresbericht], 1.6.1933 (Archiv der Kirchengemeinde Noßdorf, Akte: Kirchliche Statistik).

Kirche könnte auch durch Barth mit veranlasst worden sein. Kaum einen anderen Text Barths erwähnte Jacob später so häufig wie »Die Not der evangelischen Kirche«, einen Vortrag, den Barth am 31. Januar 1931 vor 1400 Menschen in der neuen Aula der Berliner Universität hielt.[14] Im Anschluss an diesen Vortrag beschrieb Jacob die theologische und kirchliche Erneuerung später als Absage an die Bindestrich-Theologie[15], an »die Synthese von kirchlich-christlicher Haltung und deutsch-nationalem Patriotismus«[16]. Die Abwendung von dieser Synthese schloss jedoch eine Zeitlang für Jacob nicht aus, dass er sein biblisch-reformatorisches Christentum faktisch mit einer politischen Parteinahme für den Nationalsozialismus verbinden konnte.[17]

Eine Übereinstimmung mit Barth sah Jacob auch in der Forderung, dass die Theologie strikt von der Offenbarung, dem Wort Gottes her zu denken habe. Aufgrund dieser Forderung kritisierte er bereits 1929 Friedrich Gogartens Geistbegriff.[18] Dennoch wollte Jacob der »Weltwirklichkeit«[19] und dem »Weltbezug«[20] der Verkündigung, konkret: ihrem Bezug auf das natürliche Dasein des Menschen, eine prinzipielle Bedeutung für die Theologie einräumen. Die Exklusivität der Offenbarung und die prinzipielle Bedeutung des Weltbezugs wollte er so verbinden, dass er die »Selbstausdeutung der menschlichen Existenz«[21] verwarf und allein gelten ließ, wie die menschliche Existenz im Licht der Offenbarung zu verstehen ist.

---

14 Karl Barth, Die Not der evangelischen Kirche (1931), in: ders., VuklA 1930, (64) 73-122. – Auf diesen Vortrag bezog Jacob sich ausdrücklich z.B. in seinem Brief an den Bruderrat der Evangelischen Kirche in Deutschland vom 11.9.1947, in dem er das Darmstädter Wort kritisierte (Abschrift, Zentralarchiv der Evangelischen Kirche in Hessen und Nassau [= ZA EKHN], Best. 36/72), 2; außerdem in Jacob, Vorwort [zu: Kirche auf Wegen der Erneuerung], 9; ders., Wort des Abschieds, in: ZdZ 27 (1973), 132-142, hier: 133-134; ders., Karl Barth – der Lehrer der Bekennenden Kirche. Ein Wort des Dankes, in: Neue Zeit, 10.5.1966, 3. (Die »Neue Zeit«, die »Berliner Zeitung« und »Neues Deutschland« werden nach dem Online-Archiv der DDR-Presse bei der Berliner Staatsbibliothek zitiert: http://zefys.staatsbibliothek-berlin.de/ddr-presse/.)

15 Vgl. Barth, Not, 110-111.

16 Jacob, Karl Barth.

17 Vgl. dazu Hüttenhoff, Günter Jacob, 363-365.

18 Vgl. Jacob, Geistbegriff.

19 Den Ausdruck verwendete Jacob z.B. in Günter Jacob, Die Krise der Predigt als Problem der theologischen Anthropologie, in: ThR 8 (1936), 315-343, hier: 325, und vor allem in ders., Gericht oder Skepsis. Zu Friedrich Gogartens gleichnamiger Streitschrift gegen Karl Barth, in: ThR 10 (1938), 1-23, hier: 5 u.ö.

20 Z.B. Jacob, Krise, 322, 323.

21 Jacob, Krise, 339.

2. DIE GESCHICHTSDEUTUNG

Der Jacobs Denken kennzeichnende Zug ins Grundsätzliche wirkte sich darin aus, dass er seine Äußerungen zum Weg der Kirche sowie zur kirchlichen Praxis im Rahmen einer theologischen Deutung der Geschichte und der Gegenwart begründete. Als »Mitte und Wende aller Weltgeschichte«[22] sah er Jesus von Nazareth an. Im »strengen Sinn« sei »alle Geschichte Kirchengeschichte«[23]. Die Kirchengeschichte aber und damit die Geschichte überhaupt sei wesentlich der Kampf zwischen der Kirche und der satanischen Macht.[24] Im konstantinischen Zeitalter, das durch das Bündnis der Kirche mit den »Mächten der Erde«[25] geprägt wurde, war das nach Jacob verdeckt.[26] Doch dieses Zeitalter gehe seinem Ende entgegen. Diese Überzeugung stand im Zentrum seiner Deutung der Gegenwart.[27]

Die Grundzüge seiner Geschichts- und Gegenwartsdeutung bildete Jacob bereits in den 1930er Jahren aus. Sie verdichtete sich in der Formel vom »Ende der konstantinischen Epoche« bzw. »des konstantinischen Zeitalters«. Die erste Formel ist erstmals 1944[28], die zweite 1947[29] belegt. Die genaue Herkunft der Formel ist nach wie vor ungeklärt.[30] In seinem 1973 unter dem Titel

---

[22] Günter Jacob, Die Geschichtsdeutung der Kirche, in: Die Stunde der Kirche. Dem evangelischen Bischof von Berlin D. theol. Dr. jur. Dr. phil. Otto Dibelius zum 15. Mai 1950 dargereicht von den Generalsuperintendenten der evangelischen Kirche in Berlin-Brandenburg, Berlin 1950, 81-99, hier: 87.

[23] Jacob, Geschichtsdeutung, 93.

[24] Jacob, Geschichtsdeutung, 94. – Jacob berief sich für diese Geschichtssicht auf »*Luthers* Deutung der Weltgeschichte« (ders., Geschichtsdeutung, 93), die er bereits in seiner Lizentiatsarbeit thematisiert hatte (ders., Gewissensbegriff, 54-65).

[25] Günter Jacob, Die Zukunft der evangelischen Kirche (Pfingsten 1944), in: ders., Die Versuchung der Kirche. Theologische Vorträge der Jahre 1933/1944, Göttingen 1946, 120-136, hier: 127.

[26] Vgl. Jacob, Zukunft, 126-128.

[27] In späteren Texten trat der satanologische oder dämonologische Zug in Jacobs Geschichtssicht zurück, aber die Überzeugung vom Ende des konstantinischen Zeitalters blieb. Vgl. Günter Jacob, Ende des konstantinischen Zeitalters? (1985), in: ders., Gericht, 122-128.

[28] Jacob, Zukunft, 123.

[29] Günter Jacob, Vom priesterlichen Dienst, in: ZdZ 1 (1947), 41-47, hier: 43.

[30] Vgl. dazu: Michael Hüttenhoff, »Das konstantinische Zeitalter«. Über die Karriere und Funktion einer historisch-theologischen Formel, in: Klaus M. Girardet (Hg.), Kaiser Konstantin der Große. Historische Leistung und Rezeption in Europa, Bonn 2007, 177-192.

»Wort des Abschieds« veröffentlichten Rückblick schrieb Jacob dazu: »Jedermann spricht heute vom Ende des konstantinischen Zeitalters und verwendet damit eine Redeweise, die, soweit ich es beurteilen kann, ursprünglich schon von Sören Kierkegaard geprägt war und von dort aus gelegentlich auch bei Karl Barth beiläufig zitiert wurde.«[31] Doch die Formel lässt sich weder bei Kierkegaard[32] noch bei Barth nachweisen. Dass Barth im Brief »An einen Pfarrer in der Deutschen Demokratischen Republik« schrieb, Jacob habe »vor einiger Zeit das Wort vom eingetretenen ›Ende des konstantinischen Zeitalters‹ ausgegeben«[33], könnte bedeuten, dass er Jacob für den Erfinder der Formel hielt. Barth selbst distanzierte sich vorsichtig von ihr: »Weil ich vor geschichtsphilosophischen Theorien aller Art eine gewisse Scheu habe, zögere ich, mir dieses Wort zu eigen zu machen.«[34]

Aber Barth bereitete die von Jacob vertretene Geschichtsdeutung und die Formel vor, am deutlichsten in dem 1935 gehaltenen Vortrag »Das Evangelium in der Gegenwart«[35]. Besonders die Situation des Christentums in Russland und Deutschland veranlasste Barth zu der Hypothese, dass das Ende des »uralten Bundes zwischen dem Bekenntnis und der Erkenntnis des Evangeliums und den natürlichen Kräften und Mächten der menschlichen Geschichte«[36] nahe. Barth legte sich in dem Vortrag jedoch nicht auf eine Bewertung des Bundes fest, sondern referierte zwei einander widersprechende Auffassungen. Für die *erste* Auffassung war die Zeit des Bundes die »Zeit der babylonischen Gefangenschaft«[37]. Das Christentum habe sich »einer großen Lüge in die Arme geworfen«[38] und sich im Bund mit den natürlichen Kräften und Mächten der Geschichte »auf Kosten des Evangeliums« am Leben erhalten wollen, statt »aus den Kräften des Evangeliums zu leben«. Was dem

31 Jacob, Wort, 141.

32 Für Auskünfte zu Kierkegaard habe ich Heiko Schulz, Frankfurt zu danken.

33 Karl Barth, An einen Pfarrer in der Deutschen Demokratischen Republik (1958), in: ders., Offene Briefe 1945-1968, hg. von Diether Koch (Karl Barth-Gesamtausgabe V. Briefe), Zürich 1984, (401) 411-439, hier: 425. – Zu Jacobs Reaktion auf diesen Brief vgl. Peter Zocher, Die »offizielle« Barthrezeption in der DDR, in diesem Band, 153-174, hier: 164, Anm. 31.

34 Barth, An einen Pfarrer, 425-426.

35 Vgl. Karl Barth, Das Evangelium in der Gegenwart (TEH 25), München 1935, auch ders., KD I/2, Zollikon 1938, 365-367. Vgl. zum Folgenden Hüttenhoff, Zeitalter, 181-183.

36 Barth, Evangelium, 30. – Jacob zitiert Barths Ausführungen in Jacob, Gericht, 5-6.

37 Barth, Evangelium, 36.

38 Barth, Evangelium, 30.

Christen heute widerfahre, sei »die Quittung für die große Lüge, deren es sich, deutlich seit dem verhängnisvollen Zeitalter Konstantins, auf der ganzen Linie schuldig gemacht«[39] habe. Das ›Zeitalter Konstantins‹ meint hier die Zeit der Herrschaft Konstantins und vielleicht auch seiner Söhne. Es ist nicht mit dem ›konstantinischen Zeitalter‹ der Formel identisch, sondern steht an dessen Anfang. Für die *zweite* Auffassung war die Zeit des Bundes die »Zeit des tausendjährigen Reichs«[40]. Wenn sich in dieser Zeit »Natur und Gnade, Antike und Christus, Vernunft und Offenbarung, Staat und Kirche«[41] vereint hätten und diese Vereinigung konkrete Gestalten angenommen habe, so sei das »ein Erweis der Geduld Gottes« und »ein großes Gleichnis der ewigen, der kommenden Welt«[42].

Barth entschied nicht zwischen diesen beiden Auffassungen. Das irritiert, denn seine Kritik an jeder Verbindung des Christentums mit einer irdischen Größe, an jeder Synthese, lässt eine positive Wertung des Bundes kaum zu. Die Eindeutigkeit, die Barth vermied, findet sich 1944 bei Jacob. Den Bund der Kirche mit den Mächten der Erde lehnte er ab und qualifizierte ihn als »Abfall« der Kirche von ihrer »Berufung und Sendung«[43]. Ihrer Berufung und Sendung werde die Kirche nur gerecht, wenn sie »den Weg der Nachfolge des *Christus crucifixus*« gehe – »in Armut, Niedrigkeit und Ungeschütztheit«[44]. Mit dem Ende des konstantinischen Zeitalters kam für Jacob auch das Ende der Volkskirche, der er die »Pflege eines Firnischristentums«[45] vorwarf. Von der evangelischen Kirche forderte er, dass sie das Ende des Bundes und der Volkskirche akzeptiere, auf Restaurationsversuche verzichte und »gehorsam« »dem Ruf in die ›Gleichzeitigkeit‹«[46] mit dem *Christus crucifixus*[47] folge. Das Ende des konstantinischen Zeitalters bot für Jacob die Chance zu einer Erneuerung der Kirche.

Jacob entwickelte diese Geschichtssicht unter dem Eindruck des Kirchenkampfs und der nationalsozialistischen Kirchenpolitik. In der Nachkriegszeit deutete er mit ihrer Hilfe die Situation der Kirche in der Sowjetischen Be-

---

[39] Barth, Evangelium, 32.
[40] Barth, Evangelium, 36.
[41] Barth, Evangelium, 32.
[42] Barth, Evangelium, 32.
[43] Jacob, Zukunft, 122.
[44] Jacob, Zukunft, 131.
[45] Jacob, Zukunft, 125.
[46] Jacob, Zukunft, 125.
[47] Vgl. Jacob, Zukunft, 135.

satzungszone[48] und der DDR[49]. In »Der Raum für das Evangelium in Ost und West«, seiner Rede vor der außerordentlichen Synode der EKD 1956, wendete er das Geschichtsschema sogar vorsichtig auf die Situation im Westen an: Die Situation im Osten und die im Westen unterschieden sich dadurch, dass im Osten das Ende des konstantinischen Zeitalters offensichtlich sei, während es im Westen »durch die Restaurierung traditioneller Fassaden für das öffentliche Bewusstsein noch«[50] verdeckt werde.

Die Erwartung, dass die Kirche sich nach dem Ende des konstantinischen Zeitalters erneuern könne, hatte für Jacob Anhalt an der theologischen Erneuerung nach dem Ersten Weltkrieg. Diese von Barth und anderen initiierte Erneuerung habe die Kirche auf den Kirchenkampf vorbereitet. So schrieb Jacob bereits 1950:

> »Es ist das nicht leicht abzumessende Verdienst der theologischen Arbeiten von Karl *Barth*, daß er durch seine immer erneuten und leidenschaftlichen Proteste gegen die Vorherrschaft säkularer Ideologien und gegen alle schriftwidrige Pseudoprophetie dieses beziehungslose Nebeneinander [scil. von orthodoxer Nachzeichnung biblischer Sachzusammenhänge und der Proklamierung eines säkularen Geschichtsbildes] erschüttert hat. Diese wahrhaft revolutionäre Arbeit der reformatorischen Theologie hat in den letzten Jahrzehnten unter uns ihre immer stärkeren Auswirkungen gehabt, die dann auch im Kirchenkampf seit 1933 zum höchsten Erstaunen nicht nur der deutschen Öffentlichkeit in die Erscheinung getreten sind.«[51]

In seinem Artikel zu Barths 80. Geburtstag berief Jacob sich für die These, dass die theologische Erneuerung nach dem Ersten Weltkrieg die evangelischen Kirchen auf die Auseinandersetzung mit dem Nationalsozialismus vor-

---

48 Vgl. Jacob, Vom priesterlichen Dienst.

49 »Wenn wir unsere Situation im Osten mit einem Stichwort kennzeichnen wollen, so bietet sich uns das Stichwort ›nachkonstantinische Situation‹ an« (Günter Jacob, Die nachkonstantinische Situation, in: Für Arbeit und Besinnung 8 [1954], 226-242, hier: 226).

50 Günter Jacob, Der Raum für das Evangelium in Ost und West, in: Berlin 1956. Bericht über die außerordentliche Tagung der zweiten Synode der Evangelischen Kirche in Deutschland vom 27. bis 29. Juni 1956, hg. im Auftrage des Rates von der Kirchenkanzlei der Evangelischen Kirche in Deutschland, Hannover o.J., 17-29, hier: 17-18. Der Vortrag wurde mehrfach nachgedruckt.

51 Jacob, Geschichtsdeutung, 88-89. – Vgl. auch Günter Jacob, Jüngste Kirchengeschichte im Spiegel zweier Lebenserinnerungen, in: Potsdamer Kirche 1963, Nr. 46, 5-6; Nr. 47, 5-6; Nr. 48, 6-7, hier: Nr. 48, 7.

bereitet habe, auf Barth selbst. Dieser habe »mit seiner Feststellung [...] recht, daß diejenigen, die an jener Erneuerung beteiligt waren, immerhin ein wenig früher als die Nationalsozialisten aufgestanden waren«[52].

Wie Jacob sich auf die theologische Erneuerung nach dem Ersten Weltkrieg bezog, setzte voraus, dass ihr Impuls fortwirkte und dass sie die evangelische Theologie und Kirche nach dem Zweiten Weltkrieg entscheidend prägte. Auf der Grundlage dieser Geschichtssicht widersprach er der marxistischen Kirchenkritik. Diese sei zwar im Blick auf die Kirche der Vergangenheit im Recht, treffe aber nicht die gegenwärtige Kirche, die sich seit dem Ersten Weltkrieg erneuert habe. Es ärgerte Jacob, dass die marxistische Kirchenkritik die neuere Theologie- und Kirchengeschichte ignorierte und die Auseinandersetzung mit der biblischen Botschaft mied:

> »Alle diese Autoren haben sich nirgends mit der theologischen Neubesinnung in den letzten Jahrzehnten, mit dem monumentalen Werk Karl Barths, mit dem Kampf der Bekennenden Kirche in Deutschland, Holland und Norwegen oder mit den wichtigen ökumenischen Zeugnissen auseinandergesetzt. So werden Zerrbilder von Kirche und Christentum entwickelt. Es wird von uns nicht bestritten, daß solche Zerrbilder in der Kirchengeschichte nicht zuletzt im neunzehnten Jahrhundert in die Erscheinung getreten sind, auch bei uns in Deutschland. Wir bestreiten aber entschieden, daß die biblische Botschaft, mit der man sich hier auseinandersetzen müßte, weil sie nach dem Selbstverständnis der Kirchen schlechthin die Norm alles christlichen Lebens ist, Anlaß zu solchen Zerrbildern gibt.«[53]

In seiner Synodalrede äußerte er 1956 die Vermutung, dass das in voller Absicht geschehe. Um das zu belegen, verwies Jacob auf den Artikel »Atheismus« der »Großen Sowjet-Enzyklopädie«. Diesem Artikel zufolge waren die »religiösen Agenten der Imperialisten« damit beschäftigt, »die Religion in jeder Weise der neuen Situation anzupassen, sie zu erneuern und aufzupolieren«. Angesichts dieser Versuche wies der Artikel auf die aktuelle Bedeutung der

---

[52] Jacob, Karl Barth. – Jacob zitiert hier Karl Barth, Die protestantischen Kirchen in Europa – ihre Gegenwart und ihre Zukunft [1942], in: ders., Eine Schweizer Stimme 1938-1945, Zollikon-Zürich 1945, 251-271, hier: 255: Die protestantischen Kirchen in Europa »waren, so weit sie an jener Erneuerung beteiligt waren, immerhin ein wenig früher aufgestanden als die Nationalsozialisten und hatten wenigstens ein kleines Stück Weg bereits hinter sich, als diese ihren merkwürdigen Weg begannen.«

[53] Günter Jacob, Der Christ in der Gesellschaft, in: KiZ 11 (1956), 18-21 u. 39-41, hier: 40.

»Weisungen« Lenins »in bezug auf den Kampf gegen die raffinierten Formen der religiösen Verdummung«[54] hin. Was mit den Weisungen Lenins gemeint ist, ergibt sich aus dem von Jacob nicht zitierten vorausgehenden Absatz: »Lenin geißelt die ›aufpolierten‹ und ›erneuerten‹ Religionen als die raffinierteste Art des Massenbetrugs, als die gefährlichste Form religiöser Ideologie. Unermüdlich entlarvt er das Tolstojanertum, führt Schläge gegen die Fideisten, widerlegt die Predigten der bürgerlichen Professoren«[55].

In der Unterscheidung zwischen a) der biblischen Botschaft, b) der Kirche, die dieser Botschaft untreu geworden ist, und c) der Kirche, die Buße getan und sich von dieser Botschaft her erneuert hat, zeichnet sich eine apologetische Strategie[56] ab, die der Christentums- und Kirchenkritik ein beschränktes Recht zugestehen kann, ohne dass der christliche Glaube selbst, die eigene Theologie und die eigene kirchliche Praxis davon getroffen werden.

3. Themenfelder

Die Orientierung an der Bibel und der Reformation, die Forderung nach strikt theologischer Argumentation, die Geschichtstheologie und die ihr entsprechende Deutung der Gegenwart bildeten den normativen Rahmen, in dem sich Jacobs Denken bewegte. Barths Theologie beeinflusste nicht nur, wie Jacob diesen Rahmen festlegte, sondern auch wie er einzelne Themen bearbeitete. Nicht selten werden die Ausführungen zu einzelnen Themen von der gerade skizzierten apologetischen Strategie geprägt, so z.B. die Äußerungen zum Gottesverständnis, zu sozialen und politischen Fragen sowie zum Verhältnis von Glauben und Naturwissenschaft.

---

54 Fjodor N. Oleschtschuk, Atheismus (Große Sowjet-Enzyklopädie, Reihe Geschichte und Philosophie 49), Berlin 1956, 21 (zit. bei Jacob, Raum, 24-25). – Jacob gibt fälschlich die »Enzykloplädie der Union der Sozialistischen Sowjetrepubliken« (hg. von Sergej I. Wawilow u.a., 2 Bde., Berlin 1950) an. Diese enthält jedoch keinen Artikel »Atheismus«.

55 Oleschtschuk, Atheismus, 21.

56 Jacob hätte sich dagegen gewehrt, dass ihm eine ›apologetische Strategie‹ unterstellt wird, denn wie Barth so verwendete auch Jacob den Begriff ›Apologetik‹ pejorativ (vgl. Günter Jacob, Sind Christen verstaubte Existenzen?, in: ders., Das Licht scheint in der Finsternis. Zeugnisse aus dem zweiten Kirchenkampf, Stuttgart 1954, 34-57, hier: 49-52). Aber da Jacob sich offensichtlich bemüht, den christlichen Glauben und die Kirche gegen religionskritische Angriffe zu ›verteidigen‹, ist der Begriff ›apologetische Strategie‹ sachlich gerechtfertigt.

3.1. Gottesverständnis und Christologie

Für Jacob war die erste These der Barmer Theologischen Erklärung maßgeblich: »Jesus Christus, wie er uns in der Heiligen Schrift bezeugt wird, ist das eine Wort Gottes, das wir zu hören [...] haben.«[57] Gotteserkenntnis gab es daher für ihn nur in Jesus Christus. Gottesbeweise seien unhaltbar und verfehlten den biblischen Gott. Gotteslehre und Christologie sind unter dieser Voraussetzung nicht zu trennen. Jacob verwies auch auf die Kirchliche Dogmatik, in der Barth die »religiöse Ausdeutung« des christlichen Gottesglaubens verworfen habe: »Karl Barth hat jede Anknüpfung und jede Verbindung mit den natürlichen Gottesvorstellungen, Gottesideen und Gottesbildern auf dem Boden der Religionen und auf dem Boden einer idealistischen Metaphysik kategorisch abgelehnt.«[58]

Um diese Gottesvorstellungen zu charakterisieren, übernahm Jacob von Barth den Ausdruck ›Begriffsgötze‹, den Barth im Brief »An einen Pfarrer in der Deutschen Demokratischen Republik« verwendet hatte.[59] Barth vertrat dort die These, dass der Atheismus meist »auf Mißverständnisse« zurückgehe, »an denen die Christenheit mit ihrer bisherigen Lehre, Haltung und Praxis [...] sehr viel Schuld«[60] trage. Was die Atheisten »leugnen« könnten, könne »doch nur die Existenz eines ihnen bekannten Begriffsgötzen sein, nicht das Sein und Wirken des lebendigen Gottes, den sie nicht kennen - der aber sie umso besser kennt«[61].

In dem kurzen Aufsatz »Wer ist Jesus Christus?« führte Jacob inhaltlich aus, was es für das Christus- und Gottesverständnis bedeutet, wenn Gott allein in Christus zu erkennen ist. Im Streit um das Verhältnis zwischen dem

---

57 Theologische Erklärung, 37. Zur Bedeutung der These für die Gotteserkenntnis vgl. Jacob, Wer ist Jesus Christus?

58 Günter Jacob, Rebellion oder Gehorsam in der Frage nach Gott, in: Potsdamer Kirche 1965, Nr. 34, 4-5, Nr. 35, 4-5, hier: Nr. 34, 5.

59 In Günter Jacob, Christen ohne Privilegien. Möglichkeiten des Christseins in der sozialistischen Gesellschaft. Vortrag im Süddeutschen Rundfunk, in: JK 28 (1967), 72-76, hier: 75 verwendet er den Begriff unter Hinweis auf Barths Brief. Den Ausdruck ›Begriffsgötze‹ gebrauchte Jacob unter Berufung auf Barth außerdem in Jacob, Rebellion, Nr. 34, 5.

60 Barth, Pfarrer, 420. - Vgl. dazu auch Karl Barth, Theologisches Gutachten: Zu den »Zehn Artikeln über Freiheit und Dienst der Kirche«, in: JK 24 (1963), 647-651, hier: 651: »[...] im Blick auf die an der Existenz Gottes ja nur eben vorbeiredende und darum komische atheistische Propaganda hätte dann mit mehr Erbarmen und Humor geredet werden können.« Zitiert in: Jacob, Zehn Artikel, 192.

61 Barth, Pfarrer, 421.

irdischen Jesus und dem dogmatischen Christus betonte er die Identität des Auferstandenen und des irdischen Menschen: »Es gibt keinen dogmatischen Christus, von dem wir nichts weiter wüßten, als daß er gekreuzigt und dann durch Gott von den Toten auferweckt worden ist. Und es gibt keinen bloß geschichtlichen Jesus, von dem wir nur fromme Aussprüche oder Krankenheilungen und Wundertaten als Ereignisse aus einer fernen Vergangenheit auszusagen hätten.«[62]

Das Christus- und Gottesverständnis, das sich unter dieser Voraussetzung ergab, entfaltete Jacob im Anschluss an das Kapitel »Der königliche Mensch« (§ 64,3) in der »Kirchlichen Dogmatik« (Band IV/2)[63]. Jacob folgte dem Gedankengang Barths und lehnte sich in einigen Formulierungen eng an ihn an.[64] Besonders hervorzuheben ist die Übereinstimmung in den Grundzügen des Christus- und Gottesverständnisses: »In Jesus spiegelt sich Gottes Wirklichkeit« darin, dass er auf Macht und Ehre verzichtet und ein Leben im Zeichen des Kreuzes führt, aber auch darin, »daß er sich den geringen und elenden Leuten zuwendet«. Uns befreit er dazu, »mit ihm den Weg des demütigen Dienstes zu gehen«[65]. Diese Ausführungen fügten sich in das Verständnis des Evangeliums und der wahren Kirche ein, das Jacob der marxistischen Christentumskritik entgegenhielt.

---

62 Jacob, Wer ist Jesus Christus?

63 Barth, KD IV/2, Zollikon-Zürich 1955, 173-293.

64 Drei Beispiele für die Anlehnung an Barths Formulierungen sind: 1. Barth: »Die Beschreibung seines [scil. Jesu] Auftretens könnte die der Wirkungen eines Erdbebens oder einer andern Naturkatastrophe sein« (KD IV/2, 175). Jacob (alle folgenden Jacob-Zitate aus »Wer ist Jesus Christus?«): »Sein Auftreten wird in den Evangelien beschrieben, wie man sonst die Wirkung eines Erdbebens oder einer Naturkatastrophe beschreiben kann«. – 2. Barth: »Sein Königtum ist ohne den Glanz und die Gewalt, die Ausdehnung und Dauer auch nur des kleinsten der menschlichen Reiche, die es doch alle in den Schatten und gänzlich in Frage stellt. Seine Macht ist vor den Menschen in seiner Ohnmacht, seine Herrlichkeit vor ihnen in seiner Geringfügigkeit, sein Sieg vor ihnen in seiner Niederlage, schließlich in seinem Leiden und Sterben als ausgestoßener Verbrecher verborgen.« (KD IV/2, 186). Jacob: »Sein Königtum ist ohne den Glanz und ohne die Gewalt, die auch das kleinste irdische Königreich selbstverständlich hat. Seine Macht bleibt vor den Menschen in seiner Ohnmacht verborgen.« – 3. Barth: »Es gibt keine Spur in den von ihm berichteten Worten und Taten, die darauf hinwiese, daß er einen anderen Ausgang als den, den sein Leben dann nahm, erwartet, in Aussicht genommen, gewünscht, angestrebt hätte« (KD IV/2, 286). Jacob zitierte wörtlich und ließ nur »in Aussicht genommen, gewünscht« aus.

65 Jacob, Wer ist Jesus Christus?

Ein so ausgerichtetes Christus- und Gottesverständnis entwickelte Jacob allerdings nicht erst aufgrund der »Kirchlichen Dogmatik«, Band IV/2. In seinen Ausführungen zur nachkonstantinischen Situation, in Predigten und Meditationen war dieses Verständnis schon lange präsent, besonders massiv in den Texten zur Advents- und Weihnachtszeit[66].

3.2. POLITISCHE UND SOZIALE STELLUNGNAHMEN

So wie die erste These der Barmer Theologischen Erklärung für Jacobs Gottes- und Christusverständnis grundlegend war, so die zweite für seine Äußerungen zu politischen und sozialen Fragen: »Wie Jesus Christus Gottes Zuspruch der Vergebung aller unserer Sünden ist, so und mit gleichem Ernst ist er auch Gottes kräftiger Anspruch auf unser ganzes Leben«[67].

Seit Mitte der 1950er Jahre näherte sich Jacob politisch dem westdeutschen Linksprotestantismus an. Das beseitigte nicht alle Differenzen zur Außen-, Deutschland- und ›Friedens‹politik der DDR, führte aber zu einer Annäherung.[68] Im Blick auf soziale Fragen sah Jacob eine Nähe zwischen der

---

[66] Als Beispiel sei eine Passage aus einer Weihnachtspredigt zitiert: »Es gibt nur *einen* Weg, die Gütigkeit und Menschenliebe Gottes zu erfahren. Es ist der Weg in den armen Stall vom Hinterhof zu Bethlehem. Der Sohn Gottes ist im Stall anzutreffen, als armes Kind. [...] So also ist uns der lebendige Gott erschienen, in der Geburt eines Kindes in größter Armut und Verlassenheit, und aus diesem Kinde wurde der Mann Jesus Christus, der eine, wahrhaft gütige und liebende Mensch, der Eine, der auch den Unscheinbarsten und Elenden nachging, der Eine, der sich für uns alle verspotten, anspucken, ohrfeigen, foltern und an den rohen Balken nageln ließ. [...] Hier im Stall und dort auf der Schädelstätte, also mitten in der harten Wirklichkeit, ja im äußersten Grauen begegnet uns nicht ein erdachter und erträumter Gott, sondern der lebendige Gott wirklich in seiner Gütigkeit und Menschenliebe« (Günter Jacob, Die Menschenliebe Gottes. Titus 3, 4-7, in: ders., Heute, so ihr seine Stimme hört. Predigten, Berlin 1956, 36-42, hier: 40).

[67] Theologische Erklärung, 38.

[68] Interessant ist eine Aktennotiz Kurt Werners, Bezirkssekretär des Bezirksfriedensrates Cottbus, über eine Besprechung mit Jacob am 25.9.1956: Jacob soll gesagt haben: »Sie werden ja selbst festgestellt haben, daß ich im Laufe der letzten 2 Jahre eine gänzlich andere Meinung gewonnen habe, die ich jetzt auch vertiefe.« Werner selbst notierte über Jacobs politische Überzeugungen: »Zusammenfassend kann gesagt werden, daß seine Haltung zu wichtigen politischen Fragen völlig klar ist. Er ist ein erklärter Gegner der durch Herrn Adenauer vertretenen kriegerischen Gewaltpolitik in Westdeutschland und sieht auch im internationalen Maßstab sehr deutlich, wie sehr die 3 Prinzipien der Weltfriedensbewegung sich allmählich durchgesetzt haben und in der internationalen Politik eine Rolle zu spielen beginnen.« (Aktennotiz vom 5.11.1956; Brandenburgisches Landeshauptarchiv [= BLHA], Rep. 801/20113).

biblischen Botschaft und den Anliegen des Marxismus. In den 1960er Jahren drängten DDR-Organe ihn wiederholt zu öffentlichen Stellungnahmen oder symbolischen Handlungen im Sinne der DDR-Politik, teilweise mit Erfolg.[69] Obwohl sich Jacob der Vereinnahmung nicht vollkommen entziehen konnte, wollte er sich bei seiner politischen Meinungsbildung und bei Stellungnahmen nicht an den Staat binden, sondern theologisch verantwortlich und frei urteilen. Das Evangelium sei, so führte er 1971 in einem Diskussionsbeitrag aus, »für uns Christen eine tragende und bindende Wirklichkeit, in deren Licht tatsächlich alle Bereiche unseres Lebens, auch die öffentlichen Bereiche, und alle unsere Mitarbeit von uns gesehen werden müssen«. Daher könne ein Christ sein »Handeln in der wirklichen Welt nicht vorbehaltlos und ohne jede Einschränkung«[70] durch eine bestimmte Ideologie oder Partei bestimmen lassen – konkret hieß das: nicht durch den Marxismus-Leninismus und die SED. Zu einem Konflikt mit staatlichen Organen kam es z.B., als die Berlin-Brandenburgische Kirchenleitung nach dem Einmarsch der Warschauer Pakt-Staaten in die Tschechoslowakei 1968 sich in einem Schreiben »An die im Ökumenischen Rat zusammengeschlossenen Kirchen in der CSSR« wandte[71] und Jacob diesen Einmarsch und besonders die von ihm angenommene Betei-

---

[69] Vgl. z.B. Günter Jacob, Nicht schweigen!, in: Neue Zeit, 30.12.1964, 1-2. Der Text gibt eine Rundfunkansprache Jacobs vom 29.12.1964 wider, in der er die Pläne angriff, eine unter NATO-Kommando stehende Flotte (Multilateral Force) mit Atomwaffen tragenden Polarisraketen aufzustellen. Vgl. außerdem Günter Jacob, [Rede auf dem Empfang des Rates des Bezirkes Cottbus aus Anlaß der Befreiung des deutschen Volkes vom Faschismus am 3.5.1965 in Cottbus] (Nachschrift, 4 Seiten; BArch DO 4/433, 1119-1122). Über diese Rede wurde in der »Neuen Zeit« berichtet: Notwendige Konsequenzen. Bischofsverwalter D. Jacob in einer bedeutsamen Rede zum 20. Jahrestag der Befreiung, in: Neue Zeit, 5.5.1965, 1-2. Aufgrund des Artikels wurde Jacob in der Berlin-Brandenburgischen Kirchenleitung (Ost) heftig kritisiert, so dass auch sein Rücktritt zur Debatte stand. Vgl dazu die Aktennotiz über die geschlossene Sitzung der Kirchenleitung am 6.5.1965 und den von Konsistorialpräsident Werner Hagemeyer unterzeichneten Vermerk vom 19.5.1965 (ELAB 35/1324).

[70] Günter Jacob, Christen müssen Partei ergreifen. Auszüge aus einem Diskussionsbeitrag vor Vertretern des Rates des Bezirkes Cottbus, 2.3.1971, in: Kontakt. Sonderausgabe II/71: Bibel. Dynamit und Opium, hg.v. der Geschäftsstelle der Evangelischen Studentengemeinde in der DDR, Berlin 1971, 11-13, hier: 11.

[71] Abgedruckt: KJ 95 (1968), 267.

ligung von DDR-Truppen verurteilte.[72] Doch unter dem Druck der staatlichen Organe schwenkte Jacob um auf einen Kurs der Konfliktentschärfung.[73]

Schon über die Zustimmung zur zweiten These der Barmer Theologischen Erklärung und zur Lehre von der Königsherrschaft Jesu Christi[74] war ein Einfluss Barths gegeben. Im Jubiläumsartikel von 1966 thematisierte Jacob auch, wie Barth nach der Rückkehr in die Schweiz sich »immer stärker« mit den »Aufgaben einer politischen Diakonie« und dem Problem »eines politisch zu verantwortenden Handelns der Christen«[75] befasste. Nur selten bezog Jacob sich in Fragen der politischen und sozialen Ethik direkt auf Barth, aber drei Beispiele seien genannt:

a) 1950 hielt Jacob an verschiedenen Orten einen Vortrag zum Thema »Kirche und Arbeiterschaft«.[76] Veröffentlicht wurde der Vortrag in der »Potsdamer Kirche«. In diesem Vortrag kritisierte er, wie sich die Kirche in der Vergangenheit, das heißt im 19. Jahrhundert bis zum ersten Weltkrieg, der Arbeiterschaft gegenüber verhalten habe. Sie habe Schuld auf sich geladen, indem sie sich auf die Seite der Herrschenden und Besitzenden gestellt und »die Sache Gottes [...] mit der Sache einer politischen Reaktion«[77] in eins gesetzt habe. Der Bruderrat der Evangelischen Kirche habe diese Schuld erkannt und sie im Darmstädter Wort bekannt. Die »tiefgreifende, geistliche Erneuerung«,

---

72 Vgl. Günter Jacob an Pfarrer [Georg] Schäfer, Cottbus 9.9.1968 (Abschrift von Abschrift, BArch DO 4/2950, 1276-1277). Georg Schäfer war Vorsitzender des Bundes evangelischer Pfarrer in der DDR. Jacob reagierte mit seinem Schreiben auf einen Bericht in der »Neuen Zeit«, in dem ausführlich aus einem Rundbrief des Bundes, der den Einmarsch in die ČSSR rechtfertigt, zitiert wird (Bewährtes Vertrauen, in: Neue Zeit, 8.9.1968, 2/B).

73 Vgl. Rat des Bezirkes Cottbus, Stellvertreter des Vorsitzenden für Inneres, Niederschrift über eine Aussprache mit Generalsuperintendent D. Jacob, Cottbus am 3.12.1968 von 14.00-15.50 Uhr beim Rat des Bezirkes Cottbus, 4.12.1968 (BArch DO 4/2950, 1263-1267).

74 Vgl. Günter Jacob, Weltwirklichkeit und Christusglaube. Wider eine falsche Zweireichelehre, Stuttgart 1977, 39-43.

75 Jacob, Karl Barth.

76 Das Thema schien die staatlichen Behörden besonders zu interessieren. So gibt es mehrere Mitschriften, die an verschiedenen Orten angefertigt wurden. Berichtet wurde über Vorträge in Cottbus am 20.1.1950 (BStU, MfS, BV Cottbus, Abt. V, Nr. 241/63, Vorgang »Prälat«, Bd. 1, 29), in Frankfurt / Oder am 28.2.1950 (Bd. 5, 15-16), in Chemnitz am 19.11.1951 (Bd. 3, 110-112), in Annaberg am 11.2.1952 (Bd. 1, 196-198), in Brandenburg am 18.2.1952 (vier [!] Berichte; Bd. 2, 107-112) und unter dem Titel »Christentum und Arbeiterschaft« in Dresden am 25.2.1952 (Bd. 2, 101-105).

77 Jacob, Kirche und Arbeiterschaft, 198.

die Jacob auch in diesem Vortrag mit Barth in Verbindung brachte, habe das Verhältnis der evangelischen Kirche zu den politischen Mächten und zur Arbeiterschaft verändert. »Für das tiefe Mißtrauen zwischen Kirchenvolk und Arbeiterschaft, das aus der Geschichte der letzten hundert Jahre gewiß verständlich ist, liegt heute wirklich kein Grund mehr vor.«[78]

b) Jacob lehnte christliche Parteien ab, im Westen ebenso wie im Osten. Die Verbindung der Kirche mit einer christlichen Partei war für ihn eine Variante der Bindestrich-Theologie. In »Kirche und Arbeiterschaft« schrieb er: »Man prüfe selbst, ob die Kirche sich heute von einer bestimmten Partei einfangen und binden läßt. Die Kirche kann es leider nicht verhindern, wenn eine Partei das hohe Wort ›christlich‹ immerfort im Munde und auf ihrem Programm führen will, aber die Kirche lehnt jede Bindung etwa an die CDU ab.«[79]

Gegenüber staatlichen Vertretern und Ost-CDU-Politikern führte Jacob anscheinend seine Ablehnung christlicher Parteien auf den Einfluss Barths zurück. In einem Gespräch am 2. Juni 1954 soll er gesagt haben, »da er aus der Karl-Barth-Richtung komme,« würde er »niemals Mitglied der Christlich-Demokratischen Union werden, zumal er 1932 und vorher für die Sozialdemokraten gestimmt«[80] habe. Auch gegenüber dem CDU-Funktionär Carl Ordnung scheint er sich am 1. Februar 1962 auf Barths Einwände gegen christliche Parteien berufen zu haben.[81] Laut Ordnung warf Jacob der CDU-Ost »mangelnde christliche Substanz«[82] vor. Obwohl Jacob im Laufe der Jahre Gespräche mit Ost-CDU-Politikern führte, dem CDU-Organ »Neue Zeit« Inter-

---

78 Jacob, Kirche und Arbeiterschaft, 207.

79 Jacob, Kirche und Arbeiterschaft, 207.

80 Bericht über ein Gespräch mit Jacob am 2.6.1954, entgegengenommen am 4.6.1954 (Cottbus, 5.6.1954) (Abschrift) (BStU, MfS, BV Cottbus, Abt. V, Nr. 241/63, Vorgang »Prälat«, Bd. 3, 80). – 1961 notierte der Referent für Kirchenfragen beim Rat des Bezirkes Cottbus: »Der CDU steht er ablehnend gegenüber, welches er schon wiederholt beim Staatsapparat zum Ausdruck gebracht hat. Über alle Aktionen die von der CDU eingeleitet und durchgeführt werden, [...] ärgert er sich maßlos und betrachtet sie als eine Einmischung in kirchliche Angelegenheiten« (Rat des Bezirkes Cottbus, Referat Kirchenfragen, An die Regierung der DDR, Staatssekretär für Kirchenfragen, Cottbus 10.3.1961; Bundesarchiv Berlin-Lichterfelde [= BArch] DO 4/2950. 1386-1387, hier: 1386).

81 Das geht aus dem Bericht Carl Ordnungs über das Gespräch indirekt hervor. Er habe, so Ordnung, dargelegt, »dass die Einwände Karl Barths gegen eine christliche Partei, auf die sich Jacob berufen hatte, uns als CDU in der DDR nicht treffen« (Carl Ordnung, Aktenvermerk [über ein Gespräch mit Jacob am 1.2.1962], Berlin 2.2.1962, BArch DO 4/2950, 1379-1380, hier: 1379).

82 Ordnung, Aktenvermerk, 1379.

views gab oder in ihm veröffentlichte, blieben die Vorbehalte.[83] Eine Niederschrift über eine Aussprache mit Jacob am 18. Februar 1971 enthält die Feststellung: »D. Jacob selbst würde nie einer Einladung der CDU Folge leisten, da ihn nichts mit dieser Partei verbindet.«[84]

c) In seinem Artikel zu Barths 80. Geburtstag erwähnte Jacob auch Barths »theologisch begründete eindeutige Absage an den Antikommunismus«[85]. Weder für Jacob noch für Barth bedeutete das ein kritikloses Ja zum Kommunismus, aber damit wurde ein Raum für einen Dialog mit dem Kommunismus und für Kooperationen geöffnet.

3.3. Christlicher Glaube und Naturwissenschaft

Seit dem so genannten zweiten Kirchenkampf 1952/53 stellte sich Jacob der Auseinandersetzung mit der marxistisch-materialistischen Deutung der Naturwissenschaften. Er setzte dabei auf ein Trennungsmodell: Der Schöpfungsglaube sei nicht an ein bestimmtes Weltbild gebunden und naturwissenschaftliche Aussagen könnten den Schöpfungsglauben weder begründen noch widerlegen. »Konflikte und scheinbar unlösliche Widersprüche kann es also nur geben, wenn die Kirche in den alten Fehler verfällt und die ewigen Glaubenswahrheiten mit zeitbedingten Fragen der Welterkenntnis verkoppelt oder wenn die Wissenschaft nicht mehr exakte Tatsachenforschung ist, die sich an meßbare, durch Experimente kontrollierbare Befunde hält, sondern ihre Grenzen überschreitet und weltanschauliche Behauptungen aufstellt«[86].

Auch Barth vertrat das Trennungsmodell, und zwar noch konsequenter als Jacob. Denn Barth verzichtete gänzlich darauf, naturwissenschaftliche Erkenntnisse und Theorien zu diskutieren.[87] Dagegen versuchte Jacob am aktuellen Forschungsstand zu bewähren, dass die »*Naturwissenschaft* [...] *die*

---

83 Ordnung meinte, seine Ausführungen hätten Jacob »doch ein wenig nachdenklich gemacht« (Aktenvermerk, 1379). Es ist jedoch fraglich, ob Ordnung den Erfolg seiner Ausführungen damit richtig einschätzte.

84 Niederschrift über eine Aussprache mit Generalsuperintendent D. Jacob, Cottbus am 18.2.1971 von 14.30-16.00 Uhr (Cottbus, 19.2.1972) (BLHA, Rep. 801, 20114), 3.

85 Jacob, Karl Barth. – Im Druck des Artikels wird das durch die Zwischenüberschrift »Eindeutige Absage an den Antikommunismus« hervorgehoben. Da im darauf folgenden Text das nur ein Aspekt neben anderen ist, dürfte die Zwischenüberschrift auf die Redaktion zurückgehen, die diese Aussage hervorheben wollte.

86 Jacob, Anfang und Ende der Welt, in: ders., Himmel ohne Gott? Drei Vorträge, Stuttgart [2]1959, 13-31, hier: 23.

87 Vgl. Karl Barth, KD III/1, Zollikon-Zürich 1945, Vorwort.

Fragen des Glaubens offen«[88] lasse. An mindestens vier Stellen, an denen er für das Trennungsmodell eintrat, erwähnte er Barth:

Die *erste* Stelle verweist wieder auf die Erneuerung, den »befreienden Durchbruch«[89] nach dem Ersten Weltkrieg. Deren Protagonisten seien Barth und Emil Brunner gewesen. Doch diese Erneuerung legte Jacob hier nicht wie meistens daraufhin aus, dass sie eine Umkehr zur Bibel und eine Aufhebung jedes Bindestrich-Christentums bedeutet habe. Stattdessen schrieb er: »Endlich haben wir, angeleitet durch diese überragenden Lehrer der Kirche, gelernt, zu unterscheiden zwischen dem Worte Gottes in der Bibel, das unsrem Glauben gilt, und den zeitgebundenen naturwissenschaftlichen Auffassungen, in die die Zeugnisse der Bibel in der Zeit ihres Entstehens natürlich eingekleidet sind.«[90]

An der *zweiten* Stelle verwendete Jacob ein Barth-Zitat, mit dem er das Trennungsmodell stützte: »Karl Barth hat einmal mit Recht gesagt: ›Die exakte Wissenschaft als solche kann nicht der Feind des christlichen Bekenntnisses sein. Sie würde es erst, wenn sie zum Bestandteil einer Weltanschauung würde.‹«[91]

Die *dritte* Stelle findet sich in einem Brief an den kreationistisch denkenden Pfarrer Theophil Flügge. Flügge hatte in seiner Broschüre »Die Kirche und die Affen« Jacob wegen seiner Auslegung der biblischen Schöpfungstexte öffentlich angegriffen: »Da lernen wir nun also von einem unserer Generalsuperintendenten, Dr. Jacob aus Cottbus, daß man der Bibel nicht gar zu sehr glauben dürfe. Gott habe nicht so, wie es in 1. Mose 1-2 steht, den Menschen erschaffen. Sondern ›*mit Sicherheit komme der Mensch aus dem Tierreich her*‹ und habe mit den heutigen Affen ›*gemeinsame Vorfahren gehabt*‹«[92]. Es sei aber »nicht Aufgabe eines Generalsuperintendenten [...], wesentliche Stücke der Bibel abzutun und uns die Affengeschichte zu lehren. Wir brauchen Gene-

[88] Jacob, Anfang, 28.

[89] Jacob, Anfang, 21.

[90] Jacob, Anfang, 21-22.

[91] Jacob, Vom Ursprung des Menschen, in: ders., Himmel ohne Gott?, 53-78, hier: 74. Jacob zitiert mit Auslassungen Barth, KD III/2, 26: »*Die exakte Wissenschaft* vom Menschen *als solche kann nicht der Feind des christlichen Bekenntnisses sein. Sie würde es erst* dann, *wenn sie* ihre Spitzensätze und Hypothesen verabsolutierte, wenn sie *zum* Exponenten und *Bestandteil einer* Philosophie und *Weltanschauung würde*«. (Die zitierten Passagen sind kursiv gesetzt.)

[92] Theophil Flügge, Die Kirche und die Affen, Druck, 1.8.1958, 1.

ralsuperintendenten, die *für* die Bibel stehen und den Glauben der Gemeinde stärken.«[93]

> Am 30. September 1958 schrieb Jacob an Flügge: »Als Theologe müßte Ihnen doch wirklich bekannt sein, daß ich in meinem Vortrag nur in eine zusammenfassende Darstellung gebracht habe, was in aller Ausführlichkeit bei Karl Barth (Dogmatik III/1), Emil Brunner (›Der Mensch im Widerspruch‹), aber auch bei Karl Heim ›Der christliche Gottesglaube und die Naturwissenschaft‹ und bei vielen anderen dann nachgelesen werden kann! Ich bin nicht einen Schritt weitergegangen. Ich verdenke es Ihnen nicht, daß Sie von einem ganz andern theologischen Standort her sich kritisch und auch leidenschaftlich mit dieser theologischen Position auseinandersetzen. Sie müssen dann aber ehrlicherweise die ganze neuere Theologie in die Schranken fordern. Es ist mir nicht bekannt, daß irgend jemand schon solche Vorwürfe gegen Karl Barth, dem die ganze Christenheit wahrhaft Entscheidendes in der Sache der biblisch-reformatorischen Erneuerung der Verkündigung verdankt, erhoben hätte! Haben Sie mindestens III/1 und III/2 seiner Dogmatik studiert?«[94]

Vierte Stelle: Obwohl staatliche Organe es verhindern wollten, gelang es Jacob, im April 1958 Werner Heisenberg für einen Vortrag zum Thema »Atomphysik und modernes Denken« nach Cottbus zu holen. Ein kurzer Artikel in der »Potsdamer Kirche« berichtete darüber und zitierte ausführlich Jacobs Einführung, die deutlich die apologetische Absicht der Heisenberg-Einladung erkennen ließ: Die Tatsache, dass die christliche Gemeinde einen Physiker eingeladen hat, muss Jacob zufolge »natürlich jeden überraschen, der in uns Theologen und Christen nur Obskuranten und Anhänger unwissenschaftlicher Weltvorstellungen zu sehen vermag. Im Grunde ist diese Tatsache, wie jeder Kundige weiß, gar nicht merkwürdig, denn ebenso wie in der Physik wahrhaftig [korrigiert!] revolutionäre, d.h. ja doch umwälzende Prozesse sich seit 30 Jahren vollzogen haben, so haben sich solche Prozesse auch in der Theologie, vor allem durch die Arbeit von Karl Barth und durch die Selbstbesinnung der Bekennenden Kirche vollzogen. Eine Theologie, die sich wieder streng auf ihre eigentliche Sache besinnt, ist völlig frei für die Erkenntnisse der exakten Wissenschaft aller Disziplinen. Es kann hier letztlich keinen Konflikt zwischen Glaube und Naturwissenschaft geben.«[95]

---

93 Flügge, Kirche, 3.

94 Jacob an Flügge, 30.9.1958 (ELAB 15/1674), 2-3.

95 Potsdamer Kirche 1958, Nr. 21 (ohne Seitenangaben). Den Vortrag Heisenbergs druckte die Potsdamer Kirche in Nr. 25-27 ab.

Weniger apologetisch als die Ausführungen zu den bisher angesprochenen Themenbereichen sind die zu den beiden folgenden Punkten.

3.4. Christliche Kunst

In der Nachkriegszeit bewegte Jacob die Frage, wie der Wahrheitsgehalt der bildhaften und mythologischen Sprache der Bibel in der Gegenwart zur Geltung gebracht werden könne.[96] Wie Wilhelm Stählin und Karl Bernhard Ritter griff er dabei auf Carl Happichs Theorie des Bildbewusstseins zurück.[97] Auch seine Überlegungen zur christlichen Kunst rezipierten diese Theorie. Sie veranlasste ihn zu der Warnung, niemand solle »*die unheimliche Gewalt der Bindungen an Bilder unterschätzen*«[98]. Für ihn bedeutete das, dass sich die christliche Kunst an theologischen Maßstäben, nämlich am Zeugnis der Heiligen Schrift und der Kirche, orientieren müsse. Auch ästhetisch wertvolle Werke müssten zurückgewiesen werden, wenn sie theologisch nicht zu rechtfertigen seien. Solche Werke könnten zwar »subjektive religiöse«[99], aber nicht christliche Kunst sein.

Mit der Unterscheidung zwischen dem Religiösen und dem Christlichen brachte Jacob auch Barth ins Spiel: »*Daß man lange Zeit im abendländischen Bereich jede religiöse Kunst trotz ihrer häretischen Tendenzen einfach der christlichen Kunst zugeordnet hat, bezeichnet die eigentliche Katastrophe der jüngeren christlichen Kunstgeschichte.* Sie hat ihre Parallele in der Katastrophe der Theologiegeschichte der letzten beiden Jahrhunderte. Erst in der Theologischen Erklärung von Barmen 1934 und im Kirchenkampf der Bekennenden Kirche, nicht zuletzt als Frucht der monumentalen Arbeit von Karl Barth, konnten diese Identität von christlich und religiös auf dem Boden einer natürlichen Theologie und diese Verschmelzung von christlichen und idealistischen Elementen in einem moralischen System und in einer metaphysischen Weltanschauung zersprengt werden.«[100] Jacob hielt daher einen Bruch mit der religiösen Kunst

---

96 Vgl. Günter Jacob, Die Sprache der Predigt, in: ders., Der tägliche Gottesdienst (Der Anfang 7), Berlin 1948, 45-64; ders., Meditation oder Illustration in der Christenlehre (1948), in: ders., Kirche auf Wegen der Erneuerung, 113-124; ders., Die Übung der Meditation bei Luther (1950), in: ders., Kirche auf Wegen der Erneuerung, 153-161.

97 Vgl. Jacob, Meditation, 113; ders., Übung, 155.

98 Günter Jacob, Kunst und Kirche, in: Seid fröhlich in Hoffnung. Der Sechste Deutsche Evangelische Kirchentag vom 7. bis 11. Juli 1954 in Leipzig, hg. im Auftrag des Präsidiums des Deutschen Evangelischen Kirchentages, zusammengestellt von Hildegard Wulf, Stuttgart 1954, 43-48, hier: 44.

99 Jacob, Kunst, 45.

100 Jacob, Kunst, 46.

des 19. Jahrhunderts und eine Erneuerung der Kunst, die der Wende in Theologie und Kirche entspreche, für nötig. Zuversichtlich stimmte ihn, dass nach seiner Einschätzung »die christliche Kunst der beiden letzten Jahrzehnte«[101] diesen Bruch bereits vollzogen habe.

3.5. AMT ALS DIENST

Wie im Themenbereich ›Gottesverständnis und Christologie‹ rezipierte Jacob auch hier Karl Barth einerseits über die Barmer Theologische Erklärung, nämlich deren vierte These,[102] und andererseits über die Kirchliche Dogmatik, und zwar vor allem KD IV/2, § 67,4 »Die Ordnung der Gemeinde« und außerdem KD IV/3,2, § 72,4 »Der Dienst der Gemeinde«[103].

Wie Barth ging Jacob bei seinen Überlegungen zum Dienst der Gemeinde von der Christologie aus. Christus befreie dazu, »mit ihm den Weg des demütigen Dienstes zu gehen«[104]. Er sei der »Urdiakon«[105]. Indem Jacob den Weg des Dienstes als »Weg nach unten«[106] bestimmte, führte er seine Gedanken zum Weg der Kirche in der nachkonstantinischen Situation weiter.

Durch Verweise auf Barth stützte Jacob a) die Kritik am Begriff des kirchlichen Amtes[107], der an »Beamtentum«, gegliederte »Herrschaft« und gesicherte »Position«[108] denken lasse, und die Forderung, konsequent vom Dienst zu sprechen[109], b) das Eintreten für eine gemeinschaftliche Gemeinde-

---

101 Jacob, Kunst, 46. – Ein Künstler, der die biblische Botschaft angemessen ins Bild setzte, war für Jacob der Schweizer Maler Willy Fries. Vgl. Günter Jacob, Tua res agitur. Ein einführendes Wort zum Passionszyklus des Malers Willy Fries, in: Die Tür des Wortes. Evangelischer Almanach für das Jahr 1956, Berlin 1955, 37-46. Auch in diesem Text erwähnte Jacob einmal Karl Barth (Jacob, Tua res agitur, 41).

102 Siehe vor allem Günter Jacob, Autoritäre Kirchenführung, in: Manfred Karnetzki (Hg.), Ein Ruf nach vorwärts. Eine Auslegung der Theologischen Erklärung von Barmen 30 Jahre danach (TEH NF 115), München 1964, 58-68.

103 Siehe Jacob, Amt; ders., Kirchenführung, 62-67.

104 Jacob, Wer ist Jesus Christus? Vgl. auch ders., Kirchenführung, 61. – Mit seinen Gedanken knüpfte Jacob natürlich auch an neutestamentliche Stellen wie Lk 22,24-27; Mk 10,45 und Mt 20,25-28 an (vgl. Jacob, Amt, 27-28).

105 Jacob, Amt, 27, vgl. auch ders., Amt, 29, 31.

106 Jacob, Amt, 30.

107 Jacob, Amt, 25; Barth, KD IV/2, 787.

108 Jacob, Amt, 24.

109 Vgl. Jacob, Kirchenführung, 61; Barth, KD IV/2, 785. – Angesichts der Verwendung der Ausdrücke ›Dienst‹ und ›dienen‹ gab Jacob zu, dass auch der Dienstbegriff nicht unproblematisch ist, und zitierte den holländischen Theologen Arend Th. van Leeuwen: »Wenn es in unserer Zeit einen Ausdruck gibt, der durch und durch entchristlicht ist, so

leitung[110] und c) die These, dass der Dienst Jesu und der Dienst der Gemeinde »in klarer unauflöslicher Einheit«[111] Gottes- und Menschendienst seien. d) Wenn Gemeindeleitung als Dienst verstanden und von Machtausübung abgegrenzt werde, beruhe das nicht auf »verkappten Ressentiments gegen jede Autorität«[112]. Um das zu belegen, zitierte Jacob erneut Barth: »Alle nötigen Differenzierungen dürfen die Einheit der Brüder nicht verletzen«[113]. e) Schließlich sah Jacob mit Barth die Aufgabe übergemeindlicher Kirchenleitung darin, dass sie der »Einheit der Gemeinden«[114] zu dienen habe.

Nur am Rande erwähnte Jacob, dass Barth in § 67,4 eine dogmatische Grundlegung des Kirchenrechts vorlegte.[115] Für Barth war die Frage nach der Ordnung der Gemeinde eine Frage des Rechts.[116] In Jacob Ausführungen spielte der Rechtsbegriff keine Rolle.

4. Die ›Beziehungskrise‹

Die Geschichte der Barth-Rezeption Jacobs war nicht frei von Krisen. Nach dem Zweiten Weltkrieg ging Jacob auf Distanz zu Barth. Die Meinungsunterschiede betrafen folgende drei Punkte:

a) *Schuld und Verantwortlichkeit:* Nach Barth mussten sich die Deutschen in der Nachkriegszeit ihrer Schuld und ihrer »Verantwortlichkeit«[117] für die nationalsozialistischen Verbrechen und damit auch für ihr gegenwärtiges

---

ist es das Wort *Dienst*« (Der Dienst der Kirche in einer von Entchristlichung bedrohten Welt, in: ZdZ 16 [1962], 281-290, hier: 289; zitiert: Jacob, Amt, 26). Um dem entgegenzuwirken, forderte Jacob, das kirchliche Verständnis von ›Dienst‹ müsse sich »ganz streng und einseitig« (Jacob, Amt, 26) am Neuen Testament orientieren.

[110] Vgl. Jacob, Kirchenführung, 66; ders., Amt, 26; Barth, KD IV/2, 787, 784.

[111] Barth, KD IV/2, 952. Jacob zitierte ungenau »in *unlöslicher* klarer Einheit» (Amt, 30; Hervorhebung M.H.).

[112] Jacob, Kirchenführung, 61.

[113] Jacob, Kirchenführung, 61-62. Wieder ziterte Jacob recht frei. Im Original lautet der Satz: »Es [scil. das in der Gemeinde geltende Recht] wird aber auch sichtbar machen müssen, daß *alle nötigen Differenzierungen die Einheit der Brüder nicht* nur nicht *verletzen*, sondern nur bestätigen können« (Barth, KD IV/2, 803; kursiv: die von Jacob zitierten Wörter).

[114] Barth, KD IV/2, 767; zitiert: Jacob, Kirchenführung, 67.

[115] Vgl. Jacob, Amt, 25.

[116] Vgl. Barth, KD IV/2, 766.

[117] Karl Barth, Die Deutschen und wir, in: ders., Stimme, 334-381, hier: 359, 374; ders., Zwei Briefwechsel (April 1945), in: ders., Stimme, 382-413, hier: 392.

Unheil stellen. Die Schuld und die Verantwortlichkeit dürften nicht dadurch relativiert werden, dass die Deutschen auf die »Mitschuld«[118] der anderen verwiesen und den Besatzungsmächten das Unrecht vorhielten, das sie an den Deutschen begingen.[119]

Auch Jacob hielt für notwendig, dass sich die Deutschen ihrer Schuld stellten und Buße täten.[120] Doch ebenso forderte er die Kirche und die Theologen auf, für die notleidenden Menschen die Stimme zu erheben. »Die Schuld unseres Schweigens in der Vergangenheit kann doch niemals Anlaß für uns sein, durch ein weiteres Schweigen im Heute neue Schuld auf uns zu laden!«[121] Die Kirche müsse das Wächteramt nach innen und nach außen üben, das heißt gegenüber dem eigenen, dem deutschen Volk ebenso wie gegenüber denen, die dem deutschen Volk Unrecht tun, also gegenüber den Besatzungsmächten.[122] Gegen Barth schrieb Jacob: »Die von Karl *Barth* in Berlin aufgestellte These, daß sich die Kirche im deutschen Raum hinsichtlich aller öffentlichen Worte in Ausübung des Wächteramts wegen der schuldhaften Verdunklung dieses Wächteramtes in vergangenen Tagen werde eine lange Karenzzeit auferlegen müssen, können wir nicht bejahen. Denn in der Ausübung des Wächteramtes gibt es grundsätzlich keine Vertagungen«[123].

Mir ist allerdings nicht bekannt, dass Barth eine solche ›lange Karenzzeit‹ gefordert hat. In einem Gespräch mit jungen Berliner Theologen antwortete er vielmehr auf die Frage, was das Wächteramt heute bedeute: »Natürlich muß die Kirche dieses Amt auch heute ausüben. Es gibt keine Karenzzeit dafür, aber etwas mehr Zurückhaltung könnte am Platz sein. Damit die Kirche recht reden und ihr Wächteramt recht ausüben kann, muß sie selber am rechten

---

118 Barth, Deutschen, 375.

119 Barth, Deutschen, 375; ders., Brief an die deutschen Theologen in der Kriegsgefangenschaft (8.7.1945), in: ders., Offene Briefe 1945-1968, (47) 48-58, hier: 51.

120 Vgl. Günter Jacob, Die Verkündigung der Kirche in der gegenwärtigen Not (Hefte der Besinnung 9), Berlin 1947, 14 u.ö. – Bereits in einer Predigt, die Jacob während seines Dienstes an der Wehrmacht für seine Gemeinde in Noßdorf schrieb und die seine Frau im Gottesdienst verlas, sprach er von »der Schuld, die wir alle in der grossen Gemeinschaft auf uns geladen haben« (Günter Jacob, Predigt am Altjahrsabend 1941 zu Luk 24, in: ders., Predigten aus der Kriegszeit [ELAB, Arbeitsgemeinschaft Kirchenkampf in Brandenburg, Materialsammlung, Forst IV 7/1], 1-6). Vgl. auch: ders., Predigt zu Luc 19,41-44, 10. n. Trin. 1943, in: ders., Predigten aus der Kriegszeit, 7-12, hier: 8-9.

121 Günter Jacob, Der Dienst des Pfarrers im Osten (8.5.1947) (ZA EKHN, Best. 36/5), 8.

122 Vgl. Günter Jacob an den Bruderrat der Evangelischen Kirche in Deutschland, Lübben/Spreewald, 11.9.1947 (ZA EKHN 36/72), 1-2.

123 Jacob, Verkündigung, 17.

Ort stehen. Es ist aber nicht klar, ob sie sich wirklich gewandelt hat. Es gilt vor allem, das Wächteramt der Kirche *nach innen* ernst zu nehmen. Beten und praktische Fürsorge. Dann erst das Wächteramt nach außen.«[124]

Entweder wurde diese Aussage verzerrt an Jacob weitergegeben oder er nahm sie nicht genau zur Kenntnis. Wie dem auch sei: Barth setzte mit der Aufforderung, sich zurückzuhalten, einen deutlich anderen Akzent als Jacob. Jacob führte die Differenz darauf zurück, dass Barth die Not, wie sie im Osten herrschte, nicht aus eigener Erfahrung kannte. Er ließ deshalb Ende 1946 durch Martin Fischer ausrichten, dass er Barth und Fritz Lieb, der ähnliche Ansichten wie Barth vertrat, zu einer Autofahrt durch seinen Sprengel einlade. Allerdings könne er nicht für das Benzin sorgen.[125]

b) *Die Beurteilung des Kommunismus:* Obwohl Barth den Kommunismus kritisch beurteilte, weigerte er sich in den Chor des westlichen Antikommunismus einzustimmen.[126] Stattdessen konnte er darauf hinweisen, dass der Kommunismus Aspekte der christlichen Botschaft zur Geltung bringe, z.B. indem er für soziale Gerechtigkeit eintrete.[127] Jacob folgte Barth darin, dass er einen ideologischen Antikommunismus, der in »kulturellen und politischen Ressentiments« verwurzelt und »mit ökonomischen Interessen und bourgeoiser Angst« verbunden sei, ablehnte. Doch Barths Beurteilung des Kommunismus bleibe zu vordergründig, wenn dieser »auf positive Erscheinungen in der Verwirklichung der kommunistischen Doktrin aufmerksam«[128] mache. Sie sei politisch bestimmt. Der Kommunismus müsse aber in einer geistli-

---

124 Karl Barth, Brechen und bauen, in: ders., Der Götze wackelt. Zeitkritische Aufsätze, Reden und Briefe von 1930 bis 1960, hg. von Karl Kupisch, Berlin 1961, 108-123, hier: 123.

125 Vgl. Martin Fischer an Charlotte von Kirschbaum, Berlin 18.12.1946 (Karl Barth-Archiv, Basel [= KBA]); Jacob an Fischer, Lübben 19.12.1946 (Ausschnitt, Abschrift), Anlage zu einem Brief Fischers an Charlotte von Kirschbaum, Berlin 25.2.1947 (KBA).

126 Vgl. Frank Jehle, Lieber unangenehm laut als angenehm leise. Der Theologe Karl Barth und die Politik 1906–1968, Zürich ^{2}2002, 112–127; Wolf Krötke, Karl Barth und der »Kommunismus«. Erfahrungen mit einer Theologie der Freiheit in der DDR, Zürich 2013; Günther van Norden, Die Weltverantwortung der Christen neu begreifen. Karl Barth als homo politicus (Kaiser Taschenbücher 153), München 1997, 73-77; ders., Der politische Karl Barth nach dem Zweiten Weltkrieg, in: Jörg Hentzschel-Fröhlings / Guido Hitze / Florian Speer (Hg.), Gesellschaft – Region – Politik. Festschrift für Hermann de Buhr, Heinrich Küppers und Volkmar Wittmütz, Norderstedt 2006, 53–64; Peter Zocher, Handschlag mit dem Stalinismus? Karl Barth im Kalten Krieg, in: ZDTh 29 (2013), 58–81.

127 Vgl. Barth, Brechen, 120-121.

128 Jacob, Der Dienst des Pfarrers im Osten, 6.

chen Schau beurteilt werden.[129] Wie stark sich Jacobs Beurteilung der Position Barths in diesem Punkt gewandelt hatte, zeigt im Geburtstagsaufsatz die Erinnerung an Barths »theologisch [!] begründete eindeutige Absage an den Antikommunismus«[130].

c) *Die liturgische Bewegung:* Bereits auf seiner ersten Deutschlandreise nach dem Krieg stellte Barth fest, dass sich, seitdem er Deutschland verlassen hatte, ein verstärktes Interesse an der Liturgie und den Sakramenten ausgebildet hatte.[131] Er sah sich aus theologischen Gründen nicht in der Lage, diesem Interesse von vornherein zu widersprechen, fragte sich aber, »ob der Vorgang nicht etwas von einer Fluchtbewegung an sich habe«[132]. Das Interesse an der Liturgie könne, so befürchtete Barth, von dem ablenken, was er damals als entscheidend ansah: »Aktivierung und Erneuerung der Gemeinden durch die schlichte Predigt des Evangeliums«[133]. Dagegen vollzog Jacob in der Nachkriegszeit eine liturgische Konzentration.

Wie stark diese Meinungsverschiedenheiten das Verhältnis zu Barth und seiner Theologie belasteten, verraten vier Äußerungen Jacobs über Barth und die dialektische Theologie:

a) Am 31. Juli 1946 berichtete Gerhard Jacobi in einem Brief an Barth von einer kritische Äußerung Jacobs. Nach Vorträgen, die Barth und Eduard Thurneysen in Berlin gehalten hatten,[134] habe Jacob, »einst hervorragender Vertreter der Dialektischen Theologie«, ihm gesagt: »›Heute habe ich nun endgültig mit der Dialektischen Theologie gebrochen. Es gibt in Deutschland nur noch zwei Theologen, die etwas zu sagen haben, nämlich: Thielicke und

---

[129] Vgl. Jacob, Der Dienst des Pfarrers im Osten, 6.

[130] Jacob, Karl Barth.

[131] Vgl. Karl Barth, Bericht über eine Deutschlandreise, 19.8.-4.9.1945, erstattet an die Organisation I der amerikanischen Armee in Deutschland (7.9.1945), in: Clemens Vollnhals (Bearbeiter), Die evangelische Kirche nach dem Zusammenbruch. Berichte ausländischer Beobachter aus dem Jahr 1945 (AKIZ A 3), Göttingen 1988, 112-120, hier: 115.

[132] Barth, Bericht, 115.

[133] Barth an Günter Howe, 8.10.1946 (KBA).

[134] Es muss sich um die Vorträge vom 18.7.1946 gehandelt haben. Barth sprach über »Christliche Ethik« und »Christengemeinde und Bürgergemeinde«, Thurneysen über die »Einheit der Kirche«. Vgl. die Ankündigungen in der Neuen Zeit, 11.7.1946, 3-4, und der Berliner Zeitung, 13.7.1946, 6; 16.7.1946, 6; sowie die Berichte: Ho., Schweizer Deutsch in der Kirche. Zwei interessante Vorträge des Theologen Karl Barth, in: Berliner Zeitung, 20.7.1946, 6; D.D., Die Aufgaben der Christen im Staat. Professor Carl [!] Barth sprach in Berlin, in: Neue Zeit, 20.7.1946, 3; Pfr. Rackwitz, Zwei Vorträge von Karl Barth, in: Neues Deutschland, 26.7.1946, 3.

Stählin (Oldenburg)!‹« Jacobi zufolge bewegte sich Jacob damals »völlig auf der sakramentalistischen-liturgistischen Linie«[135].

b) In einem Anfang September 1947 abgefassten Brief an Friedrich-Wilhelm Krummacher, der ihn um eine Einschätzung Prof. Rudolf Schneiders gebeten hatte, schrieb Jacob über diesen: »Seine theologische Entwicklung, die Abkehr von der dialektischen Theologie und die Hinwendung zu einem sakramentalen Luthertum ist mir sehr sympathisch«[136].

c) Zwiespältiger äußerte sich Jacob am 19. Dezember 1946 in einem Brief an Martin Fischer: »Mir geht es um das sachliche Gespräch mit Karl Barth. Meine Dankbarkeit gegen Karl Barth ist zu gross, als dass ich einfach davon gehen oder mitansehen möchte, wie Barth sich in einer reinen Sackgasse verrennt. Das gilt m.E., ja nicht nur im Blick auf die besonderen politischen Phänomene, die zur Diskussion standen, sondern auch im Blick auf seine hässlichen superlativistischen Urteile über Hans Asmussen, Stählin und andre. Es ist möglich, dass ich eines Tages feststellen muss, keine gemeinsame Basis mit Karl Barth mehr zu haben, aber auf jeden Fall muss das Gespräch mit ihm solange als möglich weitergetrieben werden.«[137] Weil er an dem Gespräch mit Barth interessiert war, bedauerte er ebenso wie Fischer, dass Barth der Einladung zu einem Gastsemester an der Kirchlichen Hochschule in Berlin nicht folgen wollte.

d) Systematisch und ausführlich entfaltete Jacob seine Kritik an Barth am 8. Mai 1947 in seinem Vortrag »Der Dienst des Pfarrers im Osten« vor dem Bruderrat der EKD. Anlässlich des Vortrags kam es zu einem Disput zwischen Walter Lüthi und Jacob. Jacob gestand einerseits, dass die Pfarrer, als deren Sprecher er sich verstand, von Barth »Entscheidendes« gelernt hätten. Andererseits warf er ihm vor, dass er ihnen »mit seinen politischen Thesen in den Rücken gefallen«[138] sei.

Dieser Disput war das Vorspiel zu einer Auseinandersetzung mit Barth selbst am 7. August 1947 in Berlin. Über diese Auseinandersetzung gibt es zwei Berichte, einen von Karl Barth in einem Rundbrief, den er unmittelbar nach seiner Reise abfasste, einen von Günter Jacob in einem Brief an Eber-

---

135 Gerhard Jacobi an Barth, 31.7.1946 (KBA).

136 Jacob an Friedrich-Wilhelm Krummacher, Lübben, 3.9.1947 (ELAB 86/26).

137 Briefauszug: Jacob an Fischer, 19.12.1946.

138 Protokoll der Sitzung des Bruderrats der Evangelischen Kirche in Deutschland vom 8.5.1947 (ZA EKHN 36/5), 22.

hard Busch vom 10. Januar 1985. Außerdem gingen Jacob und Barth in Briefen aus dem Jahr 1955 kurz auf die Auseinandersetzung ein.[139]

In welchem Rahmen sie sich ereignete, ist nicht vollständig klar. Barth berichtete in seinem Rundbrief, sie habe im Rahmen einer Aussprache mit dem [Berlin-Brandenburgischen] Provinzialbruderrat der Bekennenden Kirche stattgefunden. Jacob sprach dagegen in seinem Brief an Busch von einer Aussprache, zu der »die leitenden Geistlichen aus allen Landeskirchen der damaligen SBZ [scil. Sowjetische Besatzungszone] geladen«[140] worden seien und die unter der Leitung von Bischof Otto Dibelius im Weißen Saal des Evangelischen Konsistoriums in der Jebensstraße stattgefunden habe. Es seien etwa 70 Personen erschienen. Nach Barths Bericht war Dibelius nicht anwesend.[141]

In der Darstellung des Ereignisses stimmen beide Berichte im Wesentlichen überein. Jacob trug Anfragen an Barth vor, auf die Barth dann antwortete. Barth verließ dann die Versammlung, aber nicht aus Protest, wie Jacob zunächst annahm, sondern weil er einen Rundfunktermin wahrnehmen musste. Nachmittags trafen beide noch einmal aufeinander und setzten ihr Gespräch in ruhigerem, freundlicherem Ton fort.

Zwei Informationen finden sich nur in Jacobs Brief: Jacob berichtete, Dibelius habe ihn gedrängt, die Anfragen an Barth in einem Einleitungsreferat vorzutragen. Außerdem teilte er mit, Barth habe zu ihm gesagt, er müsse einmal in die Schweiz kommen und einen Vortrag halten, »doch sei die Zeit dafür noch nicht reif, es müßten noch einige Jahre bis dahin vergehen«[142].

Übereinstimmung besteht im Wesentlichen auch in Bezug auf die Punkte, die Jacob als Anfragen vortrug. Nach Barths Rundbrief thematisierte Jacob die »Russennot«[143]. In seinem Brief an Jacob vom 18. Februar 1955 erinnerte er sich, »dass es schon damals um die Russen, aber wie ich meine auch über Liturgie oder ähnliches ging«[144]. Jacob nannte drei Punkte: 1. Gottesdienst und Liturgie, 2. die Frage, ob die deutsche Kirche aufgrund ihrer Vergangenheit »gegen das gegenwärtige Unrecht für die jetzt unter die Räder gekommenen«, also gegen das an der deutschen Bevölkerung begangene Unrecht,

---

[139] Karl Barth, Rundbrief, Bonn 13.8.1947 (KBA); Jacob an Eberhard Busch, Fürstenwalde / Spree 10.1.1985 (Privatbesitz Michael Jacob); Jacob an Barth, Cottbus 26.1.1955 (KBA); Barth an Jacob, Basel 18.2.1955 (KBA).

[140] Jacob an Busch, 10.1.1985, 1.

[141] Vgl. Barth, Rundbrief vom 13.8.1947, 2.

[142] Jacob an Busch, 10.1.1985, 2.

[143] Rundbrief vom 13.8.1947, 2.

[144] Barth an Jacob, 18.2.1955.

protestieren dürfe, 3. die Frage, wie Barth »seine These begründen wolle, daß im corpus sozialisticum mehr ›soziale Gerechtigkeit‹ verwirklicht werde«[145].

Jacob und Barth beurteilten die Schwere der Auseinandersetzung unterschiedlich. Noch über sieben Jahre später charakterisierte Jacob sie als »dramatischen Zusammenstoß«[146]. Barth hatte eine andere Erinnerung: »Wie merkwürdig, dass ich unser Zusammensein in Berlin 1947 gar nicht als einen ›Zusammenstoss‹ und schon gar nicht als einen ›dramatischen‹ in Erinnerung habe!«[147] In dem Rundbrief von 1947 sprach er zwar von einem »Konfrontieren mit dem aufgeregten, aber im Grund wohl nicht üblen Generalsuperintendent Günter Jacob«. Aber er schrieb auch: »Ich hatte dann aber die Gnade ruhig zu bleiben und es scheint, dass es mir im Lauf des Tages (ich sah ihn am Nachmittag noch in kleinerem Kreis) gelang, ihn ein Stück weit zu befriedigen und auf heilsamere Linien zu locken, und so auch den versammelten Klerus insgemein. Hoffen wir, dass es eine Zeit lang hält.«[148]

Jacob scheint die Auseinandersetzung tiefer getroffen zu haben, als Barth ahnte. Doch nach und nach überwand Jacob die Distanz, die sich Barth gegenüber eingestellt hatte. Spätestens 1954/55 ist von den Vorbehalten nichts mehr zu spüren. In der Kirchlichen Dogmatik IV/2 entdeckte Jacob sogar eine veränderte Einstellung Barths zur Liturgie, genauer: zum Abendmahl.[149] Im Blick auf die Schuldfrage, das Verständnis des Wächteramts und die Beurteilung des Kommunismus schwenkte Jacob auf die Linie Barths ein. Seither konnte er den großen Basler Theologen ungebrochen als Protagonisten der kirchlich-theologischen Erneuerung im 20. Jahrhundert feiern und rezipieren.

5. Schluss

Während die Gründe und Motive für die ›Beziehungskrise‹ aus den Quellen klar hervorgehen, ist weniger deutlich, wie sie endete und warum Jacob sich Barth wieder zuwandte. Vermutlich spielten mehrere Faktoren eine Rolle: Wandlungen in Jacobs Einschätzung der politischen Lage, persönliche Be-

---

145 Jacob an Busch, 10.1.1985.

146 Jacob an Barth, 26.1.1955.

147 Barth an Jacob, 18.2.1955.

148 Barth, Rundbrief vom 13.8.1947.

149 Vgl. Jacob, Probleme der Verkündigung heute, in: KiZ 11 (1956), 177-182, hier: 178. Jacob bezieht sich auf Barth, KD IV/2, 722-723.

gegnungen und die Faszination der Theologie Barths, vor allem der späteren Bände der Kirchlichen Dogmatik, der sich der leidenschaftliche Theologe Jacob nicht entziehen konnte.[150] Meine Ausführungen legen ein weiteres Motiv nahe: Die Theologie und die politischen Äußerungen Barths stützten eine apologetische Strategie, mit deren Hilfe sich Jacob als Christ und kirchlicher Amtsträger in dem Weltanschauungsstaat DDR behaupten konnte. Wie die meisten apologetischen Strategien so lief auch Jacobs darauf hinaus, dass sie einerseits Kritik zurückwies (den Atheismus, die Kritik am Schöpfungsglauben, die Kritik am politischen Verhalten der Kirche in der Vergangenheit) und andererseits Gemeinsamkeiten formulierte (Kritik eines überkommenen Gottesverständnisses, Anerkennung der Naturwissenschaften, gemeinsames Interesse an Frieden und sozialer Gerechtigkeit). Bei beiden Aspekten der apologetischen Strategie sah Jacob sich in Übereinstimmung mit Barth. So wollte Barth 1963 mit seinem Gutachten zu den »Zehn Artikeln über Freiheit und Kirche« weder auf die Mühlen der »Assimilanten« noch auf die der »Attentisten bzw. Reaktionäre«[151] Wasser leiten. Er suchte also nach einem Mittelweg zwischen Assimilation und Attentismus bzw. Reaktion. Jacob griff das auf[152]; es war ganz in seinem Sinn gesprochen. Doch wenn ein Theologe und Kirchenmann in der DDR kein Attentist oder Reaktionär sein wollte, wenn er auch nach Gemeinsamkeiten und nach Kooperationsmöglichkeiten suchte, um Konflikte zu minimieren und das christliche Leben im Weltanschauungsstaat erträglicher zu machen, setzte er sich der Gefahr der Anpassung aus. In den 1960er Jahren ist Jacob dieser Gefahr nicht immer entgangen.

---

[150] Das Interesse an der Kirchlichen Dogmatik scheint Jacobs Barth-Rezeption von der Johannes Hamels zu unterscheiden (vgl. Axel Noack, »Das Salz der Kirche ist die EKU«. Karl Barth, Johannes Hamel und die Kirche in der DDR, in diesem Band, 73-98, hier: 73).

[151] Barth, Gutachten, 651.

[152] Vgl. Jacob, Zehn Artikel, 193.

»Das Salz der Kirche ist die EKU«

Karl Barth, Johannes Hamel und die Kirche in der DDR

Axel Noack

1. Eine These zum Start[1]

Karl Barth, wie er von Johannes Hamel an seine Studenten interpretierend weitergegeben wurde und in seine tägliche theologische, kirchenpolitische und synodale Arbeit einbezogen worden ist, war mehr der Karl Barth des »Quousque tandem« (1930), der Theologischen Erklärung von Barmen (1934), der Autor des *Briefes an einen Pfarrer in der DDR* (1958) und der Kommentator der *Zehn Artikel* (1963) als der Karl Barth der *Kirchlichen Dogmatik*. Daneben spielte er vor allem als Prediger (Predigten im Gefängnis) in der Lehrtätigkeit Johannes Hamels eine Rolle.

Die benannten Texte stehen hinsichtlich ihres Themas bzw. ihrer Provenienz in besonderer Affinität zum kirchlichen Leben in der DDR und insofern ist es gerechtfertigt, Karl Barths Wirkung auf das kirchliche Leben der DDR auf dem Hintergrund des Engagements eines so profilierten Theologen wie Johannes Hamel zu beschreiben.

2. Kurzer biographischer Rückblick auf das Leben von Johannes Hamel[2]

19.11.1911	Geburt in Schöningen; Provinz Sachsen
1919	Umzug nach Erfurt
1936	Studium der Theologie in Tübingen, Königsberg, Halle
1936	Adjunkt am Auslandsseminar der Bekennenden Kirche in Ilsenburg

[1] Der Vortrag wurde am 10.4.2014 als Präsentation mit Bildern gehalten. Hier liegt eine überarbeitete Textfassung vor.

[2] Zur Biographie Hamels vgl. Axel Noack, Johannes Hamel (1911-2002) – Christus bekennen zur Rechten und zur Linken, in: Wilhelm Hüffmeier (Hg.), Protestantismus in Preußen. Lebensbilder aus seiner Geschichte V (Edition Chrismon), Frankfurt 2009, 341-364.

1938	Studentenamtsleiter der Bekennenden Kirche Halle
1939	Hilfsprediger in Beckwitz, 1940 in Kayna, 1942 in Heuckewalde
1941	Zwangsverpflichtung zur Arbeit in den Leunawerken
1942-1946	Soldat, verwundet, amerikanische Kriegsgefangenschaft, Lagerpfarrer in Florenz und Pisa
1946	Studentenpfarrer in Halle
1953	Haftzeit in Halle und Berlin (11.2. bis 10.7.)
1955	Dozent für Praktische Theologie und Rektor (mehrfach) am Katechetischen Oberseminar in Naumburg
1976	Ruhestand
1.8.2002	Tod in Wernigerode

Johannes Gotthilf Heinrich Hamel wurde am 19.11.1911 in Schöningen (Krs. Helmstedt) als Sohn des Philologen (Romanistik und Geografie) und Schöninger Schuldirektors Dr. Heinrich Hamel (1875-1933) geboren. Seine Mutter Katharina Hamel, geb. Funke (* 18.2.1882 in Landsberg/Warthe, † 14.5.1945 in Erfurt) entstammte einer märkischen Pfarrersfamilie.

Er selbst leitete sein Herkommen von französischen Hugenotten her, die zur Zeit Friedrichs II. nach Potsdam zugewandert sind. Hier liegt der Grund für seine besondere Beziehung zur reformierten Theologie und damit auch zu Karl Barth. Durch sein Elternhaus – auch seine Mutter sprach fließend Französisch und Italienisch – war er frühzeitig auf die französische Sprache orientiert worden.

Wie Johannes Hamel dann zum Theologiestudium gekommen ist, fiel ihm selbst ziemlich schwer zu beschreiben. Er bezeichnet seine Studienjahre in Königsberg und seine erste Begegnung mit dem Neutestamentler Julius Schniewind als den eigentlichen Kairos seines Theologiestudiums. Wegen Schniewind war er nach Königsberg gegangen:

> »›Wenn Sie Exegese des Neuen Testamentes lernen wollen, gehen Sie zu Schniewind nach Königsberg‹, sagte mir 1931 ein Tübinger Dozent. Das war das erste Mal, daß ich von diesem Manne hörte, der dann, wie für viele, so auch für mich der Lehrer des Evangeliums werden sollte. Ehemalige Königsberger Studenten hatten schon von diesem Professor erzählt, daß er wie kaum ein anderer es verstünde, uns durch seine Forschung und Lehre Freude an der Heiligen Schrift zu machen. So gingen wir Anfang der 30er Jahre in Scharen nach Ostpreußen und saßen zu seinen Füßen.«[3]

---

[3] Johannes Hamel, Julius Schniewind – geb. am 28. Mai 1883 – gest. am 7. September 1948, Gedenkartikel, Maschinenschrift und als Einzeldruck, 4 Seiten, o.J.

Dass Johannes Hamel neben Karl Barth vor allem Julius Schniewind zu seinen akademischen Lehrern, im letzteren Fall sogar zu seinen geistlichen Vätern, zählte, stellt ihn in die Reihe der bedeutenden Halleschen Vermittlungstheologen August Tholuck und Martin Kähler, dessen wichtigster Schüler Julius Schniewind gewesen ist. Die Theologische Fakultät Halle hat durch Tholuck und Kähler eine besondere Prägung durch die Gründung theologischer Konvikte erhalten. Das hier geübte geistliche Leben im Kontext des wissenschaftlichen Diskurses weist auf die besondere Nähe Hamels zur christlichen bzw. kirchlichen Studentenarbeit in der DCSV und später – nach 1945 – der ESG hin.

Die vermittelnde Position der Vätergeneration hat aus Johannes Hamel den »in der Wolle gefärbten« Theologen der Union werden lassen. Deshalb wurde auch die Evangelische Kirche der Union (EKU) sein wichtigstes kirchliches und synodales Betätigungsfeld.

Dieser theologischen Prägung ist es zu verdanken, dass Johannes Hamel sich 1935/36 bei der Bekenntniskirche innerhalb der altpreußischen Union zum Vikariat meldete. Dies war eine mit großer Unsicherheit für die weitere Zukunft gepaarte, aber durchaus keine einsame Entscheidung. Ganze Vikarskurse versagten damals der deutsch-christlich geprägten Kirchenleitung den Gehorsam und meldeten sich bei der »BK« zum Examen. Zuständig für die Betreuung des theologischen Nachwuchses im Auftrag des altpreußischen Bruderrates war der spätere Propst Wolfgang Staemmler. Ihm blieb Johannes Hamel zeitlebens freundschaftlich verbunden. Hamel selbst nannte immer wieder Karl Barths Schrift *Theologische Existenz heute!* von 1933 als Quelle grundlegender Orientierung.[4]

Nach seinem theologischen Examen wurde er also vom altpreußischen Bruderrat mit verschiedenen Diensten beauftragt. Diese führten ihn in das Auslandsseminar der BK in Ilsenburg (Harz) und in die Stelle des Studentenamtsleiters der BK in Halle / Saale. Aus dieser Zeit resultierte auch die Beziehung zu Martin Fischer, der für die Deutsche Christliche Studentenvereinigung (DCSV) tätig war und dort zeitweise von Johannes Hamel vertreten wurde.

---

4 So z.B. in auf einer Postkarte vom 7.12.1987 von Johannes Hamel an den Pfarrer Rolf-Joachim Erler: »Als 1911 Geborener las ich Ende Juni / Anfang Juli 1933 ›Theologische Existenz heute‹ und es fiel mir wie Schuppen von den Augen: Das war die wahre Sicht der Geschehnisse! So ging es damals vielen Theologen.« (Original im Besitz des Empfängers, der dem Vf. freundlicherweise eine Kopie zur Verfügung stellte.)

Johannes Hamel hat nie gezögert in großer Dankbarkeit immer wieder auf die Menschen zu verweisen, die ihn begleitet und geprägt haben. Neben Barth und Schniewind waren es weniger theologische Lehrer, sondern vor allem Männer in kirchenleitender Verantwortung. Er scheute sich nicht sie als seine Lehrer und »Ermutiger« zu bezeichnen. Hier nennt er immer wieder ehemalige Mitglieder des (Alt-)Preußischen Bruderrates und der Bekenntnissynode der Altpreußischen Union:[5] Martin Niemöller, Adolf von Thadden, Hans-Joachim Iwand, Ludolf Müller, Ernst Wolf, Hermann Schlingensiepen, Wilhelm Niesel, Heinrich Vogel, Günter Jacob und Lothar Kreyssig. Mitstreiter im kirchenleitenden Geschäft waren ihm vor allem Hans-Joachim Fränkel, Siegfried Ringhandt und Horst Lahr, die alle selbst in der Regel Karl Barth nahestanden.

Ein besondere Beziehung verband ihn mit dem Präses der Synode der KPS und der EKU, Lothar Kreyssig, »meine[m] sachlichen und persönlichen Förderer seit 1946 über mehr als 2 ½ Jahrzehnte hinweg«.[6]

Ohne jeden Zweifel hat Johannes Hamel den Weg der evangelischen Kirche in der DDR mit geprägt und vor allem dazu beigetragen, diesen Weg in Verantwortung vor Gottes Wort theologisch zu reflektieren. Er hat einen besonderen und wohl auch weithin unverwechselbaren Beitrag zur Frage des Lebens von Christen und Kirchen unter den Bedingungen einer atheistischen Diktatur geleistet.

Dabei ist sein Name sehr selten genannt worden und heute scheint er nahezu der Vergessenheit anheim gegeben zu sein.[7] Das war zu seinen Lebzeiten nicht sehr viel anders und mag auch dem Umstand geschuldet sein, dass die meisten seiner wegweisenden wichtigen Texte und Formulierungen zwar seine Handschrift, aber nicht seinen Namen tragen. Sie entstanden zumeist im Raum geschlossener Ausschusssitzungen von Synoden, in enger Zusam-

---

[5] Johannes Hamel, Einige Reminiszenzen aus der Geschichte der Evangelischen Kirche der Union von 1950 bis Mitte der siebziger Jahre, abgeschlossen am 6.8.1987, Maschinenschrift, 25 Seiten; Evangelisches Zentralarchiv (EZA) 108/96/603 (alte Signatur).

[6] Hamel, Reminiszenzen, 12.

[7] Zwei jüngere biographisch orientierte Texte zu Johannes Hamel sind dennoch zu notieren: André Gursky, Vorgang »Riga«. Die »Bearbeitung« eines evangelischen Studentenpfarrers 1953 in Halle (Saale) durch das Ministerium für Saatssicherheit (Sachbeiträge 7), Die Landesbeauftragte für die Unterlagen des Staatssicherheitsdienstes der ehemaligen DDR Magdeburg 1998; Andreas Thulin, Durch Verhaftung ... das Handwerk legen. Die Evangelische Studentengemeinde Halle (Saale) 1953 und die Inhaftierung von Studentenpfarrer Johannes Hamel, ESG Halle 2004.

menarbeit mit einigen wenigen synodalen Mitbrüdern und waren dann doch von solch großer geistlicher Kraft, dass sich ganze Synoden darauf verständigen konnten bzw. sich der klaren Wegweisung gar nicht entziehen konnten.

Im Jahre 1946 hatte Johannes Hamel im Auftrag der Kirchenleitung das Studentenpfarramt in Halle übernommen, wo er schon in der Zeit des Kirchenkampfes für kurze Zeit als Studentenamtsleiter der Bekennenden Kirche tätig gewesen ist. Er hat die Neubegründung der »Evangelischen Studentengemeinde« (ESG) und ihre enge organisatorische Verbindung zur Kirche (jedenfalls im Vergleich mit der zur alten DCSV) mit seinem Freund Martin Fischer gestalten helfen. Gerade für die entstehende DDR-Situation sollte bald deutlich werden, dass nur unter dem Dach der verfassten Kirche eine christliche Studentenarbeit möglich sein würde.

Es sollte auch nicht lange dauern und Johannes Hamel geriet unter die kritische Beobachtung der staatlichen Stellen. Schon in dem allerersten offiziellen Staat-Kirche-Gipfelgespräch in der neu gegründeten DDR am 28.4.1950 in Berlin wird von Regierungsseite hervorgehoben: »Bei den Maßnahmen auf dem Bildungssektor gehe es allein um eine Entfernung der reaktionären Elemente aus den Schulen und Hochschulen; leider gebe es auch unter den Studentenpfarrern solche, insbesondere Johannes Hamel in Halle sei hier zu nennen.«[8]

Dieses Verdikt sollte Johannes Hamel die ganze DDR-Zeit über anhängen. Wie aus einem handschriftlichen Brief des Rektors der Martin Luther-Universität Halle, Prof. Leo Stern, vom 28.10.1952 hervorgeht, hatte dieser den stellvertretenden Ministerpräsidenten, Walter Ulbricht schon im Jahre 1951 den »berüchtigten Studentenpfarrer Hamel« »signalisiert«. Jetzt, 1952, schickte Leo Stern belastendes Material und forderte unverhohlen: »Wenn diesem nicht sehr bald durch Verhaftung oder auf eine andere Art das Handwerk gelegt werden wird, kann der Schaden an unserer Universität unübersehbar werden.«[9]

Zu diesem Zeitpunkt waren die »Junge Gemeinde« und die Studentengemeinden schon längst in die besondere Aufmerksamkeit der Partei- und Staatsorgane geraten.[10]

---

8 Friedrich-Wilhelm Krummacher, Vermerk vom 29.04.1950, EZA 2/84311/1 (alte Signatur).

9 Leo Stern, Brief an Walter Ulbricht vom 28.10.1952 (faksimiliert in: Thulin, Verhaftung, 24-25).

10 Axel Noack, Die Evangelische Studentengemeinde im Jahr 1953. Hintergrundinformation zu einem Kapitel der SED-Kirchenpolitik, in: Horst Dähn / Helga Gotschlich (Hg.), »und führe uns nicht in Versuchung ...« Jugend im Spannungsfeld von Staat und

So nimmt es überhaupt nicht wunder, dass gerade auch Johannes Hamel unter denjenigen kirchlichen Mitarbeitern war, die im Frühjahr 1953 verhaftet wurden.[11] Der »Fall« Johannes Hamel erhielt deshalb besondere Aufmerksamkeit, weil ihm ein besonders polemischer Artikel auf der Titelseite einer Sonderausgabe der FDJ-Zeitung »Junge Welt«[12] gewidmet worden war.

Hier nun gibt es eine besondere Nähe zu Karl Barth. Barth hatte sich (neben Martin Niemöller) bei den staatlichen Stellen für Hamel und seine Freilassung verwendet. Berühmt ist vor allem der Brief Karl Barths an den DDR-Minister für Staatssicherheit Wilhelm Zaisser vom März 1953.[13] Darin heißt es:

> »In diesen Tagen erreichte mich nun die Nachricht von der Verhaftung des Studentenpfarrers Johannes Hamel und des Vikars Althausen in Halle [...] Die Tätigkeit eines Mannes wie Johannes Hamel war so etwas wie ein leuchtendes Beispiel nicht nur für die Freiheit, in der die dortige Kirche ihrer Aufgabe nachging, sondern auch für die Einsicht derer, die ihr diese Freiheit gewährten. [...] Die gegen Johannes Hamel und Genossen ergriffenen Maßnahmen bedeuten eine ernstliche folgenschwere Bedrohung dieses Bildes. Antwortet die Regierung der DDR auf die Tätigkeit solcher Vertreter der Kirche in der Weise wie es jetzt geschehen ist, dann läßt sich die Annahme, dass die Existenz einer freien Kirche in ihrem Wollen liege, nur noch schwer oder gar nicht mehr aufrecht erhalten. Es scheint sich dann etwas vom Schlimmsten, was die ausgesprochenen Gegner der östlichen Staats- und Regierungsform im ganzen Westen immer behauptet haben, zu bewahrheiten.«

Bemerkenswert ist eine Episode am Rande: Erst nach der »Wende« 1989 erhielt die breitere Öffentlichkeit Kenntnis von einem Vorgang, der zunächst

---

Kirche in der SBZ/DDR 1945 bis 1989 (Die Freie Deutsche Jugend. Beiträge zur Geschichte einer Massenorganisation 4), Berlin 1998, 60-88.

[11] Johannes Hamel, Bericht über meine Haftzeit vom 12.2.1953 bis 10.7.1953, Maschinenschrift, 9 Seiten. Vgl. auch: Johannes Hamel, Wiederbegegnung nach 41 Jahren mit meinem Vernehmungsoffizier in Halle [1996], in: ders., 1953 – Verfolgte Christen in der Deutschen Demokratischen Republik, Maschinenschrift, 75 Seiten.

[12] Die mit »Extrablatt« überschriebene Sonderausgabe der Zeitung »Junge Welt« trägt kein Datum. Die Sonderausgabe war im Zentralrat der FDJ in Auftrag gegeben worden. Die Herausgabe war am 15.4.1953 in einer Anweisung des Sekretariats des Zentralrates der FDJ an die Redaktion der »Junge Welt« für den 17.4.1953 vorgesehen worden. (Der Artikel »Ein angeblicher Studentenpfarrer« faksimiliert in: Thulin, Verhaftung, 85.)

[13] Karl Barth, Brief an den Minister für Staatssicherheit Zaisser vom 2.3.1953, in: KJ 80 (1953), 139-140.

als von nebensächlicher Bedeutung erscheinen könnte. Bezeichnenderweise fand sich im Archiv des FDJ-Zentralrats der Briefwechsel einer Gruppe von Studenten bzw. Assistenten vornehmlich der evangelischen Theologie mit dem Hessen-Nassauischen Kirchenpräsidenten Martin Niemöller.[14]

Die Unterzeichner wollten Niemöller letztlich um Unterstützung im Kampf gegen »Junge Gemeinde« und Studentengemeinde bitten. Sie versuchten Niemöller davon abzubringen, sich weiterhin für den verhafteten Studentenpfarrer Hamel einzusetzen. Niemöller widersprach allerdings dem Anliegen der Briefschreiber eindeutig.

Der Vorgang verdient heute deshalb Beachtung, weil aus der Schar derjenigen, die den Brief an Niemöller unterzeichnet hatten, eine auffällig große Zahl Karriere an den staatlichen Theologischen Fakultäten bzw. Sektionen gemacht haben. Die Unterschriftsliste wird angeführt von »Hanfried Müller, wiss. D. Theologie (Berlin)«[15] Ihm folgen seine Frau, Rosemarie Müller-Streisand, und dann etliche andere, spätere DDR-Hochschullehrer: Herbert Trebs, Kurt Meier, Christoph Haufe, Bernt Satlow und Hans-Hinrich Jenssen.

Ein Teil der Unterzeichner gehört ein Jahr später zu den Verfassern des »Memorandum über gesellschaftliche Einstellung und politische Haltung der Studierenden an den Theologischen Fakultäten der DDR«.[16] Besonders die Theologiestudentin Friederun Milde, die bei beiden Papieren zu den Mitunterzeichnern gehörte, sollte später[17] als Referentin im Staatssekretariat für

---

[14] Rudi Pahnke, Stichproben aus dem Zentralarchiv der FDJ. Aus der Sicht evangelischer Jugendarbeit (epd-Dokumentation 10/1992 [vom 17.2.1992]), hier 48ff. Vgl. auch Gerhard Besier / Stephan Wolf (Hg.), ›Pfarrer, Christen und Katholiken‹. Das Ministerium für Staatssicherheit der ehemaligen DDR und die Kirchen (Historisch-theologische Studien zum 19.und 20. Jahrhundert 1), Neukirchen-Vluyn ²1992, 7 Anm. 36. Auf dem Text war handschriftlich vermerkt worden, dass er dem Mitarbeiter des FDJ-Zentralrates Kurt Turba vorzulegen sei.

[15] Besier / Wolf (Hg.), »Pfarrer, Christen und Katholiken«, 7.

[16] Zitiert nach Gerhard Besier, »Politische Reifeprozesse«. Zum Engagement des MfS an den theologischen Fakultäten bzw. Sektionen, in: Clemens Vollnhals (Hg.), Die Kirchenpolitik von SED und Staatssicherheit. Eine Zwischenbilanz (Analysen und Dokumente 7), Berlin 1996, 267-297, hier: 272. Besier erwähnt außerdem noch ein undatiertes Papier mit dem Titel: »Voraussetzung zur Heranbildung einer fortschrittlichen Theologenschaft in der Kirche«, das ebenfalls von Meier, Trebs und Haufe unterzeichnet wurde (SAPMO-BA, ZPA, IV 2/14/176).

[17] Friederun Milde (verheiratete Fessen) war seit Februar 1958 die für die Theologischen Fakultäten der DDR zuständige Referentin im Staatssekretariat für Hochschulwesen. Biographische Angaben: vgl. Besier, Reifeprozesse, 276ff.

Hochschulwesen erheblichen Einfluss auf die Zusammensetzung der Dozentenschaft an den Theologischen Fakultäten nehmen.

Mit Hanfried Müller ist ein Theologe benannt, mit dem Johannes Hamel eine besondere, allerdings auch von Respekt getragene »Gegnerschaft« verband. Zeitweise bildeten die zwei die eigentlichen kirchenpolitischen Antipoden der EKU-Synode, deren Mitglieder sie beide über einen längeren Zeitraum waren.

Das administrative Vorgehen gegen die kirchliche Jugendarbeit endete plötzlich im Juni 1953. Erst nach der Wende wurde deutlich, dass erst auf massives Eingreifen der Sowjetunion die DDR-Führung zu einem »Neuen Kurs« gedrängt worden war.[18]

3. In der Zeit der relativen Entspannung: Der Wechsel nach Naumburg

Die längste Zeit seines Berufslebens verbrachte Johannes Hammel als Dozent für Praktische Theologie am Katechetischen Oberseminar Naumburg, der wichtigsten Ausbildungsstätte (neben der Theologischen Fakultät der Martin-Luther-Universität Halle) für die Pfarrerschaft der Kirchenprovinz. Der Wechsel dorthin vollzog sich in einer Zeit relativer Entspannung im Staat-Kirche-Verhältnis (»Atempause«).

Hamels Herkommen und seiner persönlichen theologischen Prägung ist es geschuldet, dass er seine besonderen Schwerpunkte auf die Homiletik und die Kybernetik setzte. Wer Liturgik studieren wollte, hatte in ihm sicherlich keinen guten Lehrer, daraus hat er nie einen Hehl gemacht. In seiner Predigtlehre lag der Schwerpunkt auf der Christusverkündigung. Das galt auch für alle Seelsorge und für die Kasualpredigten: Auch am Traualtar und am Grabe ist Christus zu verkündigen – ohne jeden Abstrich. Ja, es hat zu unterbleiben, dass das Lob Gottes durch zu viel »Menschenlob« verdunkelt wird.

Diese Konzentration auf die Christusverkündigung hat sein Reden bestimmt und manchmal hat er sogar bis ins hohe Alter als Predigthörer heftig reagiert, wenn ein Pfarrer zwar seine Arbeit ordentlich gemacht habe, aber seinen Hörern die Verkündigung des Christus und damit die »Begegnung mit dem Einzigen, was wirklich zu sagen gewesen wäre, schuldig geblieben«[19] sei. Da konnte er hart sein und es war wohl schwer, seinen Ansprüchen als

---

18 Ausführlich beschrieben: Noack, Studentengemeinde 1953.

19 Postkarte von Johannes Hamel an Vf. vom 23.12.1986, Original.

Prediger zu genügen. Kompromisslosigkeit und ungerechte Härte lagen dicht beieinander.

Auch schon in den damaligen Zeiten verlief – selbst an einer kirchlichen Hochschule – das Theologiestudium merkwürdig unabhängig vom kirchlichen Geschehen. Bei Johannes Hamel wurden die Studenten aber immer wieder auf kirchenpolitische Vorgänge verwiesen und erfuhren von ihm klare und deutliche Bewertungen, ohne dass besondere, höfliche Rücksichtnahme auf lebende und agierende Personen gezeigt wurde.

Inhaltlicher Schwerpunkt war dabei die immer wieder zitierte Barmer Theologische Erklärung, deren Entstehung er als die Sternstunde der Kirchengeschichte des zwanzigsten Jahrhunderts ansah.

4. »Loyalität« und Republikflucht – Die Debatte nach 1955

Schon bald nach Hamels Wechsel in die Lehrtätigkeit nach Naumburg wurden neue Themen relevant und die Kirche stand vor ganz neuen Herausforderungen.

Spätestens im Sommer 1955 wird nämlich klar: Die Teilung Deutschlands wird länger dauern, als nach dem Krieg vermutet worden war, und die Menschen einschließlich der Kirchen werden sich in diesem Zustand irgendwie einzurichten haben. Auch wenn sich die Zementierung der Teilung etwa durch den Beitritt der DDR zum Warschauer Pakt und die Beteiligung der BRD an der Westintegration (Pariser Verträge) schon geraume Zeit angekündigt hatte, in der öffentlichen Rhetorik war auf allen Seiten immer noch von der Wiedervereinigung die Rede. Das Viermächte-Gipfeltreffen im Juli 1955 in Genf, das erste nach Potsdam 1945, brachte wohl für Österreich entscheidende neue Möglichkeiten, nicht aber für Deutschland. Auf der Rückreise von Genf besuchte Parteichef Chruschtschow die DDR und verkündete die »Zweistaatenlösung«. Entsprechend beschloss das Zentralkomitee der SED im Oktober, dass die Wiedervereinigung nicht mehr das erste Ziel der Politik sein würde. Als äußeres Zeichen für diese neue Ausrichtung: Die DDR erhielt eine eigene Fahne mit dem Emblem von Hammer und Ährenkranz – ergänzt um einen Zirkel. Ab 1959 war es dann verboten nur noch eine schwarz-rot-goldene Flagge ohne Emblem in der DDR zu zeigen.

Diese äußere Klarheit brauchte naturgemäß noch eine längere Zeit, bis sie die Köpfe und Herzen der Menschen wirklich erreichte, führte aber dennoch bald dazu, dass auch in den Kirchen darüber nachgedacht wurde, wie die Kirchen zu dem Staat »DDR« stehen sollten, den man bis dahin weithin als eine vorübergehende Erscheinung angesehen hatte.

Die DDR-Regierung selbst äußerte öffentlich und immer nachdrücklicher die Erwartung, dass die Kirchen nun ihre »Loyalität« gegenüber dem Staat erklären sollten.[20] Das war der erste Hinweis darauf, dass der Staat bald unverhohlen die Erwartung haben sollte, die Kirchen hätten sich organisatorisch von den Kirchen des Westens zu lösen.

Die EKD sah sich durch die neue Lage genötigt, eine außerordentliche Synode einzuberufen.[21] Der Cottbuser Generalsuperintendent und langjährige Vertraute Johannes Hamels, Günter Jacob, hielt eins der beiden Hauptreferate zum Thema: »Der Raum für das Evangelium in Ost und West«.[22] Ein Satz seines Referates, das zur Grundlage der gewichtigen theologischen Erklärung der Synode wurde und schon auf die noch kommende »Obrigkeitsdebatte« verweisen sollte, lautete: »Ein Staat, [...] der die Kirche in einen eng umgrenzten Raum verweist, weil er das gesamte Öffentlichkeitsterrain mit seiner Weltanschauung besetzen will, hört damit nicht auf, im Sinne von Römer 13 Obrigkeit zu sein.«[23]

Die außerordentliche Synodaltagung vom Juni 1956 verabschiedet drei wichtige Texte:

- Theologische Erklärung: »Gottes Wort ist nicht gebunden!«
- Die Einheit der Evangelischen Kirche in Deutschland
- Verlautbarung: »Einheit des Volkes«[24]

---

[20] Aus Redebeiträgen des stellvertretenden Ministerpräsidenten der DDR, Otto Nuschke, der vor der Ernennung eines »Staatssekretärs für Kirchenfragen« (1957) auch für die Beziehungen zur Kirche zuständig war: »Die Kirchenführer können nicht länger meinen, die DDR sei ein Interregnum, das über kurz oder lang zu existieren aufgehört habe.« (5.12.1955) »Die Frage, um die [...] [es] [...] letzten Endes ging, lautete: Welche gesellschaftliche Position wollen die Kirchen in der neuen demokratischen Ordnung unseres Arbeiter- und Bauernstaates einnehmen?« (12.9.1956)

[21] Berlin 1956. Bericht über die außerordentliche Tagung der zweiten Synode der Evangelischen Kirche in Deutschland vom 27. bis 29. Juni 1956, hg. im Auftrag des Rates von der Kirchenkanzlei der Evangelischen Kirche in Deutschland, Verlag des Amtsblattes der EKD Hannover 1956.

[22] Günter Jacob, Der Raum für das Evangelium in Ost und West, in: Berlin 1956, hg.v. der Kirchenkanzlei der EKD, 17-29.

[23] Jacob, Raum, 27.

[24] Berlin 1956, hg.v. der Kirchenkanzlei der EKD, 233-234.

Besonders die Theologische Erklärung stellte gewissermaßen den Anspruch, eine Fortschreibung der Barmer Theologischen Erklärung zu sein. Diese bis heute spannende Erklärung hat allerdings niemals die Wirkung von Barmen entfalten können. Im Gegenteil: heute ist sie leider völlig vergessen.

Neben der geforderten Loyalitätserklärung war es die in diesen Jahren – nach einem Rückgang im Jahre 1954 – wieder massiv zunehmende Republikflucht aus der DDR, die auch die Kirchen herausforderte. Deren Bewertung und theologische Deutung spaltete auch kirchliche Kreise. Das wurde besonders deutlich an der die westdeutsche Presse massiv bewegenden spektakulären Flucht von zwei Berliner Pfarrern, Hans Gerber und Erich Rommel. Sie hatten versucht, ihre Flucht öffentlich zu begründen und zu rechtfertigen, und schrieben im (West-) Berliner Tagesspiegel:[25]

> »Nachdem wir – und wir sehen es als göttliche Fügung an – uns denen, die uns nachstellen und uns die Freiheit, vielleicht dadurch Gesundheit und das Leben nehmen würden, entziehen konnten, würde es Versuchung Gottes sein, wenn wir Gott zu einem Wunder herausforderten, auf das wir gewiesen wurden: Du sollst Gott, Deinen Herrn nicht versuchen.«

Als biblischen Bezugspunkt wählten sie Joh 10,39: *»Sie suchten ihn abermals zu greifen, aber er entging ihnen aus ihren Händen.«* Viele, einschließlich des Berliner Bischofs Otto Dibelius, reagierten zumeist ablehnend auf diese Position. Dibelius:[26]

> »Wenn ein Pastor diese seine Haltung mit Bibelstellen zu begründen versucht, dann missbraucht er die Heilige Schrift. Das ist ungefähr das Schlimmste, was man von einem evangelischen Pfarrer sagen kann. [...] Die Kirchenleitung hat in mehr als einem Falle anerkannt, dass einem Pfarrer das Verbleiben in seiner Gemeinde nicht zugemutet werden kann. Sie muss aber darauf bestehen, dass kein Pfarrer aus eigenem Entschluss oder gegen das ausdrückliche Votum aller kirchenleitenden Instanzen seine Gemeinde verlässt.«

Ganz anders war die Diskussionslage in der westdeutschen Öffentlichkeit. »Der Spiegel«[27] vertrat unter Berufung auf Hans Asmussen die Meinung,

---

25 Tagesspiegel, Ausgabe vom 22.12.1957.

26 Zitiert nach einem Rundschreiben von Otto Dibelius an die Berlin-Brandenburgische Pfarrerschaft vom 13.12.1957.

27 »Der Spiegel« 36/1958, Artikel: Zonenflucht – Ein Stalingrad der Kirche.

die Kirche zwinge ihre Pastoren zum Bleiben wie im Kessel von Stalingrad. Asmussen:[28]

> »Nicht Aushalten um jeden Preis ist die kirchliche Parole! Sie ist komplizierter. Dem kommunistischen Gehorsam um jeden Preis darf unter keinen Umständen ein kirchenregimentlicher Gehorsam um jeden Preis entgegengesetzt werden [...] Der Pfarrerflucht kann nicht Einhalt geboten werden, wenn man ein kirchliches Stalingrad inszeniert.«

Die Debatte fand vor allem auch eine innerkirchliche Fortsetzung. Auch für Johannes Hamel wurde das Thema »Weggehen oder Bleiben« zu einer Kernfrage seiner theologischen Arbeit. Und: hier gibt es eine weitere Beziehungsbrücke zu Karl Barth.

Zwei junge provinzsächsische Pfarrer, Friedemann Goßlau[29] und Reinhard Carstens,[30] hatten sich in einem längeren Schreiben, welches per Kurier vermittelt worden war, an Karl Barth gewandt. Darin werden die Themen »Loyalitätserklärung« und »Pfarrerflucht« expressis verbis angesprochen. Karl Barth antwortet mit einer kleinen Broschüre, die in der DDR nie erscheinen durfte, aber sehr oft abgeschrieben und vervielfältigt worden ist. Auch für Johannes Hamel wurde dieser Text zu einer wichtigen Argumentationsbasis, die er seinen Studenten immer wieder vorlegte. Karl Barth zu den angesprochenen Fragen:[31]

> Frage: »Kann man dem Staat der DDR angesichts der ihm inhaerierenden Gefahren die von ihm gewünschte Loyalitätserklärung geben?
>
> Antwort: [...] ›Loyalität‹ dieser [durch die Verfassung der DDR beschriebenen staatlichen Ordnung, A.N.] Ordnung gegenüber heißt [...] ehrliche Willigkeit ihren *Bestand* zu anerkennen und sich ihr – vielleicht unter Voraussetzung, aber

[28] Zitiert nach »Der Spiegel« 36/1958.

[29] Pfarrer Friedemann Goßlau, geboren Frankfurt am Main 13.04.1929, ordiniert 22.05.1955, 1955–1956 Hilfsprediger in Wanzer, 1956–1965 Pfarrer ebendort, 1965–1993 1. Pfarrer St. Servatii Quedlinburg, emeritiert 1.6.1993 (Quelle: Pfarrerbuch der KPS).

[30] Superintendent Reinhard Carstens, geboren Bremen 05.08.1927, ordiniert 22.05.1955; 1955–1960 Hilfsprediger, später Pfarrer (1956) in Erxleben b. Osterburg, 1960–1967 2. Pfarrer Tangermünde, 1967–1975 2. Pfarrer und Superintendent St. Stephani Aschersleben, 1976–1989 1. Pfarrer St. Petri u. Superintendent Stendal, emeritiert 1989 (Quelle: Pfarrerbuch der KPS).

[31] Karl Barth, Brief an einen Pfarrer in der Deutschen Demokratischen Republik, Zollikon 1958, Zitate: 30-31 und 40-41. (Hervorhebungen im Original).

unter praktischer Zurückstellung gewisser Bedenken (angesichts der ihr ›inhaerierneden Gefahren‹) – *einzuordnen.* ›Loyalität‹ heißt nicht Gutheißung der dieser Ordnung zugrunde liegenden Ideologie. Und ›Loyalität‹ heißt nicht Gutheißung aller und jeder Maßnahmen der faktischen Träger und Repräsentanten dieser Ordnung. ›Loyalität‹ schließt den Vorbehalt der Gedankenfreiheit gegenüber der Ideologie, aber auch den Vorbehalt des Widerspruchs, eventuell des Widerstandes gegen bestimmte Explikationen und Applikationen einer vorgegeben Staatsordnung in sich. Es gibt auch so etwas wie eine loyale Opposition.«

Frage: »Republikflüchtige Pfarrer werden in der Regel des Amtes enthoben. Widerspricht diese Anwendung rechtlicher Gewalt nicht dem Wesen einer rechten Kirche, deren Chance darin besteht, sich qualitativ von den Mitteln des Staates zu unterscheiden? Ist die Ausübung des Disziplinarrechtes in diesem Fall ein legitimer Weg die Kirchenzuchtgewalt der Gemeinde wahrzunehmen?

Antwort: ›Republikflucht‹ eines Pfarrers wird doch wohl praktisch immer heißen, dass er eine Gemeinde, die ihm ja bei solcher Flucht nicht folgen kann, nach eigenem Gutdünken im Stich lässt. Es mag Fälle geben, in denen sich das menschlich verstehen und insofern entschuldigen lässt. Aber auch dann ist solches Tun doch wohl gleichbedeutend damit, dass der Mann sich seines Amtes enthoben hat. [...] Wer dort [...] die DDR, d.h. seine Gemeinde verlässt, kann doch wohl weder vor den Menschen noch vor Gott in Anspruch nehmen, nach wie vor den Charakter eines Pfarrers und die allenfalls mit diesem verbundenen Rechte zu besitzen.«

Karl Barths »Brief« fand nicht ungeteilte Zustimmung bei den Lesern in der DDR. Als Beispiel sei hier ein Auszug aus dem Bischofsbricht von Johannes Jänicke im Frühjahr 1959 zitiert:

»Es ist schon etwas schlimmer, als es Karl Barth in seinem sonst so tröstlich zusprechenden ›Brief an einen Pfarrer in der DDR‹ zeichnet. Man treibt es mit dem kämpferischen Atheismus nicht nur recht ›arg‹, wie Karl Barth meint, sondern wir erleben es täglich vor unseren Augen, wie Menschen der Glaube aus dem Herzen gerissen wird, wie die Angst sie zu verleugnen treibt, wie die Bewußtseinsveränderung unter dem Trommelfeuer der ausschließlichen Propaganda des atheistischen Materialismus fortschreitet. Gewiß ist Gott größer als unser Herz, und gewiß bleibt der Herr Christus der Sieger, der nach allen Siegen der Ideologien Seinen Sieg offenbar machen wird. Aber wir haben es ja einfach vor Augen, wie Menschen unter den Bannkreis der Mächte geraten, in welchem Gott keinen Raum mehr haben soll. Es wäre nicht verantwortlich für eine Kirche, hier

> gelassen zuzuschauen und es bei der tief im Herzen wohnenden Zuversicht auf die Totalität des Sieges Christi bewenden zu lassen.«[32]

Der später als einer der besten Barth-Kenner und Rezipienten bekannte Theologe Wolf Krötke[33] berichtet davon, dass ihn damals getröstet habe, dass Karl Barth in seinem Brief der heftige Lapsus unterlaufen sei, neben den ostdeutschen Landsleuten auch die Pfarrer im Warthegau[34] zu grüßen. So genau kannte sich Barth also doch nicht mit der Situation in der DDR aus.

Im zeitlichen und vor allem im thematischen Zusammenhang damit stehen nun die beiden bekannten Schriften Johannes Hamels zum Leben der Christen in der DDR, die 1957 und 1959 in der »unterwegs-Reihe«[35] erschienen sind. Auch für sie gilt: In der DDR durften sie nie gedruckt werden. Hier spricht einer, der die Situation der DDR nun sehr genau kennt. Hamels Texten kommt das Verdienst zu, eine Analyse der inneren Befindlichkeit der Christen vorzulegen, die bis zum Ende der DDR Geltung beanspruchen konnte. Er hat mit großer Klarheit die Lage von Christen in einer Diktatur beschrieben und schon damals auf eins der am weitesten verbreiteten DDR-Phänomene verwiesen: die Haltung der äußeren Anpassung bei innerer Ablehnung.

> »Fragen wir [...] nach dem Weg der Christenheit in der DDR, soweit die einzelnen Christen ihn zu gehen haben. Hier zeigt sich nach unserer Meinung ein merkwürdiger Tatbestand:
>
> Sieht man nämlich auf die zur Kirche sich haltenden Personen und überdenkt die Gespräche mit ihnen, so stellt sich heraus, daß ihr Weg seltsam unabhängig von den Linien verläuft, die in den Kanzelabkündigungen und Erklärungen der

---

[32] Johannes Jänicke, Bericht des Bischofs D. Johannes Jänicke auf der 4. Tagung der III. Synode, Wittenberg, Paul-Gerhardt-Stift, am 9.3.1959, zitiert nach: Harald Schultze (Hg.), Berichte der Magdeburger Kirchenleitung zu den Tagungen der Provinzialsynode 1946-1989 (AKIZ A 10), Göttingen 2005, 77.

[33] Vgl. Wolf Krötke, Karl Barth als theologischer Gesprächspartner. Persönlich akzentuierte Erfahrungen zwischen Ost und West mit einer herausfordernden Theologie [öffentlicher Vortrag anlässlich einer Tagung der Karl Barth-Gesellschaft in Münster am 19.06.2010], in: ders., Karl Barth und der »Kommunismus«. Erfahrungen mit einer Theologie der Freiheit in der DDR, Zürich 2013, 21-58, hier 39-40.

[34] Barth, Brief, 44 schreibt in seinem Text: »sehr weit weg von den Städten, Dörfern und Feldern in der Mark, in Pommern, im Warthegau, in Thüringen, Sachsen und den anderen Landen, in denen Sie [die Pfarrer in der DDR, A.N.] und Ihre Brüder zu arbeiten, zu ›widerstehen‹, zu leiden haben!«

[35] Johannes Hamel, Christ in der DDR (unterwegs 2), Berlin 1957 und ders., Christenheit unter marxistischer Herrschaft (unterwegs 7), Berlin 1959.

Kirchenleitungen sichtbar werden. Ihr Weg ist bestimmt durch eine äußere Angleichung und durch innere Ablehnung, sofern er nicht überhaupt aus der DDR hinausgeführt hat oder hinausführt. Wer sich jener äußeren Angleichung an das System widersetzt, gilt als ein leichtsinniger Narr oder weltfremder Dummkopf. Wer andererseits gegen die innere Abwendung die Feindesliebe Gottes predigt – der für die Gottlosen seinen Sohn dahin gegeben hat – und diese Predigt praktiziert, erntet Ablehnung, Mißtrauen oder gar Empörung.«[36]

Es war die von Johannes Hamel immer wieder geforderte Freiheit von Hass und von Furcht den Mächtigen gegenüber, die auch bei diesen selbst große Verunsicherung auslöste. Sie werden als Regierende angesprochen, die ihre Macht von Gott haben und auch als solche zu ehren sind. Denen man andererseits aber furchtlos entgegen zu treten habe und die kräftig an ihre Verantwortung vor Gott und den Menschen zu erinnern sind.

»Von diesem Tatbestand aus fragen wir, wie die Kanzelabkündigungen, Synodalerklärungen usw. bei den Hörern ankommen. Wo die Worte dazu aufrufen, ohne Menschenfurcht auch dem allgemeinen Zuge der Zeit entgegenzuhandeln, werden sie durch die Macht der erzwungenen Angleichung zunichte gemacht. Ein solcher Aufruf – in der Tat aus der Erkenntnis des freien Evangeliums – wird in die kleine Münze des Alltags umgesetzt. Dagegen wird die innere Ablehnung durch diesen Teil der kirchenamtlichen Erklärungen bestärkt und scheint nun gerade gerechtfertigt: Der Kirchenmensch stellt beruhigt fest, daß – dankenswerterweise – die ›Kirche nicht mitmacht‹. Reden dagegen die Abkündigungen von der erhaltenden Fürsorge Gottes, die sich auch in der Gestalt unserer Verwalter der Macht erweist, reden sie von der Ehrerbietung, die wir ihnen schulden, der Freiheit von Haß und Furcht ihnen gegenüber, so stößt diese Verkündigung auf die innere Aversion. Sie scheitert gerade in ihrem evangelischen Gehalt, während die Haltung jener scheinbaren Angleichung davon nicht berührt wird. Die Kirchenleitungen gleichen also einem Offizierskorps, dessen Vorstöße zwar den Beifall der zurückbleibenden Mannschaften finden, ohne diese jedoch zur Teilnahme an dem Angriff zu bewegen.«[37]

Gerade die zuletzt genannte Erfahrung blieb nicht ohne Auswirkungen auf die Kirchenleitungen selbst. Sie standen in der Gefahr, immer stiller zu werden und zu resignieren. Das war Johannes Hamel deutlich, akzeptiert hat er es nicht. Er verlangte, dass die Kirche zum »konkret unterscheidenden Handeln« anzuleiten habe. Damit sollte die über uns gesetzte Obrigkeit »in ihrem

36 Hamel, Christ in der DDR, 9.

37 Hamel, Christ in der DDR, 9.

Selbstverständnis« ernst genommen werden, ohne in ein »Bekenntnis zur DDR« zu verfallen. Der Christenmensch habe jeden Tag neu zu entscheiden, wo er aus seinem Glauben heraus zustimmen kann und wo er sich verweigern muss. Das bedarf genauer Anleitung und Entscheidungshilfe. Diese wurde vor allem in »Handreichungen«[38] und Kanzelabkündigungen zu geben versucht. Die all diesen Überlegungen zu Grunde liegende theologische Einsicht lässt sich auf einen Satz bringen: Wenn Jesus Christus der Herr der Welt ist, dann ist auch die DDR kein gottverlassenes Land. Hier ist die Nähe zur theologischen Einsicht Karl Barths unmittelbar hergestellt. Hamels Texte sind ein unmittelbarer Beitrag zu der in diesen Jahren geführten »Obrigkeitsdebatte«.

Diese Debatte nahm Fahrt auf, als der Hamburger Professor Helmut Thielicke in der Wochenzeitschrift »Die Zeit« im Januar 1959[39] seinen Beitrag »Ist die Ulbricht-Regierung Obrigkeit?« veröffentlichte, und fand ihren Höhepunkt in der Auseinandersetzung zwischen Martin Fischer und Otto Dibelius, die dann ihren öffentlichkeitswirksamen Niederschlag im »Spiegel« gefunden hat.[40]

»Der Spiegel« griff öffentlich auf, was vorher eher im Verborgenen geblieben war: im Jahr 1959 wurden zwei bedeutende Personen 60 Jahre alt: Bischof Hanns Lilje (* 20.8.1899) in Hannover und Gustav Heinemann (* 23.7.1899) in Bonn. Beiden wurde eine Geburtstagsschrift zugeeignet. Die eine veröffentlichte Bischof Otto Dibelius unter dem Titel »Obrigkeit?«[41], als harsche Reaktion auf die andere Schrift, die Prof. Martin Fischer Gustav Heinemann

---

38 In den Jahren 1957 und 1959 verhandelte die Synode der EKU ausführlich über solche »Handreichungen«, vgl. Verhandlungen der ordentlichen Synode der Evangelischen Kirche der Union, 4. Tagung vom 1. bis 6. Dezember 1957, Berlin 1958, 179ff.: Der Synode waren vier Texte vorgelegt worden: »1. Ein Wort, wie wir Christen uns zu unserem Staat verhalten sollen, 2. Ein Wort zum Weg unserer Kirche in der DDR, 3. Ein Wort an die Kirchenleitungen der Gliedkirchen. Dabei haben die Ausarbeitungen von v. Bismarck und das Büchlein von Hamel helfenden Dienst getan [...] 4. ein Wort über den Mißbrauch der Macht.« Vgl. weiter: Verhandlungen der 2. ordentlichen Synode der Evangelischen Kirche der Union, 1. Tagung vom 8. bis 13. Februar 1959, Berlin 1959, 239ff.: »Handreichung über das Evangelium und das Christliche Leben in der DDR«. Dieses Votum der EKU wurde im Frühjahr 1959 hektographiert veröffentlicht. Auch die VELKD hat eine »Handreichung« verabschiedet: Der Christ in der DDR. Handreichung der Vereinigten Evangelisch-Luherischen Kirche Deutschlands vom 3.11.1960, hg.v. Lutherischen Kirchenamt. Auch abgedruckt: KJ 87 (1960), 238-255.

39 Helmut Thielicke, Ist die Ulbricht-Regierung Obrigkeit? in: DIE ZEIT vom 23.1.1959.

40 Vgl. »Der Spiegel« 39/1959, 22ff.

41 Otto Dibelius, Obrigkeit? Eine Frage an den 60-jährigen Landesbischof [Hanns Lilje], Privatdruck Berlin 1959.

unter dem Titel »Obrigkeit« gewidmet hatte.[42] Martin Fischer – in großer theologischer Nähe zu Johannes Hamel – zieht eine nüchterne Bilanz:[43]

> »Solange unter einer noch so schlimmen Obrigkeit Predigt des Wortes Gottes im Schwange ist, solange ist nicht alles zu Ende. Ist aber die Predigt unterdrückt, die Kirche verfolgt, dann gebietet der Herr Christus ›hebt eure Häupter, darum dass eure Erlösung naht.‹ [...] Spätestens im Jüngsten Gericht wird an den Tag kommen, zu wem Gott gestanden hat. [...] Dies zu wissen bringt in den Stand einer hohen Freiheit.«

Als praktische Folgerung aus dieser theologischen Position gibt er an:

> »Es ist keine gute Sache, wenn man sich dessen rühmt und es für politischen Erfolg hält, daß Ärzte aus der DDR die Flucht ergreifen und nach dem Westen gehen. [...] Mag mancher gehen müssen; der, der bleibt wird nicht bleiben als einer, der grundsätzlich Sabotage treibt. Sondern der, der bleibt wird weiter dafür sorgen, daß die Städte beliefert werden mit den notwendigen Lebensmitteln, daß Kranke Pflege finden, daß die Autos rechts fahren und nicht wie sie wollen.«

Dibelius hat sich über Fischers Obrigkeitschrift geärgert[44] und hält dagegen. Er fragt in seiner Schrift Bischof Lilje, wie das mit der Auslegung von Röm. 13 im Blick auf die DDR nun eigentlich sei. Dibelius gibt selbst die Antwort vor: Die DDR ist ein Unrechtsstaat durch und durch und kann nicht Obrigkeit sein im Sinne des Apostel Paulus. Dibelius:[45]

> »Es steht also nicht so, wie immer behauptet wird, daß auch in einem widerchristlichen Machtbereich ›ein Minimum von Recht‹ geschützt werde. In einem totalitären Bereich gibt es überhaupt kein Recht im christlichen Sinn des Wortes.«

---

[42] Martin Fischer, Obrigkeit. Gustav W. Heinemann zum 60. Geburtstag, Berlin 1959.

[43] Fischer, Obrigkeit.

[44] Otto Dibelius am 27.7.1959 an Martin Fischer: »Mein lieber Bruder Fischer! Ihr Büchlein über Obrigkeit ist mir vom Verlag zugegangen. Ich würde mich gerne dafür bedanken. Aber – ich kann es nicht! Das Büchlein hat mich sehr traurig gemacht! Natürlich haben Sie das Recht subjektive Darstellungen in die Welt hinauszuschicken. Und wenn der Anlass dazu der Geburtstag eines speziellen Gesinnungsfreundes ist, wird man doppelt gern bereit sein, über dasjenige hinauszugehen, was einen befremdet. [...]«

[45] Dibelius, Obrigkeit?, NA in: Herbert Mochalski / H. Werner (Hg.), Dokumente zur Frage der Obrigkeit. Zur Auseinandersetzung um die Obrigkeitsschrift von Bischof Otto Dibelius [Violett-Buch], Darmstadt 1960, 21-31a, Zitat: 28.

Er geht dann soweit – was auch für viel Spott gesorgt hat – zu sagen: Ein Christ braucht sich in seinem Gewissen nicht an die Verkehrsregeln in der DDR gebunden fühlen, weil sie von einem Unrechtsstaat aufgestellt worden sind. Die Folge wäre die Forderung an Christen gewesen: Geht in den Untergrund oder wandert aus.

Das Spektrum der Positionen zur Frage um die Obrigkeit wäre unvollständig beschrieben, wollte man nicht auch vom »Christlichen Bekenntnis zur DDR« (so eine Zeitungsüberschrift am 10.02.1961, nach Übergabe von 32.000 Unterschriften von Christen der DDR an Walter Ulbricht als Ausdruck ihrer Zustimmung zur Politik des sozialistischen Staates) reden. Diese Position erhielt kirchenamtliche Bestätigung durch den »Thüringer Weg« Bischof Moritz Mitzenheims. Staatlicherseits wurde dieser Weg nicht nur mit Orden und Ehrendoktorwürden, sondern auch – so jedenfalls die offizielle Lesart – mit der Erlaubnis der Westreisen von Rentnern und der Aufstellung von (waffenlosen) Baueinheiten in der Volksarmee honoriert. Diese Position der Anpassung an die DDR-Verhältnisse wurde allerdings kaum von der Pfarrerschaft vertreten. Gemeindeglieder haben sie oft praktisch im Alltag gelebt, aber im Grunde ihres Herzens doch Dibelius Recht gegeben. Hamels und Fischers Position »zwischen Anpassung und Verweigerung« hat Hamel selbst gern mit dem Bonmot seines Mitsynodalen Heinrich Vogel beschrieben: »Der Weg der Kirche geht zwischen Dibelianismus und Mitzenheimerei mitten hindurch.«

Hamel und Vogel[46] setzen sich bewusst mit Dibelius und Mitzenheim auseinander. Hamel legt Dibelius sogar den Rücktritt nahe:[47]

> »Ich habe Ihre beiden Schriftchen manchen Bekannten vorgelegt, Alten und Jungen, aus allerlei Richtungen und Anschauungen stammend. Sie hatten alle den gleichen Eindruck wie ich: hier wird eine Grenze sichtbar, die auch Ihnen, sehr verehrter Herr Bischof, bei all Ihrer Energie, Treue und Begabung gesetzt ist [...].«

---

46 Heinrich Vogel an Otto Dibelius im Januar 1960: »Warum reden Sie so, dass die Leute nach Hause gehen können mit der Befriedigung: ›Er hat es ihnen aber wieder mal ordentlich gegeben‹ – und hinter geschlossenen Türen ingrimmig flüstern: ›Und recht hat er doch?!‹ Und wenn Sie hundertmal recht hätten, was doch in vielem was Sie behaupten nicht der Fall ist, so ist es nicht das Evangeliumsrecht, das hier auf ihrer Seite ist. [...] Die Art und Weise, wie unter den Vorzeichen kirchlichen Frontdenkens, den Atheisten die Wahrheit gesagt wird, ist mehr geeignet, Verstockung zu wirken als Erweckung.« Heinrich Vogel, Offener Brief an die Synode von Berlin-Brandenburg und an den Herrn Bischof D. Dr. Dibelius, in: Mochalski / Werner (Hg.), Violett-Buch, 105-116, Zitat: 107.

47 Johannes Hamel, Brief an Bischof Dibelius vom 3.10.1959, in: Mochalski / Werner (Hg.), Violett-Buch, 32-37, Zitat: 37.

5. Vom »Bleiben« in der DDR

Hamels Position zur Frage des Weggehens aus der DDR wird noch einmal besonders deutlich in den drei Beschlüssen der EKU-Synode vom November 1960, gewissermaßen auf dem Höhepunkt der Republikflucht, ein knappes Jahr vor dem Mauerbau. Die Flüchtlingszahlen wuchsen stark an, um dann, im Sommer 1961, ihren Höhepunkt zu erreichen. Immer noch war es möglich, die DDR über Westberlin »legal« zu verlassen, es war also eine Entscheidungssituation gegeben. Die Kirche wollte Gemeindegliedern für diese Entscheidung das Gewissen schärfen. Das war die Situation zum Zeitpunkt der EKU-Synodaltagung im November 1960. Die Synode entschloss sich, den entsprechenden, für die »Handreichung« zum Leben der Christen in der DDR vorgesehenen Teil, vorab gesondert zu verabschieden und als Kanzelabkündigung an die Gemeinden zu geben. Gleichzeitig wurden eine Kanzelabkündigung für die Gemeinden im Westteil der EKU und ein Brief an die Regierung der DDR verabschiedet, der in großer Klarheit die Gründe für die Republikflucht benennt. Die Texte (Kanzelabkündigungen und Brief) sind zwar im Synodalausschuss beraten, aber von Johannes Hamel im theologischen und politischen Inhalt und im sprachlichen Duktus verfasst. Das Plenum der Synode hat darüber in geschlossener Sitzung beraten und beschlossen.

An die Gemeinden im Osten:[48]

> »Der Herr spricht: ›Wer sein Kreuz nicht auf sich nimmt und folgt mir nach, der ist mein nicht wert.‹ [...] Auch in der Deutschen Demokratischen Republik will Gott alle die überreich segnen, die sein Urteil auf Golgatha als ihr alleiniges Heil annehmen und darum, wenn es sein muss, in Verzicht und Leiden dem Gekreuzigten willig nachfolgen.
>
> Wer meint, Gott müsse ihm ein gutes Leben garantieren, und wer die Last seines Lebens nur mit Murren trägt oder eigenmächtig abschüttelt, geht von seinem Erretter weg.«

An die Gemeinden im Westen:[49]

[48] Wort der Synode der Evangelischen Kirche der Union an die an die Gemeinden ihrer Gliedkirchen in der Deutschen Demokratischen Republik vom November 1960, in: KJ 87 (1960), 271-273.

[49] Wort der Synode der EKU an die Gemeinden ihrer Gliedkirchen im Rheinland, Westfalen und West-Berlin, in: KJ 87 (1960), 273-274.

»Wir bleiben fest in der brüderlichen Liebe, indem wir, die wir nicht in der DDR leben, die Gemeinden und Brüder dort in ihrer ganz anderen Lage ernst nehmen, sie nicht mit unseren politischen Maßstäben messen, von ihnen nicht erwarten, dass sie sich so verhalten wie wir, weil sie das nicht können, es auch nicht dürfen, wenn sie dem Evangelium gehorsam bleiben wollen. Wissen wir im Westen eigentlich, wie sehr wir oft durch unser leichtfertiges und abfälliges Urteilen den Menschen in der DDR ihr Leben und Bleiben erschweren?«

Brief an den Ministerpräsidenten:[50]

»Unser Ruf zum Bleiben in der DDR verpflichtet uns, in dieser Lebensfrage unseres Volkes für viele Menschen einzutreten, die in Angst und Sorge geflohen sind oder sich mit Fluchtgedanken tragen. [...] Wir denken vielmehr an die vielen redlichen und bis zuletzt in ihren Berufen in der DDR fleißig und treu mitarbeitenden Männer und Frauen, sowie an die Jugendlichen, die nicht gern, oftmals traurig und verzweifelt, ihre Heimat, ihren Arbeitsplatz, ihre Verwandten und Bekannten, ihre Wohnung und ihr Eigentum verlassen. Die gegenseitige Propaganda missbraucht oder entstellt die eigentlichen Gründe der verhängnisvollen Fluchtbewegung.«

Die Kanzelabkündigung, die für den 1. Advent, den 4.12.1960, für die Gemeinden in den EKU-Kirchen in der DDR vorgesehen war, wurde erst am 2.12. an die Gliedkirchen in aufwändiger Aktion verteilt. Gleichzeitig wurde der Brief an Ministerpräsident Grotewohl mit der Kanzelabkündigung im Anhang durch Boten überbracht.

Was dann in den wenigen Stunden bis zum 1. Adventssonntag geschah, hat Johannes Hamel oft ausführlich und eindrücklich geschildert.[51] Es beleuchtet die besondere Position Johannes Hamels wohl in einer ganz speziellen Weise: Nicht wenige Pfarrer waren empört darüber, wie die Kirche so eindringlich zum Bleiben in der DDR raten könne. Manche Pfarrer und teilweise ganze Konvente haben sich schlicht geweigert, die Kanzelabkündigung zu verlesen. Etliche wiederum bekamen im Verlauf des Samstags Besuch von staatlichen Vertretern, die ihnen unter Androhung von Strafe das Verlesen der »staatsfeindlichen« Kanzelabkündigung untersagen wollten. Das hat

---

50 Brief der Synode der Evangelischen Kirche der Union an den Ministerpräsidenten der DDR Otto Grotewohl vom November 1960, in: KJ 87 (1960), 274-275. vgl. Günter Heidtmann (Hg.), Hat die Kirche geschwiegen? Das öffentliche Wort der evangelischen Kirche aus den Jahren 1945-1964, Berlin ^{3}1966, 327-335.

51 Hamel, Reminiszenzen, 13-15

dann dazu geführt, dass einige Pfarrer die Kanzelabkündigung nun gerade in die Gottesdienste einbezogen haben.

6. Die »Zehn Artikel«, die Gründung des Kirchenbundes und die Regionalisierung der EKU

Die bekannten *Zehn Artikel über Freiheit und Dienst der Kirche*[52], die im März 1963 von der Kirchlichen Ostkonferenz, also nicht allein von den Kirchen der EKU, verabschiedet worden waren, stellen – chronologisch betrachtet – eine letzte verbindende Brücke zwischen Johannes Hamel und Karl Barth her. Wie schon die Kanzelabkündigung zum Bleiben in der DDR gehen auch diese Artikel, die als »die der Kirche heute in Auslegung von Schrift und Bekenntnis gegebene Wegweisung« verabschiedet wurden, letztlich auf einen Vorentwurf zur EKU-Handreichung zurück.

Der Theologische Ausschuss der EKU war zu der Überzeugung gelangt, »dass eine theologische Grundsatzentscheidung zu den Problemen der Gegenwart«[53] nötig sei. Und so wurde auf der Grundlage des Abschnittes B 4 der Handreichung – wiederum unter Federführung von Johannes Hamel – eine Vorlage mit dem Titel: »Dienst und Freiheit der evangelischen Christenheit in der DDR« erarbeitet. Es schlossen sich Verhandlungen in mehreren Ausschüssen an. Bis zur Verabschiedung durch die Kirchliche Ostkonferenz im März 1963 war nicht nur der Titel verändert und im Duktus »umgedreht« worden, es war auch der wichtigste Verfasser, Johannes Hamel, aus der Arbeit ausgestiegen.

> »An der ersten Sitzung habe ich noch teilgenommen: Die Verschiedenheit der Geister und die Unklarheit über das, was zu sagen und nicht zu sagen sei, verbunden mit dem Schock über den 13.8.61, ließen mich resignieren, ob das Unternehmen nötig und gut wäre; und so schied ich aus.«[54]

Die Zehn Artikel haben einen großen Bekanntheitsgrad erlangt, sind oft kommentiert, aber auch kritisiert worden. Die profundeste Kritik kam von Karl

---

[52] Zehn Artikel über Freiheit und Dienst der Kirche (verabschiedet von der kirchlichen Ostkonferenz am 08.03.1963), in: KJ 90 (1963), 181-185.

[53] Tätigkeitsbericht der Kirchenkanzlei der Evangelischen Kirche der Union für die Zeit von November 1960 bis Mai 1963, als Manuskript gedruckt, 14.

[54] Hamel, Reminiszenzen, 16.

Barth[55] und führte schließlich dazu, dass der – bis dahin ziemlich unbekannte – »Weißenseer Arbeitskreis« gewissermaßen »Gegenthesen« formulierte, die dann als »Sieben Sätze« unter dem Titel: »Von der Freiheit der Kirche zum Dienen«[56] bekannt wurden. Hier tritt nun auch wieder Hanfried Müller auf den Plan, der zum Weißenseer Arbeitskreis gehörte und ihn in späteren Jahren dominierte. Dass die *Sieben Sätze* eine andere Diktion haben als die *Zehn Artikel,* wird allein schon daran deutlich, dass es erlaubt wurde, sie in der DDR zu veröffentlichen[57], was für die *Zehn Artikel* niemals möglich gewesen ist. Über das Verhältnis der Zehn Artikel zu den *Sieben Sätzen* kam es zur öffentlichen Debatte mit einem ausführlichen Beitrag Johannes Hamels[58], auf den dann Albrecht Schönherr reagierte.[59]

Im Nachhinein ist das Ausscheiden Johannes Hamels aus der Ausschussarbeit wohl symptomatisch zu nennen. Langsam gewannen Positionen die Oberhand, die – durchaus auch »zwischen Dibelianismus und Mitzenheimerei« – standen, aber wesentlich pragmatischer wurden und besser in die Zeit zu passen schienen, die vor allem durch das Sich-Einlassen auf die Wirklichkeit der Welt gekennzeichnet waren. War dieser immer stärker werdende Pragmatismus zunächst den faktischen Umständen nach dem Mauerbau geschuldet, so bekam er bald Rückenstärkung durch die geistigen Umbrüche der 68er-Zeit. Plötzlich schien Johannes Hamel zu den »Alten« zu zählen und als unmodern zu gelten. Er wurde immer schwerer verstanden. Das haben auch seine Naumburger Studenten so empfunden.

Die Gründung des Bundes der Evangelischen Kirchen in der DDR[60] im Jahre 1968/69 wurde von Karl Barth nicht mehr miterlebt. Er war am 10.12.1968 gestorben.

---

55 Karl Barth, Theologisches Gutachten zu den Zehn Artikeln über Freiheit und Dienst der Kirche, in: KJ 90 (1963), 190-194.

56 Theologische Sätze des Weißenseer Arbeitskreises: Von der Freiheit der Kirche zum Dienen, in: KJ 90 (1963), 194-198.

57 Zum Hintergrund der Veröffentlichung der *Sieben Sätze* in der Mitarbeiterzeitschrift »Die Zeichen der Zeit« (Heft 1/1964) vgl. Jens Bulisch, Evangelische Presse in der DDR. Die »Zeichen der Zeit« (1947-1990) (AKIZ B 43), Göttingen 2006, hier 287-292.

58 Johannes Hamel, Kirche für die Welt – ein Abänderungsvorschlag zu den Zehn Artikeln, in: KiZ 19 (1964), 213-217. Gekürzt auch in: KJ 91 (1964), 200-205.

59 Albrecht Schönherr, Kirche in der Welt – Kirche für die Welt. Antwort an Johannes Hamel, in: KiZ 19 (1964), 479-483, auch in: KJ 91(1964), 205-212.

60 Vgl. Reinhard Henkys (Bearb.), Bund der Evangelischen Kirchen in der DDR. Dokumente zu seiner Entstehung (epd-Dokumentation 1), Witten 1970.

Die Vorgeschichte der Bundesgründung lief im Wesentlichen hinter verschlossenen Türen. In der Öffentlichkeit wird wohl immer das Abrücken der Kirchen in der DDR von der bekannten Fürstenwalder Erklärung vom April 1967 gesehen werden:[61]

> »Die Kirchen werden aufgefordert, ihre Einheit in der Evangelischen Kirche in Deutschland aufzugeben, weil sie sonst den Menschen, die in zwei entgegengesetzten Gesellschaftsordnungen leben, nicht mehr dienen könnten. Damit wird die Gesellschaftsordnung zur Herrin über den Christusdienst gemacht. Gerade dadurch wird der Christusdienst gehindert. Denn die Menschen sind in allen Situationen und Gesellschaftsordnungen einander darin gleich, dass sie Christus nötig haben.«

Der Bund wäre nicht zustande gekommen, wenn es nicht zu einer »Koalition« von eigentlich gegensätzlichen Positionen gekommen wäre. Es waren unterschiedliche Motive, die verschiedene Gruppierungen gemeinsam für die Gründung des Bundes votieren ließen. Stark vereinfacht lassen sich die »Koalitionspartner« mit den Namen ihrer Hauptakteure, Albrecht Schönherr und Moritz Mitzenheim, benennen:

Die Position Schönherrs war gekennzeichnet vom bewussten Annehmen der Situation, in die Gott seine Kirche in der DDR gestellt hatte. Es wurde nach der Gemeinschaft derer gefragt, die sich hier, in dieser so geprägten Gesellschaft, als Kirche Jesu Christi zum Zeugnis berufen und in den Dienst gestellt sahen.

Anders die Position Mitzenheims: Hier sollte vor allem – durchaus im Interesse der Kirche und ihrer Arbeitsmöglichkeiten – der staatlichen Forderung nach Abtrennung der Kirchen der DDR von der gesamtdeutschen EKiD entsprochen werden. Immer wieder, schließlich sogar von Albrecht Schönherr, wurde Mitzenheims Satz, dass die Staatsgrenzen der DDR »auch die Grenze für die kirchlichen Organisationsmöglichkeiten« bilden, zitiert.[62] Johannes Hamel hat das mit nicht zu überbietender Klarheit kritisiert, allerdings - aus Loyalität seiner Kirchenleitung gegenüber - nicht in der Öffentlichkeit.

---

[61] Erklärung der in Fürstenwalde versammelten Mitglieder der Synode [der EKD] zur Einheit der Evangelischen Kirche in Deutschland, in: KJ 94 (1967), 27-29.

[62] Interview des Evangelischen Nachrichtendienstes in der DDR mit dem Vorsitzenden der Strukturkommission, Bischofsverwalter Albrecht Schönherr vom 15.1.1969, zitiert nach: Henkys (Bearb.), Bund, 127-134.

In einem Brief an seine Kirchenleitung der Evangelischen Kirche der Kirchenprovinz Sachsen schrieb er wenige Wochen nach der Gründung des Kirchenbundes, am 29.06.1969:[63]

> »Den Weg in den Bund der Ev. Kirchen in der DDR halte ich für eine verhängnisvolle Fehlentscheidung, vergleichbar der Gründung der DEK [Deutsche Evangelische Kirche] 1933. Auch sie erfolgte s.Z. in größter Einmütigkeit aller Kirchenparteien und Leitungsgremien. Von den Gründern der DEK erkannten die einen ab 1934 diese Fehlentscheidung und gingen in ganz andere Richtung voran, die anderen resignierten oder versuchten, die ev. Christenheit organisatorisch und ideologisch zu pervertieren. Für meinen, sicher irrtumsfähigen Eindruck von der heutigen Situation sprechen m.E. folgende Fragen, auf die ich bis jetzt keine Antwort höre: [...].
>
> 3.) Wie konnte [...] den Gemeinden die harte Wahrheit nicht in aller Deutlichkeit mitgeteilt werden, dass mit der Gründung dieses Bundes - statt Regionalisierung der EKD - sich die Kirchen dem Druck und den Drohungen unserer Regierung beugen zu müssen meinten? [...]
>
> 8.) Wie konnte es ertragen werden [...], daß die Redeweise der halben Wahrheiten, die doch ganze Lügen sind, und der verhüllenden Zweideutigkeiten, die unsere Verkündigung und unseren Auftrag bei den Kindern der Welt diskreditieren und die ev. Christenheit verwirren, seit dem Januarinterview[64] weiter und weiter gebraucht wird, und zwar nicht mehr nur allein von Herrn Bischof Mitzenheim? [...] Kirchenleitungen und Synode haben sich einmütig bzw. mit ganz großer Mehrheit für den Bund entschieden. Wenn ich an das Verhalten etwa der Württembergischen Kirchenleitung 1934-1945 denke, so habe ich die Zuversicht, daß auch unsere Provinzialkirche unter Ihrer Leitung den Weg, der mit dem Communiqué 1958[65] begann und in diesem Jahr zu einem gewissen Ziel geführt hat, kraft des Evangeliums auch wieder verlassen und die zu erwartenden viel schwereren Entscheidungen in fröhlichem Gehorsam treffen wird.«

---

[63] Johannes Hamel, Brief an die Mitglieder der Kirchenleitung der Evangelischen Kirche der Kirchenprovinz Sachsen und des Propstkollegiums vom 29.6.1969, zitiert nach Gerhard Besier, Der SED-Staat und die Kirche 1969-1990. Die Vision vom »Dritten Weg«, Berlin 1995, 37-40.

[64] Gemeint ist das Interview von Bischof Albrecht Schönherr mit der Wochenzeitschrift »Die Kirche« (Januar 1969), zitiert nach: Henkys (Bearb.), Bund, 127-134. In diesem Interviewe wird in der Öffentlichkeit erstmals von einem »Bund Evangelischer Kirchen in der DDR« gesprochen.

[65] Gemeint ist das Kommuniqué vom 21.7.1958, Text: KJ 85 (1958), 144-146.

Mit dem Wechsel von Ulbricht zu Honecker in der Parteiführung änderten sich auch die Grundrichtungen die staatlichen Kirchenpolitik in wesentlichen Akzenten:

Hatte der DDR-Staat bisher versucht, Pfarrerschaft und Gemeindeglieder gegen die reaktionären Kirchenleitungen aufzubringen: Herausstellung der »Friedenspfarrer«, Gründung des Bundes evangelischer Pfarrer (1958) etc, so versuchte er nun zunehmend die eingeschüchterten, etwas resignierten Kirchenleitungen zu hofieren und dazu zu benutzen, Basisunruhe zu paralysieren und die aufkommenden Gruppen (Friedens-, Dritte-Welt -, Umwelt- und schließlich Menschenrechtsgruppen) zu disziplinieren.

Das ist – aus staatlicher Sicht – zwar beides nur sehr unzureichend gelungen, aber Johannes Hamel hat dennoch zunehmend Schwierigkeiten mit den sehr pragmatisch agierenden Kirchenleitungen. Das wird letztmalig deutlich an der Regionalisierung der EKU.

Johannes Hamel, der in EKD-Gremien nur selten aufgetreten war, engagierte sich vor allem und bis zuletzt in der EKU. Spötter zitierten ihn – mit nachgeahmten Barthschen Schweizer Dialekt – mit dem Satz: »Das Salz der Kirche ist die EKU!«

Auch wenn sich die EKU nach der Bundesgründung lediglich eine Gliederung der EKU in Bereiche (Beibehaltung der Einheit bei Gliederung der kirchenleitenden Organe in Bereichssynoden, Bereichsräte und Bereichskanzleien) und also keine Aufspaltung vornahm, so hat darunter Johannes Hamel besonders gelitten. Der staatliche, in der Presse forcierte Druck war enorm. Die lutherische Schwesterkirche, die VELKD, hatte sich gewissermaßen über Nacht auf einer Synodaltagung in Freiberg in Sachsen (Herbst 1968) einfach aufgetrennt. Johannes Hamel hat die Freiberger Synode niemals anders als eine »Räubersynode« bezeichnet.[66]

In der EKU wurde heftig und lange gestritten. Immer stärker polarisierten sich die Kräfte in der Synode. Sie wurden letztlich vor allem durch zwei Namen repräsentiert: Johannes Hamel und Hanfried Müller.

Entscheidend sollte die Tagung der Bereichssynode Ost in Magdeburg im Mai 1970 werden. Im Rückblick, zu einem Zeitpunkt, zu dem dann auch

---

[66] Beschluß der regionalen Tagung Ost der Generalsynode der Vereinigten Evangelisch-Lutherischen Kirche Deutschlands zum Kirchengesetz über die Vereinigte Evangelisch-Lutherische Kirche in der DDR vom 30.8.1968, abgedruckt in: KJ 95 (1968), 250-251.

schon die staatlichen Archive zu Kirchenthemen offen waren, berichtet Johannes Hamel über diese Tagung:[67]

> »Auf dieser Synode hatte ich – ohne die Hintergründe zu kennen, wie sie in der Anlage sichtbar werden – den Eindruck, daß eine Menge ›fremder Geister‹ wirkten, besessen von dem Willen, auch die EKU nach EKiD und VELKD zu spalten, angeführt von Hanfried Müller, der aber – im Unterschied zu allen bisherigen EKU-Synoden – diesmal nicht ein isolierter Einzelgänger war, sondern von Angehörigen der verschiedensten Richtungen und Gruppen Unterstützung bekam (Schönherr, Müller-Dessau, Ingeborg Becker, Jugendpfarrer Günther, Kupas u.a.m.). Leider wich das Präsidium der Synode vor der Forderung des Bezirksrates zurück und verhinderte die Beratung und Beschlussfassung über die Vorlage des Öffentlichkeitsausschusses. Kreyssig (der neben mir unter den Synodalen saß) und ich resignierten daraufhin und schwiegen, wofür ich keinen zureichenden Entschuldigungsgrund für mich anführen kann. Kreyssig dagegen wollte wohl nicht dem Nachfolger Waitz entgegentreten und bei Erfolg dessen Position als neu gewählter Präses gefährden. Er sah die Folgen der von ihm bekämpften Bundesgründung. Entgegen seinen Besorgnissen hat der eingesetzte Ausschuß an der Einheit der EKU festgehalten, wie auch an den gemeinsamen Tagungen des Rates und mehrerer Ausschüsse. In der Aussprache über die Teilung der EKU zugunsten ›der zu bauenden Kirche‹ in der DDR sagte Kreyssig leise zu mir: ›Die glauben offenbar, daß so Kirche gebaut wird.‹«

Bei einem seiner letzten großen öffentlichen Auftritte, bei der öffentlichen Anhörung zum Thema »Kirche« vor der Enquêtekommission des Bundestages im Jahr 1993, ging es wie ein Schock durch die Reihen, als der von der CDU-Seite als Zeuge geladene Johannes Hamel ausrief: »Ehre dem Andenken von Horst Sindermann!«[68] Horst Sindermann, langjähriger SED-Chef im Bezirk Halle, Mitglied im Politbüro und Volkskammerpräsident, hatte sich vorzeiten für die Entlassung des Dozenten Johannes Hamel aus dem Naumburger Oberseminar engagiert. Diesem Mann Ehre zu bezeugen, gründet in der großen Freiheit Johannes Hamels und diese in dem Wissen, persönlich von Christus befreit worden zu sein.

---

[67] Johannes Hamel, Postkarte vom 19.12.1993 an Vf., Original.

[68] Johannes Hamel, Die Auseinandersetzung um die Obrigkeitsfrage und das Staatsverständnis, in: Peter Maser (Red.), Materialien der Enquête-Kommission »Aufarbeitung von Geschichte und Folgen der SED Diktatur in Deutschland«, hg.v. Deutschen Bundestag, Bd. VI/1: Rolle und Selbstverständnis der Kirchen in den verschiedenen Phasen der SED-Diktatur, Baden-Baden 1995, 39-47.

Evangelisch-kritische Theologie und religionsloser Christusglaube

Hanfried Müllers Rezeption der Theologie Karl Barths

Matthias Gockel

Obwohl Karl Barths Werke in der Deutschen Demokratischen Republik von vielen Theologiestudierenden, ordinierten Amtspersonen und ›Laien‹ gelesen wurden,[1] ist die Rezeption seiner Theologie in der DDR ein bisher wenig erforschtes Thema.[2] Der Berliner Theologe Hanfried Müller (1925-2009) nimmt dabei aufgrund von zwei Faktoren eine Sonderstellung ein. Einerseits entwickelte er seine theologische Position in konstruktiver Hinsicht maßgeblich im Gespräch mit der Theologie Dietrich Bonhoeffers und blieb gleichwohl im Ansatz und in der Fragestellung durch Barths Denken beeinflusst. Besondere Aufmerksamkeit widmete er dabei der Aufgabe, in einer antifaschistischen und sozialistischen Gesellschaftsordnung »Wege zu neuem Christsein«[3] aufzuzeigen. Zum Zweiten bestand eine Übereinstimmung darin, dass auch Barth die antifaschistische und sozialistische Neuordnung Europas nach 1945 grundsätzlich befürwortete.[4] Allerdings stand Müller der Vorstellung

---

[1] Vgl. Gottfried Forck, Karl Barth und der Weg der Kirche in der DDR, in: Heidelore Köckert / Wolf Krötke (Hg.), Theologie und Christologie. Zum Werk und Leben Barths, Berlin 1988, 147-158, 147: es gebe »Aussagen Barths, deren Wirkung bis in die Entscheidungen von kirchlichen Arbeitskreisen und Synoden hinein zu verfolgen ist«. Laut H. Müller war diese Wirkung auf die EKU-Kirchen beschränkt. An den theologischen Fakultäten dominierte ein ›Anti-Barthianismus‹, der eine »deutschnationale Ablehnung Barths oft nicht ungeschickt durch Berufung auf religiös-sozialistische Aversionen gegen ihn ›salonfähig‹« machte. Hanfried Müller, Ein Brief, in: Peer Pasternack (Hg.), Hochschule & Kirche. Theologie & Politik. Besichtigung eines Beziehungsgeflechts in der DDR, Berlin 1996, 159-163, 163 mit Anm. 10.

[2] Vorausgesetzt wird im Folgenden Matthias Gockel / Martin Leiner, Kritik und Versöhnung. Karl Barth und die DDR, in: Martin Leiner / Michael Trowitzsch (Hg.), Karl Barths Theologie als europäisches Ereignis, Göttingen 2008, 79-119.

[3] Eberhard Bethge, Dietrich Bonhoeffer. Eine Biographie, Gütersloh ^{9}2005, 5.

[4] Vgl. dazu Gockel / Leiner, Kritik und Versöhnung, 83-94. Die christliche Gemeinde stehe »notwendig im Einsatz und Kampf für die soziale Gerechtigkeit« und habe dabei »zwischen den verschiedenen sozialistischen Möglichkeiten« zu wählen. Karl Barth,

eines Dritten Weges zwischen Ost und West, die Barth als Kontrapunkt zum grassierenden westeuropäischen (und nordamerikanischen) Antikommunismus vertrat,[5] kritisch gegenüber, da ihre geographische Anschaulichkeit für ihn verdeckte, dass es in erster Linie um sozio-ökonomische Widersprüche und um »revolutionären Fortschritt« oder »historischen Rückschlag«[6] ging. Dementsprechend entschied er sich bewusst und auch lebensgeschichtlich für den sozialistischen Weg, den er oft in komparativer Perspektive reflektierte. In dieser Perspektive besteht wiederum eine Ähnlichkeit zur Haltung Barths, dessen wichtigste Stellungnahmen zur DDR auch Vergleiche mit der Situation in der BRD beinhalten.

Im Mittelpunkt der folgenden Darstellung steht der erste Faktor.[7] Wir beginnen mit einer subjektiv gehaltenen biographischen Skizze, die Müllers kürzlich erschienene autobiographisch-gesellschaftlichen Betrachtungen[8] berücksichtigt und sich auf die formative Phase seiner theologischen Entwicklung bis 1964 konzentriert. Der zweite und dritte Abschnitt diskutieren Müllers an Bonhoeffer geschulte Prägung durch die Theologie Barths. Am Schluss steht ein Fazit, das drei Aspekte vertieft.

Christengemeinde und Bürgergemeinde (ThSt[B] 20), Zürich 1946, 27. Auch ein Bewusstsein des realexistierenden Klassenkampfes ist vorhanden. Vgl. das Resümee von Ulrich Dannemann, Theologie und Politik im Denken Karl Barths, München 1977, 242-243: Barth habe »zeit seines Lebens die in der westlichen Welt [...] herrschende Wirtschaftsordnung als ungerecht und unsozial« abgelehnt und formulierte seine Kritik des Kapitalismus mit einem klaren »marxistischen Einschlag«.

5 Vgl. Gockel / Leiner, Kritik und Versöhnung, 91-101.

6 Hanfried Müller, Stimme aus der Kirche während der konterrevolutionären Krise. Ein sehr persönlicher Rückblick, in: Weißenseer Blätter 3/2006, http://www.weissenseerblaetter.de/h03_06.htm (14.08.2014).

7 Der zweite Faktor ist geschichtspolitisch stark kontaminiert und bedürfte einer Untersuchung, die Müllers politische Option für den Sozialismus nüchtern analysiert.

8 Hanfried Müller, Erfahrungen – Erinnerungen – Gedanken. Zur Geschichte von Kirche und Gesellschaft in Deutschland seit 1945, Schkeuditz 2010. Das Buch ist insgesamt, mit wenigen Ausnahmen bei Abgrenzungen zum ›rechten Rand‹, im zurückhaltenden Stil verfasst. An der Praxis der Entnazifizierung nach den Bestimmungen des Potsdamer Abkommens kritisiert Müller, dass sie nur die NSDAP-Mitgliedschaft in den Blick nahm, aber die innere Einstellung, d.h. die Frage, »ob jemand bekennender oder ›deutscher‹ Christ gewesen sei« (139-140), überging. Für Vertreter einer kirchlich-theologischen ›Mitte‹, die Müller kritisch einschätzte, ist dennoch eine gewisse Offenheit erkennbar. So werden Günter Jacobs Verdienste beim gemeinsamen Bestreben, »die Berlin-Brandenburgische Kirche aus der Sackgasse herauszuführen, in die Dibelius sie getrieben hatte«, gewürdigt (91 mit Anm. 67).

1. Intellektuelle Autobiographie

Hanfried Müller wurde am 4.11.1925 in Celle (Niedersachsen) geboren und wuchs im Rheinland in einem evangelischen Milieu auf. In seinem Elternhaus begegnete ihm eine »hanseatische ›Fabrikherren-‹ und preußische Beamten-Mentalität« mit erkennbar konservativen Zügen, die der Ideologie und Politik der NSDAP ablehnend gegenüber stand und eine von der Aufklärung geprägte »*vor*-romantische [...] bürgerliche Solidität«[9] repräsentierte. Zu diesem Milieu gehörte auch die Kirche, allerdings »nur konventionell«, d.h. mit den Kasualien Taufe, Konfirmation, kirchliche Eheschließung und Beerdigung, aber »ohne Predigt, Gebet und Abendmahl.«[10] In einem Bibelkreis in Düsseldorf-Kaiserswerth begegnete Müller im Frühjahr 1942 dem Einfluss des Dahlemitischen Flügels der Bekennenden Kirche, der sich von den nationalistischen Strömungen im deutschen Protestantismus distanziert hatte.

Ende 1943 wurde Müller zum Wehr- und Kriegsdienst einberufen. Nach kurzer Kriegsgefangenschaft in Italien kehrte er im August 1945 nach Deutschland zurück. Den militärischen Sieg der Alliierten verstand er nicht nur als Befreiung vom Faschismus, sondern auch als Auftrag und Mahnung zur *Selbst*befreiung von »faschistischen Rückständen«[11] im eigenen Denken und Bewusstsein. Für ihn selber verlief dieser Prozess in drei Etappen und umfasste eine *kirchlich-theologische,* eine *politisch-demokratische* sowie eine *sozial-ökonomische* Befreiung. Auf der ersten Etappe wurde er durch die Schulddebatte innerhalb der evangelischen Kirchen geprägt und sah zwei gegensätzliche Positionen, einerseits eine »deutschnationale« Gruppe, die weiterhin einen »konservativen Klerikalismus« pflegte, andererseits einen »evangelisch-refomatorischen« Kreis, dem er sich verbunden fühlte.[12]

Von 1945 bis 1952 studierte Müller Evangelische Theologie in Bonn und Göttingen. Die wichtigsten Lehrer waren Karl Barth in Bonn (als Gastprofessor im Sommer 1946 und 1947) sowie Hans Joachim Iwand und Ernst Wolf in Göttingen. Barths Denken wurde für Müller zum »gleichsam klassischen

---

[9] Müller, Erfahrungen, 41.14.

[10] Müller, Erfahrungen, 15.

[11] Müller, Erfahrungen, 19.

[12] Hanfried Müller, Befreiung. Mai 1945: Erlebnis-Erinnerung-Geschichte, in: Weißenseer Blätter 1/2005, online: http://www.weissenseerblaetter.de/i01_05.htm (12.11.2014), 5-14, 10. Diese Wahrnehmung wurde von vielen bruderschaftlichen Theologen geteilt und war einer der Gründe für die Abfassung des Darmstädter Worts im August 1947. Vgl. dazu Hermann Diem, Restauration oder Neuanfang in der Evangelischen Kirche?, Stuttgart 1947.

Ausgangspunkt evangelisch-kritischer Theologie«.[13] Durch Iwand und Wolf entdeckte er die reformatorischen, d.h. anti-scholastischen und kirchenkritischen Schriften Martin Luthers, denen er zeitlebens verbunden blieb.[14] Während Müllers Studienzeit in Göttingen kam es zum endgültigen Bruch in der Anti-Hitler-Koalition, der sich bereits im Frühjahr 1946 mit Winston Churchills Fulton-Rede und der Einführung des Kampfbegriffs vom »Eisernen Vorhang« abgezeichnet hatte.[15] Diese Entwicklung wurde für Müller zum Anlass für die dritte Etappe auf dem Weg der Selbstbefreiung.

In Göttingen begann er in einem studentischen Arbeitskreis mit dem intensiven Studium marxistischer Texte, unter Anleitung des später in Westberlin lehrenden Soziologen Dietrich Goldschmidt (1914-1998).[16] Dabei gelangte er zu der Überzeugung, dass die marxistische Theorie keineswegs auf derselben Ebene wie der christliche Glaube steht. Der Marxismus war für ihn kein »Glaube« und das Christentum keine »Weltanschauung«. Diese Bestimmung wurde für Müllers Denken wegweisend. Mit ihr unterschied er sich von vielen damaligen Theologen, die in der geschichtlichen Perspektive der »Überwindung des gesellschaftlichen Klassenantagonismus«[17] eine Form eschatologischen Denkens endeckten und den Marxismus aus dieser Perspektive positiv oder negativ beurteilten.

Im Mai 1949 nahmen Müller und seine spätere Ehefrau, Rosemarie Streisand,[18] als Delegierte des Göttinger Arbeitskreises am III. Deutschen

---

[13] Hanfried Müller, Evangelische Dogmatik im Überblick I-II, Berlin ²1989, I, 26.

[14] Vgl. Müller, Erfahrungen, 47-54.

[15] Eine exemplarische Analyse der Anfänge des Kalten Krieges bietet Frank Kofsky, Harry S. Truman and the War Scare of 1948. A Successful Campaign to Deceive the Nation, New York ²1995.

[16] Müller bemerkt lakonisch: »Mein ›ML-Grundlagenstudium‹ begann also unter der keineswegs kommunistischen, aber überaus sachkundigen Regie eines linken Sozialdemokraten.« Müller, Erfahrungen, 65.

[17] Müller, Erfahrungen, 67.

[18] Rosemarie Streisand wurde am 11.8.1923 in Berlin geboren und lehrte von 1963 bis 1983 als Professorin für Kirchengeschichte an der Humboldt-Universität. Nach den Nürnberger Gesetzen von 1935 galt sie als »Halbjüdin«. Ihr Vater leitete ein wissenschaftliches Antiquariat in Berlin. 1939 musste er die Leitung niederlegen, blieb aber aufgrund seiner »privilegierten Mischehe« (die Kinder waren getauft) verschont. Die Mehrzahl seiner nicht-»privilegierten« Verwandten wurde von den Faschisten ermordet. Vgl. Müller, Erfahrungen, 40, und Max Kreutzberger (Hg.), Leo Baeck Institute New York, Bibliothek und Archiv: Katalog, Bd. I: Deutschsprachige jüdische Gemeinden, Zeitungen, Zeitschriften, Jahrbücher, Almanache und Kalender, unveröffentlichte Memoiren und Erinnerungsschriften (Schriftenreihe wissenschaftlicher Abhandlungen des Leo-Baeck-

Volkskongress in Berlin teil.[19] 1950 gründeten beide mit anderen Studierenden eine FDJ-Hochschulgruppe, die aber nur kurz existierte, da die FDJ in der BRD am 26.6.1951 verboten wurde. Bei der gesamtdeutschen Tagung der Kirchlich-Theologischen Arbeitsgemeinschaft (KTA) im Herbst 1950 kam es zum Eklat, als einige ostdeutsche »Brüder und Schwestern« wegen Müllers und Streisands FDJ-Mitgliedschaft die Teilnahme am Abendmahl verweigerten. Nach der Entfaltung eines Transparents mit der Forderung nach einer Volksbefragung über die drohende Remilitarisierung Westdeutschlands bei der Demonstration zum 1. Mai 1951 und den daraufhin eingeleiteten amtlichen Ermittlungen wegen ›schweren Landfriedensbruchs‹[20] eröffnete der Rektor der Göttinger Universität, Wolfgang Trillhaas, ein Disziplinarverfahren, das schwebend gehalten, d.h. weder zu Ende geführt noch eingestellt wurde und Müller die Ablegung des Fakultätsexamens sowie die angestrebte Dissertation unmöglich machte. Diese Situation veranlasste schließlich die Übersiedlung in die Hauptstadt der DDR im Herbst 1952. In der Evangelischen Kirche Berlin-Brandenburg konnte Müller dann das Examen ablegen.

Müller berichtet, dass er die ersten Jahre in der DDR als eine Zeit in »nahezu völliger politischer Isolierung« empfand und den Kontakt zu hohen politischen Funktionären suchte, um diese sowohl auf den »in sogenannten kirchlichen Kreisen« verbreiteten Antikommunismus als auch »auf allerlei Dummheiten von Staats- und SED-Organen in der Reaktion darauf«[21] aufmerksam zu machen. Nach einem Gespräch mit dem Staatssekretär des Innern wurde er von zwei Funktionären des Staatssekretariats für Staatssicherheit (SfS, später MfS) angefragt,[22] ob er zu einer Zusammenarbeit »für den Sozi-

---

Instituts 22), Tübingen 1970, 470 (Notiz zu: Hugo Streisand, Ein halbes Jahrhundert mit Büchern, Berlin 1951).

[19] Vgl. zur ausführlichen Schilderung Müller, Erfahrungen, 74-84. Die dritte Delegierte war Elisabeth Wendel. Insgesamt nahmen rund 1400 Delegierte aus der SBZ und 600 aus der Westzone an dem Kongress teil.

[20] Am 24.4.1951 hatte die Adenauer-Regierung die von der DDR-Regierung unterstützte Volksbefragung zur Remilitarisierung als verfassungswidrig (!) verboten und die westdeutschen Landesregierungen angewiesen, jede öffentliche Betätigung zugunsten der Volksbefragung zu unterbinden. Die drakonische Ahndung eines Transparents spiegelte das im Aufbau befindliche westdeutsche »System von Repression und Verfolgung«. Josef Foschepoth, Rolle und Bedeutung der KPD im deutsch-deutschen Systemkonflikt, in: Zeitschrift für Geschichtswissenschaft 56 (2008), 889-909, 904.

[21] Müller, Erfahrungen, 145.

[22] Laut Bericht des Unterleutnants Kullik vom 13.12.1954 zeigte Müller sich von Anfang an verständnisvoll und aufgeschlossen für das staatliche Anliegen. Vgl. Dietmar

alismus« bereit wäre: »›*Der Sozialismus*‹ erschien mir damals [...] zu sehr als eine Katze im Sack, und so einigten wir uns auf eine vertrauensvolle *Zusammenarbeit für den Frieden*.«[23] Die Zusammenarbeit bestand in vertraulichen Gesprächen, die laut Müller aber nicht als »›geheim‹ im Sinne von ›konspirativ‹« galten. Vielmehr hatten sie »den Charakter eines Meinungsaustausches Gleichberechtigter; es gab kein Verhältnis von Beauftragung und Auftragserfüllung, sondern allenfalls Verabredungen auf Gegenseitigkeit.« Außerdem fungierte Müller als Vertrauensperson in die andere Richtung. So wurde er »mehr als einmal von sehr prominenten Kirchenleuten aus dem In- und Ausland (Berlin / West eingeschlossen) gebeten, ihre Anliegen an die politische Entscheidungsebene der DDR heranzutragen.«[24]

Linke, Theologiestudenten der Humboldt-Universität. Zwischen Hörsaal und Anklagebank (Historisch-theologische Studien zum 19. und 20. Jahrhundert 3), Neukirchen-Vluyn 1994, 451. Müller kommentiert die Vorgänge aus seiner Sicht: »Daß ich mit dieser Vereinbarung unter die interne Bezeichnung ›IM‹ fiel, habe ich damals natürlich so wenig gewußt wie meines Wissens vor 1989 überhaupt irgend jemand außerhalb des Ministeriums. Ich hätte mich allerdings gegen diesen Begriff auch nicht gesträubt und tue das auch nicht nachträglich. [...] Für mich handelte es sich dabei um [...] eine *ehrenamtlich* wahrgenommene gesellschaftliche Tätigkeit ebenso zugunsten der Bürger- wie der Christengemeinde«. Nicht ohne Ironie fügt er hinzu: Was die »kirchenpolitische Faktenkenntnis betrifft, war das Verhältnis übrigens immer sehr einseitig: Die Gesprächspartner vom MfS wußten sehr viel mehr als ich, und so waren diesbezüglich sie der informierende und ich der durch sie informierte Teil. *In viel höherem Maße als umgekehrt waren sie meine inoffiziellen Mitarbeiter*.« Müller, Erfahrungen, 146 (Hervorh. vom Vf.).

[23] Müller, Erfahrungen, 146. Die Vereinbarung wurde offenbar am 3.11.1954 im Innenministerium (MdI) schriftlich bestätigt. Vgl. Linke, Theologiestudenten, 451. Im Oktober 1994 eröffnete die Staatsanwaltschaft Berlin ein Ermittlungsverfahren wegen »geheimdienstlicher Agententätigkeit«. Es wurde, wie in vielen vergleichbaren Fällen, eingestellt. Allerdings wurde Müller in den frühen 1960er Jahren von einem *west*deutschen Kulturfunktionär angefragt, ob er bereit wäre, »zur Vermeidung von Abenteuern der westdeutschen Ultras [d.h. ultra-nationaler Kreise] mit Engländern zusammen zu arbeiten«. Müller, Erfahrungen, 100 mit Anm. 72.

[24] Müller, Erfahrungen, 148. In diesem Zusammenhang distanziert Müller sich von Aussagen in Aktenunterlagen, die als Beauftragung zu Reisen ins westliche Ausland verstanden werden können (vgl. Linke, Theologiestudenten, 454-458), u.a. in Städte, »in denen ich mein ganzes Leben lang noch niemals gewesen bin«. Zugleich betont er, es sei im Kalten Krieg »unvermeidlich und notwendig« gewesen, dass die DDR »ein Sicherheitssystem (von der NVA über die Grenztruppen, die ›Hauptabteilung Aufklärung‹ und die Organe für innere Sicherheit bis hin zur Volkspolizei) entwickelte.« Müller, Erfahrungen, 149 mit Anm. 99.

1956 wurde Müller an der Humboldt-Universität mit der von Heinrich Vogel betreuten ersten Gesamtdarstellung der Theologie Dietrich Bonhoeffers promoviert. Das Werk erschien 1961 in erster und 1966 in zweiter Auflage.[25] Es war kein »typisches DDR-Produkt«,[26] denn die zentrale Problemstellung ging zurück auf Müllers Entwicklung in seiner Göttinger Zeit und wurde durch die gesellschaftlichen Entwicklungen in *beiden* deutschen Staaten geprägt. Im Januar 1958 war Müller Mitbegründer des Weißenseer Arbeitskreises (WAK, Kirchliche Bruderschaft in Berlin-Brandenburg), der zunächst als Diskussionsrunde über landeskirchliche Entwicklungen fungierte und Stellungnahmen u.a. zum Problem der Säuglingstaufe, zur Vereinbarkeit von Konfirmation und Jugendweihe oder zur Eigenständigkeit der Evangelischen Kirchen in der DDR veröffentlichte. Leitend war der Gedanke, dass die Kirche auch in einer nicht-christlichen Gesellschaft zu dienen statt Herrschaftsansprüche zu stellen habe. Man sollte sowohl den auf traditionelle Hierarchien fixierten protestantischen Klerikalismus als auch den volkskirchlichen Konfessionalismus überwinden und dabei die bisherige Bindung der Kirche an die feudale und danach die bürgerliche Gesellschaft »nicht einfach nunmehr durch eine eben solche an die sozialistische ablösen«.[27]

Im Herbst 1963 war Müller im WAK maßgeblich beteiligt an der Abfassung der Sieben Sätze »Von der Freiheit der Kirche zum Dienen«, die auf die von der Konferenz der Kirchenleitungen – aber nicht von den Synoden – der acht Landeskirchen in der DDR verabschiedeten »Zehn Artikel von Freiheit

25 Hanfried Müller, Von der Kirche zur Welt. Ein Beitrag zu der Beziehung des Wortes Gottes auf die societas in Dietrich Bonhoeffers theologischer Entwicklung, Leipzig ²1966. Der Titel stammte von Vogel und implizierte eine kirchliche Neuorientierung im Sinne des Evangeliums: »Überwindung der Distanz zur mündigen Gesellschaft in Solidarität mit ihr, Liebe zu der Welt, die Gott so geliebt hat, daß er seinen Sohn für sie gab«. Hanfried Müller, Die theologische Entdeckung des politischen Bonhoeffer in der BRD, in: ThLZ 102 (1977), 321-336, 335. E. Bethge, bis heute *der* Bonhoeffer-Experte, lobte, das Buch sei »sehr gründlich gearbeitet«, mit einer Vielzahl »ausgezeichneter Beobachtungen«. Eberhard Bethge, Rez. Hanfried Müller, »Von der Kirche zur Welt«, in: ders. (Hg.), Die Mündige Welt. Dem Andenken Dietrich Bonhoeffers, Bd. IV: Weißensee, Verschiedenes, München 1963, 169-174, 170.173.

26 Müller, Erfahrungen, 163. Im Rückblick bezeichnet er das Werk als »Produkt des Weges zur Freiheit in der bürgerlichen Gesellschaft Westdeutschlands, die, kaum daß sie es hatte ahnen können, was Befreiung vom Faschismus heißen würde, von dieser Freiheit zurückschreckte und den Weg in den Imperialismus zurück einschlug, während ich ihn bis zur historisch-dialektisch-materialistischen Einsicht weiter zu gehen versuchte« (Müller, Befreiung. Mai 1945, 14).

27 Müller, Stimme aus der Kirche.

und Dienst der Kirche« antworteten.[28] Insgesamt sind die Sieben Sätze vom späten Bonhoeffer geprägt. Zugleich enthalten sie in Barthscher Tradition eine christologisch begründete Kritik der menschlich-natürlichen Gotteserkenntnis, eine Ermutigung zu gesellschaftlichem Mitwirken sowie eine gegenüber dem Atheismus gelassene Haltung:

> »Im Glaubensgehorsam werden wir unsere Erkenntnis der Wirklichkeit nicht mit der Wahrheit Gottes verwechseln, noch Gottes Wahrheit in Natur und Geschichte statt in seinem Wort suchen.« (Satz VI.) »Die Kirche kann, wenn sie die freie Gnade Gottes für alle bezeugt, [...] nicht selbst zur Partei der Christen gegenüber den Nichtchristen werden. Dagegen tragen wir, ihre Glieder, im freien Gehorsam des Glaubens konkrete gesellschaftliche Verantwortung, die wir im Denken, Arbeiten und politischen Handeln wahrzunehmen haben. Darum stehen wir vor der Aufgabe, für menschliches Leben, Recht und Frieden Partei zu ergreifen, ohne eine christliche Front aufzurichten. [...] Wir werden die in Jesus offenbare Liebe Gottes zur Welt nur so bezeugen können, dass wir von dem weltanschaulich-philosophischen Gegenüber von Theismus und Atheismus nicht mehr fixiert werden. So leben wir täglich aus Gottes Gnade in sorgloser Gelassenheit und gehorchen Gottes menschenfreundlichem Wort, frei gegenüber allen Weltanschauungen und Gedankensystemen, gegenüber allen menschlichen und also auch sozialistischen Geboten der Moral.« (Satz V.)

In einem Brief an Barth vom 23.2.1964 bat Müller um einen Kommentar zu den Sieben Sätzen, nicht in der Form eines Gutachtens (wie zu den Zehn Artikeln), sondern als persönliche Einschätzung, »inwieweit Sie meinen, daß wir auf dem richtigen Weg wären, an welchen Stellen Sie uns etwa warnen würden, und [...] was Sie von der Tendenz zu einer neuen ›Mitte‹ meinen, die da unsere sieben Sätze und jene zehn Artikel als die linke und rechte Begrenzung der breiten Straße sehen möchte, die, wenn nicht ins Himmelreich, so doch zu kirchlicher Ruhe und Ordnung führt?«[29] Der ironische Hinweis

[28] Die Sieben Sätze sind abgedruckt in Müller, Evangelische Dogmatik II, 288-292. Obwohl sie als kritisches Korrektiv der Zehn Artikel galten, gab es sachliche Übereinstimmungen. Karl Barth stellte für *beide* Autorenkollektive eine anerkannte theologische Autorität dar. Vgl. Günter Jacob, Zehn Artikel und Sieben Sätze. Versuche einer Wegweisung, in: ZdZ 18 (1964), 219-225. Der erste Entwurf der Sieben Sätze lag im WAK bereits vor, als Barths Gutachten zu den Zehn Artikeln bekannt wurde. Vgl. Müller, Evangelische Dogmatik II, 408 (Anm. 753).

[29] Der Brief ist im Basler Karl Barth Archiv erhalten (KBA 9364.0143). Ich danke dem Archivar, Herrn Dr. Peter Zocher, für die freundliche Gewährung der Einsichtnahme. Ob Barth diesen Brief beantwortete, konnte nicht ermittelt werden.

auf das Bild von der breiten Straße (Mt 7,13) lässt vermuten, dass Müller, entsprechend seiner Bonhoeffer-Interpretation, der Idee einer solchen Mitte skeptisch gegenüber stand.[30]

Von 1964 bis 1990 lehrte Müller als Professor für Systematische Theologie an der Theologischen Fakultät der HU.[31] Ferner war er Mitglied der Synoden der Evangelischen Kirche Berlin-Brandenburg und der EKU und 1982 Mitbegründer der *Weißenseer Blätter*. Sein theologisches Hauptwerk, *Evangelische Dogmatik im Überblick*, erschien 1978. Es ging hervor aus Vorlesungen und bietet in acht Teilen[32] eine Art Katechismus mit 170 Fragen und jeweils thesenartigen Erläuterungen. Jeder Teil endet mit einem theologiegeschichtlichen Abschnitt, außerdem gibt es zwei Exkurse zum Thema *Religion und Religionslosigkeit* und zur *Theologie nach dem Tode Gottes*. Am Schluss steht die Ekklesiologie. Die Kirche bilde »die Gemeinschaft, die das lebendig zu verkündigen hat, was bis hierher als Lehre dargestellt wurde«, wobei eine scharfe Differenzierung zwischen Kirche und Gemeinde abgelehnt wird, denn der neutestamentliche Begriff *ekklesia* bezeichne »sowohl die einzelne Gemeinde am Ort als auch die ökumenische Christenheit«.[33]

Als Resümee von Müllers theologischer Existenz kann eine Selbsteinschätzung aus dem Jahr 1996 gelten: »*Vor* allen gesellschaftlichen Zielen [...] war ich leidenschaftlich daran interessiert, daß es in der DDR zu einer Begegnung der sozialistischen Bewegung nicht mit einer antikommunistischen

---

30 Vgl. Müller, Von der Kirche zur Welt, 199: *Nachfolge*, das zwischen 1934 und 1937 entstand, sei »der entscheidende Angriff [...] auf die ›Mitte‹ innerhalb der Bekennenden Kirche in der Form der Frage ›erlaube mir zuvor‹ (Lk 9,61) – die staatliche Anerkennung der Bekennenden Kirche zu erreichen, den kirchlichen Frieden wiederherzustellen, die Finanzfrage zu sichern, mich ›legalisieren‹ zu lassen ...« Dem Komponisten Arnold Schönberg (1874-1951) wird die Aussage zugeschrieben, der Mittelweg sei der einzige Weg, der *nicht* nach Rom führt.

31 Dabei war er in den ersten Jahren, wie zuvor als Dozent, mit einem regelrechten Boykott konfrontiert. Vgl. Müller, Erfahrungen, 250. Studierende, die bei Müller oder seiner Ehefrau hörten oder hören wollten, standen offenbar »unter erheblichem politisch motivierten Druck ihrer Kommilitonen.« Joachim Rohde, Replik zu Rudolf Mau, in: Pasternack (Hg.), Hochschule & Kirche, 214-229, 222.

32 I: Gottes Offenbarung (Prolegomena), II: Gottes Gottsein, III: Gottes Menschsein, IV: Gottes Wirklichkeit, V: Gottes Gnade, VI: Gottes Wirken, VII: Gottes Ziel, VIII: Gottes Zeuge.

33 Müller, Evangelische Dogmatik II, 377-378 (Anm. 560).

Religionsgemeinschaft käme, sondern mit der Gemeinde Jesu Christi, die sich auf seine Zusage und nicht auf ihren gesellschaftlichen Einfluß verläßt«.[34]

2. Ortsbestimmung: Zwischen Barth und Bonhoeffer

Das *Zwischen,* das für Barth eine hermeneutische Zentralstellung bildete,[35] ist in mehrfacher Hinsicht auch bei Hanfried Müller wahrnehmbar. So galt er als Christ vielen Bundesgenossen christlicher Provenienz, insbesondere in der (Ost-)CDU, als zu wenig religiös und gleichzeitig theologisch zu konservativ. In diesen Kreisen spürten Müller und seine Ehefrau ein doppeltes Misstrauen, da sie ihre Entscheidung für den Sozialismus nicht theologisch begründeten. War diese Entscheidung dann überhaupt *politisch ernst* gemeint? Und andererseits: waren sie dann überhaupt *ernsthafte Christen?* Zugleich galt er in der evangelischen Kirche als »politisch zu revolutionär«,[36] während die SED »nie verstand, was wir mit unserer strikten Unterscheidung zwischen Christusglauben und religiöser Weltanschauung eigentlich meinten«.[37] Da die leitenden SED-Politiker die christlichen Kirchen religiös-funktional entweder als rückständiges Überbleibsel oder als nützliche gesellschaftliche Kraft einschätzten, wirkte das offensive ›nicht-religiöse‹ Eintreten von Theologen für die sozialistische Gesellschaft, verbunden mit souveräner Kenntnis und Anwendung der marxistischen Theorie, überraschend.[38]

---

34 Müller, Ein Brief, 161. Die Vermutung, dass Müllers theologisches Engagement »der politischen Option deutlich nachgeordnet« blieb (Gockel / Leiner, Kritik und Versöhnung, 112), hat sich nicht bestätigt.

35 Vgl. dazu Gockel / Leiner, Kritik und Versöhnung, 81.

36 Müller, Erfahrungen, 144.

37 Müller, Befreiung. Mai 1945, 13.

38 »Sich in theologischen Traditionen verortend, die sich mit Bonhoeffer und Barth, Barmen, Darmstädter Bruderratswort und Stuttgarter Schulderklärung markieren lassen, optierte diese [...] Richtung politisch für den Sozialismus, unterschied sich dabei von westlichen Gleichgesinnten dadurch, daß die ihr Zugehörigen eben diesen Sozialismus unmittelbar erlebten und bewußt mitgestalteten, dabei Nähe zur Macht keineswegs scheuend, mit der Folge gesteigerter Sensibilität in einer anderen als der üblicheren Richtung, die hier in einer Kritik der SED-Politik von links resultierte: Eine so nur in der und durch die DDR möglich gewordene Art weltbezogener theologischer [und / oder politischer] Reflexion.« Peer Pasternack, Annotierte Bibliographie, in: Pasternack (Hg.), Hochschule & Kirche, 361-398, 366.

Wie Bonhoeffer und Barth lehnt Müller jede naturrechtliche oder weltanschaulich-philosophische Grundlegung der Dogmatik ab. Das »Proprium der Christen« ist für ihn »das Wort Gottes [...], das sie bezeugen, der Name Jesu Christi, den sie tragen, die Freiheit des Heiligen Geistes, in der sie bekennen, leben und lieben – und gerade *nicht* ihr Ethos, ihre Weltanschauung oder ihre Werke!«[39] Eigenständig folgt er Barths Ansatz in der Barmer Theologischen Erklärung. Dabei will er die »politischen Normbegriffe« von Barmen V weder verabsolutieren noch einem »politisch-ethischen Relativismus« anheimgeben. Vielmehr gehe es darum, dass sich der Inhalt der Begriffe »mit den gesellschaftlichen Veränderungen entwickelt«, so dass die *iustitia civilis* präziser bestimmt und gefragt werden müsse: »Recht *für wen?* und Freiheit *wozu?*«[40] Durch die Betonung der Erkenntnis Gottes *sub contrario,* insbesondere im Leiden und Tod Jesu am Kreuz, kommen wiederum lutherische Traditionen, die sich auch bei Bonhoeffer finden, zur Geltung. Aus der verborgenen Herrschaft Gottes in der Welt folge der Auftrag an die Christen, gleichförmig mit Christus und »aller Menschen Knecht« zu werden. »Gerade so lassen wir ihn Herr sein in allen Bereichen unseres Lebens.«[41] Die Zuwendung Gottes zur Welt durch die Menschwerdung in Jesus Christus begründet dabei die *Diesseitigkeit* des Christentums, die den Gedanken des Leidens und der Ohnmacht Gottes in der Welt einschließt.[42]

Zugleich findet Müller bei Luther und Bonhoeffer eine überzeugendere Kritik der natürlichen Theologie und der Religion als bei Barth.[43] Er kritisiert Barths anfängliche Identifizierung von Religion und Gesetz, weil bei Paulus der Gedanke von Christus als Ziel und Ende des Gesetzes (Röm 10,4) an die Gesetzeserfüllung Jesu gebunden sei und darum nicht einfach auf den Begriff der Religion übertragen werden könne. Barth tendiere aber genau zu dieser Übertragung und betrachte die *Grenze* der Religion zugleich als den *Sinn* der Religion: Die Religion kann und *soll* vom Menschen »nicht abgeschüttelt wer-

39 Müller, Evangelische Dogmatik I, 16.

40 Müller, Evangelische Dogmatik II, 384 (Anm. 604), Hervorh. vom Vf.

41 Hanfried Müller, Die Frankfurter Theologische Erklärung der Kirchlichen Bruderschaften vom 4. Oktober 1958. Programm einer Gruppe oder Bekenntnis der Kirche? (Hefte aus Burgscheidungen 10), Berlin 1958, 19.

42 Vgl. Dietrich Bonhoeffer, Widerstand und Ergebung. Briefe und Aufzeichnungen aus der Haft, hg.v. Christian Gremmels / Eberhard Bethge / Renate Bethge in Zusammenarb. m. Ilse Tödt (DBW 8), Gütersloh 1998, 537: Nachfolge bedeute »das Teilnaben am Leiden Gottes in Christus«; »Jesus ruft nicht zu einer neuen Religion auf, sondern zum [...] Leben der Teilnahme an der Ohnmacht Gottes in der Welt«.

43 Zum Folgenden vgl. Müller, Evangelische Dogmatik I, 259-261.

den [...], gerade weil in ihr die menschlichen Möglichkeiten begrenzt sind durch die göttliche, und weil wir [...] bei dieser menschlichen Möglichkeit haltmachen und verharren müssen, damit [!] uns jenseits der Grenze, die durch sie bezeichnet ist, Gott begegne.«[44] Diese Sicht impliziere eine *natürliche Theologie des Gesetzes,* denn Barth verstehe hier das Gesetz nicht streng von Christus her.[45]

Auch der umstrittene Religionsparagraph der *Kirchlichen Dogmatik*[46] wird einer kritischen Analyse unterzogen. Barth plausibilisiere zwar, dass Religion als Unglaube, d.h. Sünde zu charakterisieren sei. Dann aber ziehe er daraus die Analogie: »Es gibt eine wahre Religion: genau so, wie es gerechtfertigte Sünder gibt«, und man sollte darum »nicht zögern, es auszusprechen: *die christliche Religion ist die wahre Religion*« (KD I/2, 357). Doch diese Analogie beruht laut Müller auf einem Fehlschluss. Denn es gehe doch auch bei Barth um die Rechtfertigung der Sünders, nicht der Sünde. Daher könne man nicht von einer Rechtfertigung der Religion als »wahre Religion« sprechen, sondern nur von der Rechtfertigung des Sünders, d.h. des wahrhaft Gottlosen. Dies werde aber »verdeckt« durch Barths »falsch angelegte Dialektik von der in der Offenbarung ›aufgehobenen‹, bewahrten, freilich auch negierten, dann aber auf höhere Ebene erhobenen und bestätigten Religion.«[47] Müller charakterisiert Religion konsequent als Unglaube. Barth nehme jedoch eine Umkehrung dieser Gleichung vor, durch die der Unglaube – und der Atheismus – als Religion etikettiert werde und damit eine falsche begriffliche Weihe erhalte.

---

44 Karl Barth, Der Römerbrief (Zweite Fassung) 1922, hg v. Cornelis van der Kooi / Katja Tolstaja (Karl Barth-Gesamtausgabe II. Akademische Werke), Zürich 2010, 333, vgl. Müller, Evangelische Dogmatik I, 259-260.

45 »Was Barth der Religion zuschreibt: ›Die Wirklichkeit der Religion ist das Entsetzen des Menschen vor sich selbst‹ [Barth, Der Römerbrief 1922, 370], das ist weder die Wirkung der Religion noch die Wirkung des Gesetzes an sich, sondern die Wirkung des Gesetzes in Christo.« Müller, Evangelische Dogmatik, I, 260. Müller wendet sich damit gegen die »Universalisierung und Existentialisierung des Gesetzes«. Müller, Evangelische Dogmatik, II, 400 (Anm. 702).

46 Karl Barth, Kirchliche Dogmatik [KD], Bd. I/2, Zollikon-Zürich 1938, § 17: »Gottes Offenbarung als Aufhebung der Religion«. Weitere Zitate aus der KD werden im Haupttext nachgewiesen.

47 Müller, Evangelische Dogmatik I, 261. Alternativ ist zu erwägen, ob Barths Formulierung zu statisch ist und es heißen müsste: die christliche Religion *wird* – aufgrund der Selbstvergegenwärtigung Jesu Christi - die ›wahre Religion‹, d.h. das »Gottes Verhältnis zum Menschen entsprechende Verhältnis des Menschen zu Gott (Glaube)«. Ingolf U. Dalferth, Theologischer Realismus und realistische Theologie bei Karl Barth, in: EvTh 46 (1986), 402-422, 419.

Schließlich bemängelt Müller, dass Barth auch in seinen späteren Ausführungen über Evangelium und Gesetz (als Kontrapunkt zum lutherischen Schema Gesetz und Evangelium) zu wenig dialektisch denke. Da Müller das Gesetz streng von Christus her versteht, gilt einerseits: »Das Gesetz – und sei es auch das Gesetz, unter dem ich gestanden habe, ehe ich das Evangelium hörte – in Christus zu erkennen, ist Evangelium.«[48] In der Einleitung zur *Evangelischen Dogmatik* weist er darauf hin, dass seine eigene Position pointiert »von dem lebendigen Wort Gottes als dem Evangelium als der Erfüllung des Gesetzes«[49] zu entfalten wäre. Damit würde dann im Sinne von Barmen I und gleichwohl anders als bei Barth selber die *christologische Einheit des Wortes Gottes* betont.

Andererseits lehnt Müller die Rede vom Gesetz als »Gestalt des Evangeliums« (KD II/2, 564 u.ö.) ab und spricht von »Gottes Gnade als Gebot des Lebens«.[50] »Die berechtigte Unterstreichung« der Einheit des Wortes Gottes in Evangelium und Gesetz, die auch Gottes Gebot als Ausdruck seiner *Güte* begreift, dürfe nicht dazu führen, die beiden Größen »vom Sünder her (wie Inhalt und Form) zu vereinigen«, denn dann sei nicht mehr einsichtig, »inwiefern Jesus Christus das Ende des *Gesetzes* und nicht nur das Ende seines *Mißbrauchs* ist.«[51] Bei Barth sei das Gesetz, auf das des Glaubenden Dankbarkeit, Gehorsam und Freiheit sich beziehen, »sachlich das Gesetz in seinem *tertius usus,* wie es von Calvin gemeint war«; erst in der Ethik der Versöhnungslehre werde das Tun des Christen »allein als Handeln in der ›Anrufung Gottes‹« und damit »der betende Mensch als der geheiligte Mensch«[52] verstanden, was wiederum nahe an Luther sei.

Müllers eigene Konzeption des Verhältnisses von Evangelium und Gesetz impliziert die Radikalisierung des Verhältnisses von Dogmatik und Ethik. Wie Barth meint er, eine gesonderte Behandlung der Ethik führe zu einer »fal-

---

48 Müller, Evangelische Dogmatik II, 341 (Anm. 291).

49 Müller, Evangelische Dogmatik I, 19.

50 Müller, Evangelische Dogmatik I, 128 (§ 19).

51 Müller, Evangelische Dogmatik I, 137.

52 Müller, Evangelische Dogmatik I, 190. Vgl. Karl Barth, Das christliche Leben. Die Kirchliche Dogmatik IV/4, Fragmente aus dem Nachlass. Vorlesungen 1959-1961, hg.v. Hans-Anton Drewes / Eberhard Jüngel (Karl Barth-Gesamtausgabe II. Akademische Werke), Zürich ³1999, 136-179, 178: »Christlich *gut, erlaubt* und *geboten* [...] ist im Großen wie im Kleinen, nach innen wie nach außen dasjenige menschliche Tun, welches in der gebotenen Verantwortung der *Kinder Gottes* ihrem Vater gegenüber und also im Zuge von dessen *Anrufung* geschieht.« Dabei hat Barth die dynamische *Bewegung* des Dankens, Lobens und Bittens und nicht nur einzelne Gebetshandlungen im Blick.

schen Ethisierung der Theologie und dann irgendwann zu deren Verwandlung in religiöse Anthropologie«.[53] Allerdings problematisiert er die Ethik als eigene theologische Disziplin so stark, dass es zu ihrer Aufhebung kommt. Dafür beruft er sich auf Iwand: »Ethik bleibt immer einem Gesetz verhaftet, im Tun des Christen aber geht es um etwas ganz anderes: [Gott] ›zieht meine Werke vom Himmel auf die Erde, indem er Christus sendet [...] Er will, daß alles, was wir ihm tun möchten um unserer Seligkeit willen, daß wir das unserem Nächsten tun um seiner Not willen.‹«[54] Müller differenziert zwischen guten Werken *am* Nächsten und guten Werken *für* den Nächsten. Der erste Typ sei Ausdruck des religiösen Strebens nach dem eigenen Heil, beim zweiten Typ dagegen werde auf geschöpflich-irdische Weise das Gebot der Nächstenliebe um Gottes willen erfüllt.[55] So wird aus der christlichen Ethik die *Lehre von der Nachfolge* gemäß dem neuen Gebot Jesu. Eine »spezifisch christliche politische Verantwortung« könne daraus nicht abgeleitet werden. Vielmehr seien alle Menschen »in den Aufgaben der Polis unter der Norm von internationalem Frieden und gesellschaftlicher Gerechtigkeit durch gleiche Verantwortung verbunden«.[56] In seiner Dogmatik behandelt Müller daher »nur Fragen *allgemeiner gesellschaftlicher politischer* Ethik«, aber immerhin unter Einschluss der Frage, »wie Christen damit umzugehen haben«.[57]

Ferner unterscheidet Müller zwischen dem Gebot Gottes in der Nachfolge und einer Ethik der »gesellschaftlichen Normen eigenverantwortlich guten menschlichen Handelns«: In der Nachfolge trete der Mensch zwar nicht in einen Widerspruch zu dieser menschlichen Verantwortung, aber verbindlich sei nur »das konkrete Gebieten« des lebendigen Jesus Christus, dessen Wahr-

---

[53] Müller, Evangelische Dogmatik I, 20. Das Problem der »Ethisierung« der Theologie wird auch von Gerhard Ebeling angesprochen, allerdings gegen Barth gewendet. Wir werden darauf im nächsten Abschnitt zurückkommen.

[54] Müller, Erfahrungen, 48, mit einem Zitat aus Hans Joachim Iwand, Nachgelassene Werke IV: Gesetz und Evangelium, hg.v. Walter Kreck, München 1964, 75-76. Auch Barth kennt eine Aufhebung der Ethik (und der Dogmatik) – im Wort Gottes: »Die Sätze der christlichen Ethik sind Sätze der christlichen Dogmatik. Das bedeutet aber, daß ihr Wahrheitsgehalt wie der aller anderen Sätze der Dogmatik im Worte Gottes enthalten ist und ruht [...] und eben im Worte Gottes und also im Glauben immer wieder gesucht und ergriffen werden muß« (Barth, KD II/2, Zollikon 1942, 670).

[55] Vgl. Müller, Evangelische Dogmatik I, 140.

[56] Müller, Evangelische Dogmatik I, 16.

[57] Müller, Erfahrungen, 322.

heit und Legitimation in diesem selber, »also in der Gottheit Jesu Christi«[58] gründe.

In diesem Kontext wendet Müller sich gegen bestimmte Interpretationen der sog. Zwei-Reiche-Lehre. Er differenziert zwischen der »Eigengesetzlichkeit« weltlicher Ordnungen im Hinblick auf deren »materielle Bedingtheit«, und einer Vorstellung, die »diesen Ordnungen die Würde von einem ihnen innewohnenden göttlichen Eigengesetz«[59] zuspricht, sie also religiös überhöht und dem Herrschaftsanspruch Jesu Christi entzieht. Die Bedingtheit wird anerkannt, die Überhöhung abgelehnt.

Müller nimmt damit Grundgedanken der Zwei-Reiche- bzw. Zwei-Regimente-Lehre auf, *insofern* diese hilft, »die klerikale ›Zwei-Schwerter-Lehre‹ zu überwinden, mit der sich die Kirche ein Wächteramt gegenüber der Gesellschaft anmaßte«.[60] Abgelehnt wird dagegen die Funktionalisierung der Zwei-Regimente-Lehre zur Beschränkung der Kirche auf einen vom Staat (freundlich oder unfreundlich) gewährten religiösen Spielraum, denn dies habe immer wieder zur Verleugnung der gesellschaftlichen Mitverantwortung der Christen für Recht und Frieden geführt. Sachlich besteht darin eine Nähe zu Barth, dem es ebenfalls um die Frage nach einer Norm für das politische Handeln der Christen geht. Müller betont jedoch stärker die *Unterscheidung* zwischen dem Verkündigungsauftrag und der gesellschaftlichen Mitverantwortlichkeit der Christen. Der genuine Auftrag der Kirche bestehe in der Verkündigung des Evangeliums. Barths Idee, dass »die Gerechtigkeit des Staates [...] ein *Gleichnis,* eine Entsprechung, ein Analogon zu dem in der Kirche geglaubten und von der Kirche verkündigten Reich Gottes«[61] darstelle, wird nicht übernommen.

In der Betonung der ökumenisch-universalen Bedeutung des Evangeliums und der programmatischen Idee, dass die christliche Gemeinde zur Exis-

58 Müller, Evangelische Dogmatik I, 31-32.

59 Müller, Die Frankfurter Theologische Erklärung, 25. Die Bedingtheit zeige sich darin, »dass die Ordnung der Wirtschaft von der Produktionsweise, die Ordnung des Staates von der jeweiligen Klassenstruktur, die Ordnung der Ehe von der gesellschaftlichen Prägung der Sexualität und vielem anderen abhängt«. Später hält Müller es für »klüger, den Begriff der ›Eigengesetzlichkeit‹ [...] grundsätzlich denen zu überlassen, die ihn noch gegenwärtig dazu verwenden, sich unter Hinweis auf (dem Imperialismus immanente) ›Sachzwänge‹ humanistischer politischer Verantwortung zu entziehen.« Müller, Evangelische Dogmatik II, 359 (Anm. 420).

60 Müller, Erfahrungen, 161.

61 So lautet die Überschrift von § 32 in Müllers Dogmatik.

tenz als »Kirche für die Welt«[62] bestimmt ist, wird dann wieder die Prägung durch Bonhoeffer und Barth sichtbar. Allerdings betont Müller auch hier die Differenz zwischen geistlichem und weltlichem Bereich. Barth kennzeichnet die christliche Gemeinde als »vorläufige *Darstellung*« der in Jesus Christus ergangenen »Berufung der ganzen Menschenwelt« (KD IV/3, 780, Hervorh. d. Verf.). Für Müller ist die Kirche die »vorläufige *Zeugin* dessen, was nicht sie, sondern die Polis, die organisierte Menschengemeinschaft, einmal und dann ganz neu sein wird«.[63] Der Gedanke, dass auch die Kirche bzw. die Gemeinde eine Polis darstellt, wird allerdings nicht erwogen. Müller meint sogar, dass sich in Barths Versöhnungslehre eine »zunehmend ekklesiastische Orientierung« und »selbstbewußte Kirchlichkeit« zeigte. Dagegen hält er, mit Iwand und Wolf, an den Einsichten der frühen Disputationen Luthers fest: der Unglaube des Sünders bestehe gerade »in der Sehnsucht nach seiner *eigenen Heilsgewißheit*«.[64] Von daher stimmt er Barths Kritik, dass der frühe Luther »weder die christliche Heilsgewissheit, noch eine christliche Ethik theologisch klar zu begründen vermochte« (KD IV/1, 587), *nicht* zu.

Schließlich kritisiert Müller Barths pauschale Ablehnung jeder ›Ideologie‹.[65] Er fragt, warum Barth zwar dazu aufforderte, nüchtern und »nach dem Maß menschlicher Einsicht und menschlichen Vermögens« (Barmen V) zwischen der jeweils besser oder schlechter erscheinenden staatlichen und politischen Wirklichkeit zu unterscheiden, aber im Hinblick auf gesellschaftspolitische Ideen diese Unterscheidung nicht vornahm und sich stattdessen (typisch neukantianisch?) auf einen, in Müllers Sicht, skeptisch-agnostischen Relativismus zurückzog. Hier begnüge Barth sich mit einem prinzipiellen Ideologieverdacht, der selber nicht mehr kritisch reflektiert wird.

Diese Anfrage entspricht Müllers Ablehnung jeder christlich religiösen Überhöhung von Gesellschaftsformationen oder Weltanschauungen, die ihm als Säkularisierung und Ideologisierung des Evangeliums und der Kirche gelten. Damit nimmt er Anliegen von Barth und Bonhoeffer auf und hat weniger den Missbrauch materieller oder ideeller gesellschaftlicher Macht, der sicherlich zu kritisieren sei, als vielmehr den Missbrauch des Namens Gottes zur Legitimierung dieser Macht vor Augen. In dieser Hinsicht gibt es für ihn auch

---

62 Barth, Christengemeinde und Bürgergemeinde, 23. Dementsprechend stelle das politische »Unterscheiden, Urteilen, Wählen und Wollen« der Kirche »ein indirektes, aber doch *reales* Zeugnis« und »Bekenntnis« dar (24).

63 Müller, Evangelische Dogmatik I, 227 (Hervorh. vom Vf.).

64 Müller, Erfahrungen, 47-48.

65 Zur folgenden Darstellung, vgl. Müller, Erfahrungen, 63-64.

keinen grundsätzlichen Unterschied zwischen der affirmativen Rede von der ›Auferstehung‹ des deutschen Volkes 1933 und der selbstkritischen Rede vom ›Gericht Gottes‹ über Deutschland 1945. So fragt er pointiert: »Darf man mit Worten aus der Geschichte Gottes mit seinem *geheiligten* Volk die Geschichte des eigenen *profanen* Volkes ›deuten‹? Darf man überhaupt Gottes Wort zur Deutung von Weltgeschichte ›benutzen‹?«[66] Diese Frage ist als Zuspitzung der Ansätze Barths und Bonhoeffers zu verstehen. Zugleich entspricht sie einem lutherischen Anliegen. Der pauschale, auch von Barth geäußerte Vorbehalt, Müllers Position sei letztlich »neo-lutherisch«, bedarf allerdings einer genaueren Prüfung.

3. »Neo-lutherische« Theologie?

Müllers Einwände gegen Barth erscheinen zunächst typisch für lutherische Kritiker, die Barth vorwerfen, die notwendige Differenzierung zwischen Christengemeinde und Bürgergemeinde zu verwischen und damit eine fatale »Ethisierung«[67] der christlichen Verkündigung bzw. des Evangeliums zu betreiben. An diesem Punkt unterscheidet Müller sich tatsächlich von Barth-Schülern wie Helmut Gollwitzer, die nach den Analogien zwischen Christentum und Marxismus fragen und gerade *als Christen* Sozialisten sein möchten – eine Gleichung, der auch andere lutherische Theologen widersprachen. Allerdings spielt die Rechtfertigungslehre als typisch lutherisches Charakteristikum bei Müller keine hervorgehobene Rolle. Vielmehr ist seine Position geprägt von der Kreuzestheologie des jüngeren Luther und des frühen Barth, der nochmals einer paulinischen Meta-Kritik unterzogen wird, da er die »theologia crucis als geradezu methodische Bestimmung der Theologie seiner Frühzeit später nicht mehr so überzeugend durchhalte«.[68] Der Rekurs

---

66 Müller, Erfahrungen, 65.

67 Gerhard Ebeling, Über die Reformation hinaus? Zur Luther-Kritik Karl Barths, in: ZThK.B 6 (1986), 33-76, 70. Ebeling zufolge ist der Mensch »Gott gegenüber [...] nur Empfänger« (75). Es wäre reizvoll zu prüfen, ob Müllers Theologie einem ähnlichen Grundsatz verpflichtet ist.

68 Müller, Evangelische Dogmatik I, 266. So werde an manchen Stellen in Barths Erwählungslehre nicht »durchgehend« deutlich, dass »das Evangelium als Ganzes *Wort vom Kreuz* ist«. Müller, Evangelische Dogmatik, Bd. I, 144. Auch dies erinnert an lutherische Kritiker Barths. Vgl. Gerhard Gloege, Zur Prädestinationslehre Karl Barths. Fragmentarische Erwägungen über den Ansatz ihrer Neufassung (1956), in: ders., Heilsgeschehen und Welt. Theologische Traktate I, Göttingen 1965, 77-132. Allerdings versteht Gloege

auf den biblischen Christusglauben als Bekenntnis zur Gottheit Christi, des auferweckten Gekreuzigten, betont dabei im Sinne Barths die Menschlichkeit Gottes und nicht die vermeintliche Diastase zwischen Gott und Mensch.[69] Das veranschaulicht Müllers Brief an Barth vom 2.3.1963.

Müller schildert dort seine positiven Eindrücke bei der Lektüre von Barths kurz zuvor erschienener *Einführung in die Evangelische Theologie*, zu der er einen leichteren Zugang als zur Schöpfungs- und Versöhnungslehre der *Kirchlichen Dogmatik* finde. Im persönlichen Gespräch mit Barth kurz zuvor habe er zudem besser verstanden, dass auch für Barth die theologische Existenz der Christen auf keinen Fall den Auftrag zur Klerikalisierung der Gesellschaft impliziere.[70] Im Konzept einer »Theo-Anthropologie«, im Unterschied zur »Anthropotheologie«, d.h. einer anthropologisch begründeten Theologie,[71] vermutet er eine sachliche Verbindung zu Luthers Definition, das Thema der Theologie sei der sündige Mensch und der rechtfertigende Gott, der den Sünder rettet (vgl. WA 40/II, 328). Selbstkritisch fragt Müller an, ob in den »letzten Bänden« der KD – Bd. IV/3 war 1959 erschienen – »in allem dasselbe gemeint ist, und [er sich] nur habe verführen zu lassen, sie zu sehr mit den Augen jener ein bißchen Klerikalen zu lesen, die sich selbst als Gnesiobarthianer empfinden«.[72]

Hier könnte ein Vergleich von Müllers Position mit Barths Lehre vom prophetischen Amt Christi, z.B. mit den Ausführungen zum Thema »Der Christ

---

das Wort vom Kreuz immer auch als existentialen Aufruf zur Entscheidung angesichts der Sünde (123) und des Gerichts (125), während Müller, an Barth anknüpfend, diesen existentialen Dezisionismus gerade überwinden will.

69 Das entspricht »dem kompromißlosen Ja zu Jesus Christus«, das mancherorts als »Prüfstein« der sachgemäßen »Berufung auf Karl Barth« gelten soll. Eberhard Jüngel, Karl Barth [1969], in: ders., Barth-Studien (Ökumenische Theologie 9), Zürich und Gütersloh 1982, 15-21, 20.

70 Bereits der *Tambacher Vortrag* wendet sich dagegen, »Christus zum soundsovielten Male zu *säkularisieren*«, d.h. das Evangelium zur Legitimation einer Weltanschauung (sei es der Sozialismus, der Nationalismus oder der Liberalismus) zu gebrauchen und »die Gesellschaft zu klerikalisieren«. Vgl. Karl Barth, Der Christ in der Gesellschaft [1919], NA in: ders., Vorträge und kleinere Arbeiten 1914-1921, in Verbindung mit Friedrich-Wilhelm Marquardt (†) hg.v. Hans-Anton Drewes (Karl Barth-Gesamtausgabe III. Vorträge und kleinere Arbeiten), Zürich 2012, 546-598, 560.562.

71 Programmatisch geht es um eine »Alternative zu der *Mixophilosophicotheologia* [...], die im Augenblick Vielen als das Neueste vom Neuen so mächtig einzuleuchten scheint.« Karl Barth, Einführung in die evangelische Theologie, Zürich 1962, 7.

72 Hanfried Müller an Karl Barth, 2.3.1963, Original im Karl-Barth-Archiv (KBA 9364.0146).

als Zeuge« (KD IV/3, § 71,4), weitere Aufschlüsse bringen. Gemeinsam ist beiden Theologen, dass sie das Zeugnis und den Dienst, d.h. das Ethos des Christen ganz von der Wirklichkeit und Geschichte Jesu her verstehen. Allerdings wird Barths Vorstellung, dass diese Geschichte »die einzige Wirklichkeit, in der Menschen sich wirklich und wahrhaftig finden«,[73] sei, von Müller offenbar nicht geteilt – wie umgekehrt Müllers Betonung der ›nicht-religiösen‹ Weltlichkeit der Welt den Schweizer Theologen eher irritiert hat.

Diese Irritation kommt zum Ausdruck in Barths Brief an Müller vom 7.4.1961, in dem er sich für die Zusendung von dessen Dissertation bedankt. Er würdigt Müllers Studie als »umsichtig gearbeitet« und »in sich einleuchtend«, äußert aber zugleich eine »vorläufig nicht gestillte Unruhe« darüber, dass sie Bonhoeffer zu stark von den posthum veröffentlichten Äußerungen her verstehe und darum eine anachronistische »Applikation« vornehme, die aus Bonhoeffer einen »nicht-religiös-neolutherisch-marxistischen Christen«[74] mache. Im Hintergrund steht dabei Barths Vorbehalt gegenüber den »änigmatischen Äußerungen« des späten Bonhoeffer, der »zwar ahnte, aber noch keineswegs wusste, wie die story nun eigentlich weitergehen solle«.[75] Damit verband sich für Barth die Frage, ob diese Äußerungen nicht von Bonhoeffers früheren Schriften her zu verstehen seien, während Müller eine qualitative Weiterentwicklung annahm.

Müller berichtet, dass Barths Bemerkungen ihn zunächst enttäuscht und den Eindruck eines umfassenden Missverständnisses erweckt hätten. Als er den Brief 45 Jahre später erneut liest, ergibt sich ein anderer Eindruck. Müller räumt nun ein, dass seine Interpretation Bonhoeffers ihn tatsächlich über Barth und Bonhoeffer hinausführte. So wie Bonhoeffers späte Äußerungen als ein Weiterdenken »in den Spuren Karl Barths«[76] verstanden werden könnten, so nahm Müller mit seinen Gedanken zum Evangelium in der religionslos

---

73 Hans G. Ulrich, Ethos als Zeugnis. Konturen christlichen Lebens mit Gott in der Welt bei Stanley Hauerwas und Karl Barth, in: ZDTh 29 (2013), 50-73, 55.

74 Karl Barth an Hanfried Müller, 7.4.1961, veröffentlicht in Hanfried Müller, Dietrich Bonhoeffer. Ein Rückblick auf sein Leben und seine Wirkung, in: Weißenseer Blätter 1/2006, online: http://www.weissenseerblaetter.de/i01_06.htm (12.11.2014), 3-15, 4-5. Barth beschließt seinen Brief mit den Worten: »Seien Sie aber gewiß, daß ich im Guten an Sie denke«.

75 Karl Barth an [Pastor] Walter Herrenbrück, 21.12.1952 (Auszüge), in: Bethge (Hg.), Mündige Welt I, München ²1955, 121-122, 121.

76 Müller, Bonhoeffer, 5. Müller nennt dazu folgende Aussage: »Barth hat als erster Theologe – und das bleibt sein ganz großes Verdienst – die Kritik der Religion begonnen.« Außerdem »führte [Barth] den Gott Jesu Christi gegen die Religion ins Feld. [...]

werdenden Welt den Ansatz Bonhoeffers auf, um ihn selbständig weiterzuführen.[77] Im Unterschied zu seinem westdeutschen Antipoden Gerhard Ebeling richtete er seine Aufmerksamkeit dabei nicht auf die weltliche oder nicht-religiöse *Interpretation* biblischer Begriffe, sondern auf die weltliche oder nicht-religiöse *Existenz* der Christen.[78] Wie Bonhoeffer begreift Müller die Diesseitigkeit des Christusglaubens als Implikat der Menschwerdung Gottes und verbindet sie mit der Kritik abstrakter Transzendenzvorstellungen: »Es geht nicht mehr um die spekulative Transzendierung des Diesseits in das Jenseits, [...] sondern um die *immanente*, im Diesseits, in der Zeit sich vollziehende Transzendenz vom in sich selbst ruhenden und eingeschlossenen [...] Menschen zum ›für-uns‹-seienden, aus sich heraustretenden, menschgewordenen Gott [sowie um die] von Jesus Christus her reale Aufhebung der Grenze des Menschen gegenüber dem Nächsten im Diesseits.«[79] Insgesamt kann man von einer *eigenständigen Rezeption* der Ansätze Barths und Bonhoeffers, inklusive einer Aufnahme bestimmter lutherischer Traditionen, sprechen. Von daher ist

---

Durch seine spätere Dogmatik hat er die Kirche instandgesetzt, diese Unterscheidung prinzipiell auf der ganzen Linie durchzuführen.« Bonhoeffer, DBW 8, 415.480.

77 Zur Idee der ›Religionslosigkeit‹ vgl. Bonhoeffer, DBW 8, 404.408. Auch hier gibt es Berührungen mit Barth, speziell dessen Aufsatz »Biblische Fragen, Einsichten und Ausblicke« (1920), vgl. Bethge, Bonhoeffer, 106-107. Müller formuliert pointiert, dass »Bonhoeffer selbst zunehmend bis zum Ende dialektischer Theologe war«. Müller, Die theologische Entdeckung des politischen Bonhoeffer, 333.

78 Müller, Dietrich Bonhoeffer, 6. Die deutschsprachige Bonhoeffer-Diskussion konzentrierte sich zunächst auf die nicht-religiöse *Interpretation*, während im englischsprachigen Bereich der Fokus schon früh auf dem religionslosen *Christentum* lag. Vgl. Bethge, Bonhoeffer, 977.

79 Müller, Von der Kirche zur Welt, 383. Vgl. Wolf Krötke, »Teilnehmen am Leiden Gottes«. Zu Dietrich Bonhoeffers Verständnis eines »religionslosen Christentums« [1989], in: ders., Barmen – Barth – Bonhoeffer. Beiträge zu einer zeitgemäßen christozentrischen Theologie (UnCo 26), Bielefeld 2009, 357-380, 363. Krötke fragt kritisch zu Bonhoeffer, ob es nicht neben der Wendung *zum Mitmenschen* auch eine Wendung *zu Gott* geben sollte. Müllers Aussage kommt dieser Kritik in gewisser Weise entgegen: die Wendung des Menschen zu Gott ist von der Wendung des Menschen zum Mitmenschen nicht zu trennen. Krötke meint ferner, dass die Kirche laut Bonhoeffer »in ihrem weltlichen Leben« auf das *Reden von Gott* verzichten und sich auf die Teilnahme ›an den weltlichen Aufgaben des menschlichen Gemeinschaftslebens‹ (DBW 8, 560) beschränken solle. Doch nur zwei Sätze später betont Bonhoeffer, die Kirche solle »den Menschen aller Berufe sagen, was ein Leben mit Christus ist, was es heißt, ›für andere dazusein‹« (DBW 8, 560). Die Pro-Existenz der Kirche besteht also nicht nur im Handeln, sondern sie gehört auch zur sog. Wortverkündigung.

Barths Verdikt aus dem Jahr 1967, Bonhoeffer werde in Müllers Darstellung zu einem »Vorläufer der DDR-Ideologie«,[80] fragwürdig. Müllers Dissertation leistet eine historisch-genetische fundierte Gesamtdeutung mit der Leithypothese eines Fortschritts der Gedankenentwicklung Bonhoeffers.[81] Es handelt sich *nicht* um eine funktionale Interpretation, die zuerst nach Bonhoeffers Aktualität o.ä. fragen würde. Im Übrigen galt Müller selber unter seinen theologischen Kollegen keineswegs als ideologischer Konformist, sondern wurde als »Radikalist«[82] oder »Sektierer«[83] bezeichnet.

Pauschale Zuschreibungen dieser und anderer Art sind im gewendeten politischen Klima nach 1990 ebenfalls vorgenommen worden. Zwei davon werden im Folgenden etwas genauer erörtert, da sie Müllers eigenständige Weiterführung lutherischer Traditionen auf der Basis von Barth und Bonhoeffer verkennen.

Der erste Einwand lautet, Müllers Theologie habe es vermieden, nicht nur die Glaubenden, sondern auch Nichtglaubende »und vor allem Marxisten«[84] als Sünder anzusprechen. Das ist nun aber kein wirklicher Einwand, sondern entspricht unserem Befund, dass Müller sich an Barths Christologie, die Barth von lutherischer Seite ja regelmäßig den Vorwurf eintrug, er nehme die Sünde nicht ernst, orientiert. Außerdem übersieht der Kritiker die notwendige Differenzierung zweier Aspekte.

---

[80] Karl Barth an Eberhard Bethge, 22.5.1967, in: Karl Barth, Briefe 1961-1968, hg.v. Jürgen Fangmeier / Hinrich Stoevesandt (Karl Barth-Gesamtausgabe V. Briefe), Zürich ²1979, 406. Als Pendant zu Müller sieht Barth einen »kreuzbrav bürgerlichen neuen Liberalismus« (auf Ebeling gemünzt?) sowie den dänischen Theologen Regin Prenter, der aus Bonhoeffer einen »neuen lutherischen Kirchenvater« mache. Die Informationen über die DDR in der westlichen Presse waren oft stark gefiltert und nur beschränkt zuverlässig. Auch persönliche Informationen, die Barth aus der DDR erhielt, waren nicht frei von Einseitigkeiten, gerade im Hinblick auf die Richtungskämpfe über die staatliche Kirchenpolitik und das kirchliche Verhältnis zum Staat.

[81] Müller selber bezeichnet sein Buch als »*kritische* Darstellung«, mit einer »Parteinahme für die entwicklungsfähigen Elemente in Bonhoeffers Theologie und Weltanschauung«. Genau damit werde »eine dem *Weg*, der *Entwicklung* Bonhoeffers gerecht werdende Wiedergabe erstrebt.« Müller, Von der Kirche zur Welt, 13.

[82] Vgl. Friedemann Stengel, Die Theologischen Fakultäten in der DDR als Problem der Kirchen- und Hochschulpolitik des SED-Staates bis zu ihrer Umwandlung in Sektionen 1970/71 (AKThG 3), Leipzig 1998, 177 mit Anm. 455.

[83] Vgl. Müller, Erfahrungen, 217-220.

[84] Wolf Krötke, Die Kirche im Umbruch der Gesellschaft. Theologische Orientierungen im Übergang vom »real existierenden Sozialismus« zur demokratischen, pluralistischen Gesellschaft, Tübingen 1994, 57 mit Anm. 19.

Auf der einen Seite versteht Müller, wie bereits anklang, die Sündenerkenntnis christologisch als eine Folge der Selbsterkenntnis in Christus. Der durch das Wunder der Rechtfertigung gerettete und zur ›besseren Gerechtigkeit‹ bestimmte Mensch ist nicht der sündige Mensch an sich, sondern der durch Gottes *schöpferisches* Wort allererst als Sünder deklarierte und damit zum Sünder *gemachte* Mensch.[85] Darum ist für Müller auch die Bezeichnung des Sünders als ›Gottloser‹ christologisch zu verstehen. Aus diesem Grund – und das ist die andere Seite – widerstrebe die pejorative Bezeichnung anderer Menschen als ›Gottlose‹ oder ›Sünder‹ der Botschaft des Evangeliums. »Wer seinen Nächsten der Gottlosigkeit anklagt, [...] macht sich an Gottes Stelle zum Richter über ihn, trennt ihn von der Gnade Gottes in Gottes Gericht und liefert ihn dem gnadenlosen Gericht der Selbstgerechten aus. [...] Über Gottlose und Feinde Gottes kann nicht abgesehen von Gottes Liebe und Rechtfertigung gesprochen werden.«[86]

Diese Aussage entspricht in der Tat der Position Barths, der geradezu monoman auf die Universalität des Versöhnungshandelns Gottes hinweist: der Mensch sei zuerst als Versöhnter, d.h. in seiner ursprünglichen »Bestimmung zu Gottes Bundesgenossen« (KD III/2, 242) anzusprechen - und erst danach und in *diesem* Lichte auch als Sünder. Außerdem steht Barths Theologie dem anmaßenden menschlichen Richten über andere Menschen ebenfalls kritisch gegenüber und bezeichnet dies sogar als »unsere Ursünde« (KD IV/1, 259), wobei er allerdings dem menschlichen Richten *nicht* die Macht zugesteht, andere Menschen von der Gnade Gottes zu trennen.

Der zweite Einwand lautet, dass Müller das konstruktive Handeln der Kirche in der Gesellschaft darauf reduziere, »Buße zu tun und zwar angesichts [der Gefahr der] Herrschaftsanmaßung ohne Unterlaß«.[87] Abgesehen davon, dass auch die 1. These Luthers über den Ablass (1517) davon spricht, dass gemäß Matthäus 4,17 das ganze Leben der Glaubenden Buße sei,[88] wird

---

[85] Vgl. Müller, Evangelische Dogmatik I, 163.166, mit Bezug auf die *Operationes in Psalmos:* Wer gerecht werden will, der muss zuvor ein Sünder werden (vgl. AWA 2, 351,31f.), womit Luther »natürlich nicht meint, Gott [...] sei für das Sündersein des Menschen verantwortlich«. Müller, Evangelische Dogmatik II, 363 (Anm. 438).

[86] Müller, Evangelische Dogmatik I, 163.

[87] Krötke, Die Kirche im Umbruch der Gesellschaft, 173.

[88] Vgl. Martin Luther, Disputatio pro declaratione virtutis indulgentiarum [95 Thesen], in: ders., Studienausgabe I, hg.v. Hans-Ulrich Delius, Berlin 1979, 173-185, 176, von Müller zitiert nach WA 1, 233, und als ein Kairos gedeutet: »Mit dieser Erkenntnis trat im 16. Jahrhundert die Reformation in Deutschland öffentlich in Erscheinung.« Müller, Evangelische Dogmatik II, 366 (Anm. 459).

Müllers Position hier verzeichnet. Müller definiert die Buße mit Barmen II als »frohe Befreiung zum Neuanfang« und mit Darmstadt VI als »Umkehr zu Gott und Hinkehr zum Nächsten«.[89] Das Ziel sei die Wiedergewinnung eines *evangelischen* Gesetzesverständnisses und damit einer *Freude an der Buße*, die der »Vorordnung des Evangeliums vor das Gesetz«[90] entspricht. Eine Buße aus eigener Anstrengung und Angst vor der Sünde wird abgelehnt. Damit führt Müller auch an dieser Stelle Barthsche (und lutherische) Traditionen weiter. Ähnliches gilt vom Begriff der christlichen Selbstverleugnung, der in den Sieben Sätzen eine wichtige Rolle spielt und ebenfalls in Barths Lehre von der Heiligung in einer Passage, in der es in direktem Anschluss an Bonhoeffer um den »Ruf in die Nachfolge« geht (KD IV/2, 603-626), hervorgehoben wird.[91]

Insgesamt mag Müllers Position erläuterungsbedürftig sein, aber die Behauptung, dass es sich bloß um ein »frivoles Spiel mit der Theologie Barths«[92] gehandelt habe, ist ein Gesinnungsurteil, das zudem im auffallenden Widerspruch zu früheren Äußerungen desselben Autors steht. Dort wird Müllers Dogmatik trotz kritischer Anfragen positiv gewürdigt. Manches sei »sehr schön formuliert«, »der Gewinn« an Weltlichkeit durch Müllers »konsequente ›Zweireichelehre‹« wird anerkannt, und auch die Prävalenz der Versöhnung vor der Sünde des Menschen wird eingeräumt.[93] Dass Müller den christlichen Glauben als »völlige Absurdität in der Welt profilier[e]«, weil »als letztes Wort über Gott sein An-sich-sein stehen und die Unmöglichkeit zu glauben«[94] bleibe, traf jedoch schon damals nicht zu. Tatsächlich geht es in der monierten Passage darum, dass Gott »*an sich* (a se) Gott ist und also nicht nur in Relation zu uns, nicht ›*nur* für *uns*‹ Gott ist.«[95] Es wird also die Freiheit Gottes betont,

---

[89] Müller, Evangelische Dogmatik I, 221.

[90] Müller, Evangelische Dogmatik I, 237.

[91] Vgl. Müller, Evangelische Dogmatik II, 288 (Satz I.), mit Barth, KD IV/2, Zollikon-Zürich 1955, 609: »Jesus nachfolgen heißt: in einem bestimmten Tun und Verhalten über sich selbst hinausgehen und also sich selbst den Rücken kehren, sich selbst hinter sich lassen. [...] Und es wird nicht anders gehen, als daß sich der von Ihm aufgerufene Mensch dabei von sich selbst als dem, der er gestern war, lossagt und abwendet, daß er, wie der wichtige neutestamentliche Ausdruck lautet: *sich selbst verleugnet*.«

[92] Krötke, Die Kirche im Umbruch der Gesellschaft, 162.

[93] Wolf Krötke, ›Christliche Glaubenslehre‹ und ›Evangelische Dogmatik‹ [Rezension], in: ZdZ 34 (1980), 16-30, 24.25.27 (wieder abgedruckt in ders., Die Universalität des offenbaren Gottes. Gesammelte Aufsätze [BEvTh 94], München 1985, 221-241).

[94] Krötke, ›Christliche Glaubenslehre‹ und ›Evangelische Dogmatik‹, 28.24.

[95] Müller, Evangelische Dogmatik I, 63. Krötke berücksichtigt an der erwähnten Stelle (s. die vorige Anm.) von diesem Passus nur die Wörter »an sich (a se) [...] ist«.

was in der Trinitätslehre, die hier den Kontext bildet, keine Überraschung sein sollte. Die Beziehung Gottes zur Welt wird damit keinesfalls in Frage gestellt.

4. Zur Hermeneutik der Barth-Rezeption Hanfried Müllers

Abschließend sollen die vorangehenden Analysen durch drei Überlegungen gebündelt und weitergeführt werden.

a) Der theologische Weg Hanfried Müllers bestätigt die Vermutung, dass die Rezeption Barths in der DDR durch ihre Wahrnehmung als Teilaspekt der Rezeption Barths in beiden deutschen Staaten ihr besonderes Profil gewinnt. Neuere Forschungen haben die Bedeutung eines komparativen Zugangs zur doppelten Staatlichkeit nach 1949 und der »umfassenden deutsch-deutschen Beziehungs- und Konfliktgeschichte«[96] erkannt. Die Erforschung der Barth-Rezeption in der DDR kann von der differenzierten Wahrnehmung der jeweiligen gesellschaftlichen Dynamiken nur profitieren. Auch wenn das Verständnis dieser neueren Geschichte aus guten und weniger guten Gründen kontrovers bleiben wird,[97] könnte zumindest auf totalisierende Ideen wie die Parole vom ›DDR-Unrechtsstaat‹ oder dualistische Interpretationsmodelle, die auf ihre Weise die dialektisch-materialistische Teleologie des notwendigen geschichtlichen Fortschritts replizieren, verzichtet werden.

b) Die generell einleuchtende These, dass der »Akzent auf der Konvergenz Barths und Bonhoeffers«[98] als ein Spezifikum der Rezeption in der DDR gelten kann, bedarf der Vertiefung. Denn eine solche Konvergenz, einschließlich der Aufnahme bruderschaftlicher Traditionen, ist auch gelegentlich bei westdeutschen Barth- und Bonhoeffer-Interpreten wie Bertold Klappert oder Andreas Pangritz[99] sowie in neuerer Zeit verstärkt im englischsprachigen Be-

---

[96] Foschepoth, Rolle und Bedeutung der KPD, 891. Vgl. Frank Möller / Ulrich Mählert (Hg.), Abgrenzung und Verflechtung. Das geteilte Deutschland in der zeithistorischen Debatte, Berlin 2008, mit weiterer Literatur.

[97] Vgl. dazu Arne Rasmusson, Historiography and Theology. Theology in the Weimar Republic and the Beginning of the Third Reich, in: KZG 20 (2007), 155-180, 160-161.

[98] Michael Murrmann-Kahl, Ein Prophet des wahren Sozialismus? Zur Rezeption Karl Barths in der DDR, in: ZNThG 1 (1994), 139-166, 159. Diese Studie leidet allerdings unter starken historischen und dogmatischen Schematisierungen.

[99] Vgl. Bertold Klappert, Miterben der Verheißung. Aufsätze zum jüdisch-christlichen Dialog (NBST 25), Neukirchen-Vluyn 2000; Andreas Pangritz, Karl Barth in der Theolo-

reich[100] zu beobachten. Weitere Aufschlüsse könnte hier der Vergleich von Müllers Position mit denjenigen lutherischen Theologen, in deren Kritik der natürlichen Theologie ebenfalls eine Verbindung zu Barth besteht,[101] ergeben.

Im Hinblick auf Müllers eigene Akzentsetzung besteht wie bei Barth in dem Nein zur natürlichen Theologie »das negative Korrelat der positiven Triebkraft seiner ganzen Lebensarbeit«.[102] Hier bedarf die scharfe Differenzierung zwischen Christusglaube und Religion, für die Müller sich mit Recht auf Barth und Bonhoeffer bezieht, weiterer Reflexion. Eine Frage könnte sein, ob die grundsätzliche Bejahung einer (jeder?) nicht-religiösen *Weltanschauung* auch im Kontext einer weltanschaulich neutralen Staatsdoktrin plausibilisiert werden kann. Dabei wäre auch die Terminologie kritisch zu bedenken. So lehnt Müllers Dissertation die Vorstellung eines »atheistischen Glaubens« ab und räumt ein, dass das weltliche Reden von Gott streng genommen immer ein »religiöses Reden« bleibt, denn der Begriff Gottes sei »nicht nur historisch, sondern auch sachlich ein religiöser Begriff.« Vielleicht gehöre es zur Deszendenz Gottes, dass er »nur als Gott im religiösen Begriff« und »nur als Mensch im weltlichen Begriff [...] gefaßt und eben doch nicht gefaßt werden kann?«[103] In seiner Dogmatik entfaltet er den Christusglauben gleichwohl konsequent als ›nicht-religiöse‹ Haltung.

Diese Konzeption eines religionslosen *Christentums* ist durch die gegenwärtigen »Renaissancen des Religiösen«[104] nicht einfach überholt, bedarf aber der Ergänzung durch den Hinweis auf die bleibende Spannung zwischen reli

gie Dietrich Bonhoeffers: Eine notwendige Klarstellung, Berlin 1989. Auch der Heidelberger Ethiker Heinz-Eduard Tödt (1918-1991) kann hier genannt werden.

100 Vgl. jetzt Matthew Puffer, Dietrich Bonhoeffer in the Theology of Karl Barth, in: W. Travis McMaken / David W. Congdon (Hg.), Karl Barth in Conversation, Eugene 2014, 46-62, und die Replik von Andy Rowell, 62-69, mit weiterer Literatur.

101 Dazu zählt u.a. Rudolf Bultmann.

102 Hinrich Stoevesandt, Was heißt ›Theologische Existenz‹? Über Absicht und Bedeutung von Karl Barths Schrift ›Theologische Existenz heute!‹, in: EvTh 44 (1984), 147-177, 151.

103 Müller, Von der Kirche zur Welt, 410.

104 Vgl. Friedrich Wilhelm Graf, Die Wiederkehr der Götter. Religion in der modernen Kultur, NA München 2007, 16. Graf verwendet den Götterbegriff freizügig (»liberale Konsensgötter« vs. »ekstatisch wilde, machbesessene Götter«, 66) und beruft sich am Ende auf den klassischen Gegensatz zwischen Gott und den Göttern, der auch in Barths Denken eine Rolle spielt. Dabei gebe es die Fundamentalopposition zwischen »barbarisierenden Glaubensmächten« und »humaner Religion« (67). Letztere sei aufgrund ihrer »heilsamen Unterscheidung zwischen Gott und Mensch« (278) eindeutig zu präferieren.

giöser und weltlicher *Rede* von Gott und Christus.[105] Barth spricht bereits im April 1914 davon, dass die Welt »nun einmal religionslos« sei und die Kirche dieser Welt nicht einfach feindlich gegenüber treten solle, denn sie verkündige doch »das kommende Gottesreich in den Herzen und Verhältnissen«, also gerade *in* der Welt und nicht gegen sie. Und Barth fragt: »haben wir, die Religiösen, nicht auch eine große religionslose Ecke in unserer Seele?«[106]

Aufschlussreich könnte die Reflexion des Begriffs der Weltlichkeit auch im Blick auf die seit einigen Jahren intensiv diskutierten Säkularisierungsmodelle sein. Impliziert Müllers Konzeption eine vertikale Säkularität (göttlich vs. weltlich) oder eine horizontale Säkularität (religiös vs. säkular), oder lässt sich diese Frage nicht eindeutig beantworten? Vielleicht könnte Müller sogar der pointierten Feststellung I.U. Dalferths zustimmen: »Wirklich säkular leben wir erst, wenn wir keinen Anlass mehr haben, uns so zu charakterisieren.«[107]

Schließlich ist auch die von Müller entwickelte Theologie des Dienens in Beziehung zu Barth und Bonhoeffer zu setzen. Sein Brief vom 2.3.1963 deutet Verbindungen zu Barths später Theologie an, die in seiner Autobiographie nicht mehr erwähnt werden. Barths Ekklesiologie betont: »Zeugen dessen, der selber nur gedient hat, können offenbar nur Menschen sein, die ihrerseits nur dienen; eben diesem dienenden Herrn und so ihren Mitmenschen dienen wollen. Eben dazu sind sie von ihm erwählt, berufen, eingesetzt« (KD IV/1, 803). Doch besteht dieses Zeugnis *ausschließlich* im Dienen, wie Müller meint? Und wie verhält sich der »Zeugendienst« (KD IV/3, 954) zum Dienst im kirchlichen Amt?

Problematisch bleibt für Müller der Ansatz von Barths politischer Ethik, der ihm anfällig für klerikalistische Applikationen zu sein scheint, auch wenn Barth den tatsächlichen protestantischen Klerikalismus stets kritisch kommentierte. Gegenüber Barths Analogiedenken betont Müller die *Differenz* zwischen Christengemeinde und Bürgergemeinde. Er bejaht zwar die Teilnahme der Christen an der Aufgabe gesellschaftlicher Mitgestaltung, stellt diese aber nicht in den Kontext eines besonderen Auftrags der Kirche. Insofern

[105] Eine kritische Analyse von Müllers Religionsbegriff hätte u.a. zu beachten, dass Müller den Anspruch erhebt, die marxistische Religionskritik besser zu verstehen als die offiziell dafür zuständigen Vertreter der SED!

[106] Karl Barth an Martin Rade, 7.4.1914, in: Karl Barth – Martin Rade. Ein Briefwechsel, hg.v. Christoph Schwöbel, Gütersloh 1981, 92.

[107] Ingolf U. Dalferth, Religionsfixierte Moderne? Der lange Weg von säkularen Zeitalter zur post-säkularen Welt, in: Denkströme. Journal der Sächsischen Akademie der Wissenschaften, Heft 7 (2011), 9-32, 10.

vertritt er hier einen Standpunkt, dessen Spezifikum durch den Vergleich mit anderen lutherischen Barth-Kritikern profiliert werden kann.[108] Hier gilt es zu beachten, dass er den reformierten Ansatz der politischen Ethik, d.h. die Lehre von der Königsherrschaft Christi, nicht einfach ablehnt, sondern vielmehr die Stärken sowohl der reformierten als auch der lutherischen Position zur Geltung bringen will, indem beide sich gegenseitig ergänzen sollen, um schädliche »Simplifizierungen«[109] zu vermeiden.

Dabei bedarf insbesondere die *Sozialität* der Kirche, das systematische Hauptthema in Müllers Dissertation, der genauen Erörterung, vor allem weil Müller sie konsequent nach dem Maßstab der ›religionslosen‹ Weltlichkeit des Evangeliums deutet. Eine kreuzestheologische Grundausrichtung, die den Gedanken der Herrschaft Christi nur auf den Aspekt der Herrschaft *in Verborgenheit* hin auslegt, um den klerikalen Missbrauch des kirchlichen Verkündigungsauftrags abzuwehren, ist schwer vereinbar mit Barths Überzeugung, dass die geschehene Versöhnung der Welt mit Gott auch für den christlichen Weltbezug verbindlich sei. Zugleich gibt es bei Müller selber eine deutliche Prävalenz der Sünden*vergebung* gegenüber der Sünde, die mit Barths starker Betonung der Versöhnungswirklichkeit kompatibel ist.

Ferner könnte die Stellung der Zwei-Reiche-Lehre in Müllers Theologie durch den Fokus auf dem Begriff der Eigengesetzlichkeit reflektiert werden, denn gerade dieser ursprünglich von Max Weber geprägt analytische Begriff wurde von deutschnationalen neo-lutherischen Theologen nach dem Ersten Weltkrieg als normative Kategorie verwendet.[110] Ein markanter Unterschied liegt darin, dass Müllers Begriff der Eigengesetzlichkeit gesellschaftlicher Bereiche den teleologischen Vorgaben des historischen und dialektischen Materialismus folgt, während die nationalkonservativen Lutheraner diese ›Eigengesetzlichkeit‹ mit einer religiösen Teleologie schöpfungs- oder ordnungs-

---

[108] Vgl. dazu Bernd Wildemann, Zwei-Reiche-Lehre oder Königsherrschaft Jesu Christi. Karl Barths Ringen um das rechte theologische Reden von Gott angesichts der Herausforderungen der Zeit, in: Walter Schmithals (Hg.), Existenz und Sein. Karl Barth und die Marburger Theologie, Tübingen 1989, 37-65.

[109] Müller, Evangelische Dogmatik II, 376 (Anm. 550).

[110] Vgl. Wolfgang Huber, »Eigengesetzlichkeit« und »Lehre von den zwei Reichen«, in: Niels Hasselmann (Hg), Gottes Wirken in seiner Welt. Zur Diskussion um die Zweireichelehre, Bd. II, Hamburg 1980, 27-51. Das Thema ist historisch, wirkungsgeschichtlich und systematisch verwickelt. Vgl. auch Friedrich Wilhelm Graf, Kulturluthertum und Eigengesetzlichkeit. Bemerkungen zum Verhältnis von Theologiegeschichtsforschung und kirchlicher Zeitgeschichte, in: Evangelische Arbeitsgemeinschaft für kirchliche Zeitgeschichte, Mitteilungen 7. Folge, München 1987, 14-63.

theologischer Art begründeten. Im Vergleich der Barth-Rezeptionen bedarf vermutlich die Verhältnisbestimmung von Schöpfungsordnung und Versöhnungsordnung der Klärung.

c) Die teilweise diametral entgegengesetzten Einschätzungen des ›politischen Barth‹ führen schließlich zu der Frage, welche Interessen bei der Bewertung der Barth-Rezeption gerade in sozialistischen Ländern leitend sind.

So wird Barth nicht nur von konservativer, sondern auch von liberaler Seite bis heute als Handlanger des Kommunismus verdächtigt, oft mit dem Ansinnen, ihn als einen ›Vaterlandsverräter‹ erscheinen zu lassen.[111] Die Reaktionen darauf können auf verschiedene Weise erfolgen, nicht nur durch Richtigstellung offensichtlicher Fehler oder historischer Unkenntnis. Ein aktueller Vorschlag konzentriert sich auf die »Freiheit«,[112] die in Barths Theologie tatsächlich eine wichtige Rolle spielt. Dieser Begriff wird dann so gewendet, dass Barth als eine Art geistiger Vater kirchlicher Akteure oder Schlagwörter der Wende 1989/90 gelten kann. Auffällig ist dabei, dass zwar auf Barths (bekannte) Kritik an brutalen Praktiken der kommunistischen Regierungen in der Sowjetunion und Osteuropa hingewiesen wird, aber die sozialistischen Überzeugungen, die Barth trotz dieser Kritik nie aufgegeben hat und die auch in der *Kirchlichen Dogmatik* zu finden sind, ausgeblendet werden, so dass ein verzerrtes Gesamtbild entsteht.[113] Brisant wird dieses

---

[111] Diese Tendenz beherrscht das Machwerk von Erwin Bischof, Honeckers Handschlag. Beziehungen Schweiz – DDR 1960-1990. Demokratie oder Diktatur, Bern 2010, das eine ominöse Unterwanderung der Schweiz beschwört und dabei eine illustre Reihe Schweizer Intellektueller und Politiker denunziert. Selbst ein um positive Aspekte bemühter Rezensent muss feststellen, dass es sich weniger um »ein Geschichtswerk« als um eine »Kampfschrift gegen Linke aller Art« handelt. Detlef Kühn, Frankfurter Allgemeine Zeitung, 23.8.2010, 6.

[112] Wolf Krötke, Karl Barth und der ›Kommunismus‹. Erfahrungen mit einer Theologie der Freiheit in der DDR, Zürich 2013.

[113] Vgl. Krötke, Barth und der ›Kommunismus‹, 11-12 – der »Staatssozialismus« als »neue Unterdrückung« – mit Barth, KD III/4, Zollikon-Zürich 1951, 624-625: dort wird *zuerst* das »Unrecht« des Kapitalismus, d.h. der alten Unterdrückung genannt; der gesamte Abschnitt ist eine Warnung vor westlicher Überheblichkeit. Auch die Ausführungen über die Kirche unter Druck (34) sind reduktiv, denn für Barth gibt es auch im säkularen Westen eine »Anfechtung von außen«, die »noch viel gefährlicher« sein könne, indem sie die Kirche freundlich-gleichgültig gewähren lässt, um ihre Dienste »zum Zweck einer gewissen Verklärung ihres praktischen Atheismus [...] gelegentlich [...] doch in Anspruch zu nehmen! Jetzt, wo sie [scil. die Gemeinde] in der Welt zwar nichts zu fürchten, aber auch nichts zu hoffen hat« (ders., KD IV/2, 752).

Vorgehen durch die gleichzeitig vorgenommene Verurteilung anderer Barth-Rezeptionen, die mit dem Verdacht der Illegitimität belegt werden.[114]

Die Gründe dafür sollen hier nicht erörtert werden. Es genügt der Hinweis darauf, dass bei der Deutung der Barth-Rezeption ähnlich wie bei der Debatte über die politische Stellung Barths in der Weimarer Republik[115] immer auch der Kontext möglicher Richtungskämpfe zu berücksichtigen ist.[116] Wenn dazu umstrittene politische Faktoren ins Spiel kommen, verschärft der Streit sich erheblich, und es kommt leicht zu einer Trübung des theologischen Urteils.

---

[114] Die Behauptung, Müller habe versucht, Barth »zu manipulieren« (Krötke, Barth und der ›Kommunismus‹, 15), ist tendenziös. Müllers Briefe belegen eher das Gegenteil. Zudem wird die Position Marquardts grob entstellt. Dieser behauptete nie, »die ›Denkform‹ Barths sei der ›dialektische Materialismus‹« (Krötke, Barth und der ›Kommunismus‹, 18). Und die Aussage, dass Marquardt und andere Vertreter einer sozialistischen Barth-Interpretation nach 1990 »sang- und klanglos« damit »aufhörten« (18), ist eine freie Erfindung. Das Gegenteil ist richtig. So betont Marquardt zum Abschluss seiner Dogmatik die utopische Widerstandskraft des Sozialismus, die auch in der DDR wirksam wurde und »als praktischer Widerspruch gegen die kapitalistische Revolution« unter veränderten geschichtlichen Bedingungen von eminenter Bedeutung bleibt. Friedrich-Wilhelm Marquardt, Eia, wärn wir da. Eine theologische Utopie, Gütersloh 1997, 37. Noch schärfer betont Marquardt die sozialistische Perspektive in Susanne Hennecke / Rinse Reeling Brouwer (Hg.), Afdalingen. Werkstukken en vriendendiensten bij het afscheid van Dick Boer, Gorinchem 1999, 99-101.

[115] Vgl. jetzt Friedrich Wilhelm Graf, Einleitung: Protestantische Universitätstheologie in der Weimarer Republik, in: ders., Der heilige Zeitgeist. Studien zur Ideengeschichte der protestantischen Theologie in der Weimarer Republik, Tübingen 2011, 1-110, v.a. 12-28. Insofern Barth der deutsch-nationalen Haltung des gelehrten Weimarer Bürgertums ablehnend gegenüber stand (vgl. 22.26), legt sich – gegen Grafs sonstige Tendenz – der Schluss nahe, dass Barth dem links-republikanischen Spektrum zuzurechnen ist. Vgl. auch Rudy Koshar, Where is Karl Barth in Modern European History?, in: Modern Intellectual History 5 (2008), 333-362, 357: »When we consider the fact that Barth lived at a moment when democracy was a contested option, not a matter of consensus, then the position he took may have redounded to the advantage of a weak republic«.

[116] »Der Streit um ›Barth‹ ist immer auch ein Streit um die Legitimität der in ihm zum Einsatz gebrachten theologischen Methoden und darin der entsprechenden Deutungsperspektiven des Christentums.« Georg Pfleiderer, ›Inkulturationsdialektik‹. Ein Rekonstruktionsvorschlag zur modernitätstheoretischen Barthinterpretation, in: Michael Beintker / Christian Link / Michael Trowitzsch (Hg.), Karl Barth in Deutschland (1921–1935). Aufbruch – Klärung – Widerstand, Zürich 2005, 223-244, 231.

Unierte Barthrezeption in der DDR nach dem Mauerbau

Henning Theißen

1. Eingrenzung von Thema und Methode[1]

Kurz nach der friedlichen Revolution in Deutschland äußerte Friedrich Wilhelm Graf, Karl Barth sei für die Theologie in der DDR »Normaldogmatiker« gewesen.[2] Diese Einschätzung, die wohl vor dem hier nicht zu diskutierenden Hintergrund von Grafs Verständnis einer ›Historisierung‹ der Theologie Barths zu verstehen ist, hat energischen Widerspruch besonders bei Wolf Krötke gefunden, der sie zum Anlass für die Diskussion einer Faustregel zur DDR-Theologiegeschichtsschreibung nahm. An den staatlichen wie kirchlichen Theologiestandorten von Greifswald bis Naumburg sei dieser Regel zufolge Barth mit Ausnahme von Berlin nur verhältnismäßig wenig rezipiert worden. Barths Theologie habe in der DDR ihre stärkste Wirkung in der Zeit vor dem Mauerbau entfaltet. Danach seien ihre Anliegen durch einen ver-

---

[1] Die Archivrecherchen zum vorliegenden Beitrag habe ich gemeinsam mit Daniel Martens, dem mein vorrangiger Dank gilt, im Evangelischen Zentralarchiv in Berlin (EZA) sowie im Evangelischen Landeskirchlichen Archiv in Berlin (ELAB) durchgeführt.

[2] Friedrich Wilhelm Graf, Traditionsbewahrung in der sozialistischen Provinz. Erste Überlegungen zur Deutung der »Kirche im Sozialismus«, in: Trutz Rendtorff (Hg.), Protestantische Revolution? Kirche und Theologie in der DDR. Ekklesiologische Voraussetzungen, politischer Kontext, theologische und historische Kriterien (AKIZ B 20), Göttingen 1993, 253-280, hier 253. – Die Darstellung von Michael Murrmann-Kahl, Ein Prophet des wahren Sozialismus? Zur Rezeption Karl Barths in der ehemaligen DDR, in: ZNThG 1 (1994), 139-166 folgt trotz gewisser Detailkritik (164-165) methodisch vollauf Grafs modernitätstheoretischer Christentumsgeschichte, wenn versucht wird, Kirche und Theologie in der DDR durch »differenzierte historische Rekonstruktion« (164) des Sozialismusbegriffs in seiner Unterscheidung vom Marxismus-Leninismus (165) mentalitätsgeschichtlich einer durch »Staatsloyalität« (165) und »Etatismus« (165) geprägten »Realisierung der Moderne« (164) zuzuordnen. Dass dieser Versuch in der auf das Werk W. Krötkes (158), aber auch auf den Kirchenbund (161-162) und auf den Weißenseer Arbeitskreis (153 mit Anm. 56) gemünzten These kulminiert, ein theologiegeschichtliches »DDR-Spezifikum« (159) habe in der Annahme einer »Konvergenz von Barth und Bonhoeffer« (159) bestanden, weckt allerdings Zweifel, wie gut dem Autor die »differenzierte historische Rekonstruktion« seines Materials gelungen ist.

stärkten Rekurs auf Bonhoeffer vor allem im Bund der Evangelischen Kirchen in der DDR (BEK), speziell seinem Bonhoeffer-Komitee, modifiziert worden.[3]

Wenn es sich bei dieser Einteilung gleichwohl nur um eine Faustregel handelt, die Krötke dementsprechend sogleich relativiert, dann ihm zufolge deshalb, weil Barth insbesondere durch die ja maßgeblich von ihm mitverfasste Barmer Theologische Erklärung fraglos auch nach dem Mauerbau fortwirkte – etwa die aus der gescheiterten DDR-weiten Kirchenfusion stammende und auf Barmen aufbauende *Gemeinsame Erklärung zu den theologischen Grundlagen der Kirche und ihrem Auftrag in Zeugnis und Dienst* (Mai 1985) ist auch als Akt der Barthrezeption zu verstehen. Jene Faustregel ist auch darin ungenau, dass sie naturgemäß nicht die Gründe nennt, warum der Mauerbau als Zäsur in der ostdeutschen Barthrezeption wirkte. Doch kann man hierzu annehmen, dass die theoretischen Rahmenbedingungen des Verhältnisses von religiöser und politischer Gemeinschaft, die Barth in *Rechtfertigung und Recht* darlegte, in einer sich abriegelnden DDR nach 1961 nicht mehr so leicht auf die kirchliche und gesellschaftliche Praxissituation zu beziehen waren wie zuvor.

Trotz dieser Relativierung erlaubt jene Faustregel exakt die Eingrenzung des Themas, dem ich mich widmen will. Es wird bei meinen folgenden Beobachtungen zur DDR-Theologiegeschichte a) um die Zeit *nach dem Mauerbau* und b) um die *nicht durch Barmen vermittelte* Rezeption Barths gehen. Die entscheidende Frage wird eine methodische sein: Auf welche Weise kann man diese »postmurale« Barthrezeption[4] charakterisieren, wenn sie nicht indirekter Art ist wie die durch Barmen vermittelte? Von Rezeption im herkömmlichen Sinne einer regelrechten Barth-Philologie kann man mangels Masse kaum sprechen. Andererseits darf man aus den wenigen Titeln ostdeutscher Provenienz, die die praktischerweise bis 1992 reichende Barth-Bibliographie

---

[3] Vgl. Wolf Krötke, Karl Barths und Dietrich Bonhoeffers Bedeutung für die Theologie in der DDR, in: KZG 7 (1994), 279-299 zur »Zeit nach dem Mauerbau« (283), hier 284: »Grundintentionen der Theologie Barths [...] wurden dann durch eine bestimmte Bonhoeffer-Interpretation weiter auf die Situation der Kirche in der DDR zugespitzt«. Zu Krötkes eigener Einschränkung dieser Faustregel vgl. 283-284. Zur Barthrezeption speziell am Berliner Sprachenkonvikt vgl. den Aufsatz »Profile der Theologie in der DDR« (ders., Die Kirche im Umbruch der Gesellschaft. Theologische Orientierungen im Übergang vom »real existierenden Sozialismus« zur demokratischen, pluralistischen Gesellschaft, Tübingen 1994, 235-248, hier 246). DDR-weit nennt Krötke andernorts die Beschäftigung mit Barth »auf die Dauer eher dünn« (146).

[4] Ich persönlich verdanke diesen treffenden Ausdruck Axel Noack.

von Hans Markus Wildi nennt,[5] weder quantitative noch insbesondere in Anbetracht in der DDR bestehender Publikationsschwierigkeiten qualitative Rückschlüsse ziehen; ebensowenig aus der Tatsache, dass der Verbundkatalog, dem die ostdeutschen Hochschulbibliotheken angehören,[6] für das Erscheinungsland DDR nur eine Handvoll Titel zum Schlagwort »Karl Barth« nachweist, zu denen freilich noch die im DDR-Buchhandel nicht erhältlichen Werke hinzukommen, die Autoren wie z.B. Wolf Krötke oder Werner Krusche in Westdeutschland publiziert haben. Zu bedenken ist auch eine gewisse Anzahl von Qualifikationsschriften an den theologischen Ausbildungsstätten, die schon dieses Genres wegen nicht im Buchdruck erschienen sind.[7] Hinzu kommen neben Texten im Umfang von Zeitschriftenaufsätzen[8] auch die an den genannten Einrichtungen durchgeführten Lehrveranstaltungen, unter denen freilich selbst am Berliner Sprachenkonvikt in den 1980er Jahren nur zwei ausdrücklich Barth zum Thema hatten.[9] Zu all diesen Fragen der Barthrezeption besteht erheblicher Forschungsbedarf.

Als methodischer Ausgangspunkt für die Charakterisierung der nichtindirekten, postmuralen Barthrezeption scheinen mir die Überlegungen hilfreich, die der berlin-brandenburgische Bischof Gottfried Forck beim Symposium des Sprachenkonvikts zu Barths 100. Geburtstag 1986 anstellte.[10] Forck

---

5 Vgl. Hans Markus Wildi, Bibliographie Karl Barth, Bd. II, hg.v. Jakob Matthias Osthof, Zürich 1992.

6 Vgl. unter der Intetnetadresse gso.gbv.de (04.04.2014).

7 Z.B. die Habilitationsschrift (Dissertation B) von Bernd Hildebrandt (Universität Greifswald) zur Natürlichen Theologie bei Barth; thematisch ein Pendant zu der entsprechenden Studie von Christof Gestrich.

8 Einiges hierzu wird u. in Abschn. 2.2 behandelt. Die schon recht bald nach der deutschen Wiedervereinigung erschienene Studie von Armin Kistenbrügge / Gerhard Sauter, Die »Theologischen Versuche« als Spiegel der Theologie in der DDR, in: VF 38 (1993/2), 15-29 gibt als hilfreicher Erstüberblick noch wenig Hinweise für die spezifische Frage des Umgangs mit Barth.

9 Dieses Ergebnis einer Pilotrecherche verdanke ich Daniel Martens.

10 Vgl. zum Folgenden Gottfried Forck, Karl Barth und der Weg der Kirche in der DDR, in: Heidelore Köckert / Wolf Krötke (Hg.), Theologie als Christologie. Zum Werk und Leben Karl Barths. Ein Symposium, Berlin 1988, 147-158. Forcks Referat war eines der beiden (das andere stammte von H. Falcke), die bei der Zensur des Manuskripts durch das Presseamt der DDR Anstoß erregten, so dass sich die Drucklegung bis 1988 hinzog. Nach den recht schematischen Einsprüchen des bestellten Zensors (D. Kraft) war die zeitgeschichtliche Einordnung von Forcks Bezugstexten durch einen eigens angeforderten Zweitzensor (Horst Dohle) letztlich entscheidend für die Erteilung der Druckgenehmigung (vgl. Siegfried Bräuer / Clemens Vollnhals [Hg.], »In der DDR gibt es

unterschied hier zwischen einem als »sehr indirekt« eingeschätzten Einfluss, den Barth aufgrund seiner Werke (die in der DDR dank des Lizenzdrucks der Evangelischen Verlagsanstalt weithin greifbar waren) ausgeübt, und einer solchen Rezeption, die den »Weg der Kirche in der DDR« beeinflusst habe.[11] Nach Forcks Terminologie zu urteilen, muss man sich diesen zweiten Strang der ostdeutschen Barthrezeption offensichtlich weniger indirekt vorstellen, weil er im kirchlichen Leben der DDR direkt greifbar und damit kontextspezifisch ist. Die Direktheit dieser Rezeptionsweise besteht also darin, dass sie die Funktion, die der jeweilige Text für die Kirche besitzt, gleichsam mitrezipiert, also nicht nur den Text als solchen aufgreift (dies wäre dann vergleichsweise die indirekte Rezeption). Inwieweit die damit unterstellte Vergleichbarkeit kirchlicher Situationen beim Text und bei seiner Rezeption tatsächlich gegeben sein kann, wird im Weiteren zu bedenken sein.

Wir können als methodischen Leitfaden aus den bisherigen Überlegungen folgern: *Direkte Barthrezeption* ist *kontextspezifisch, indirekte* hingegen *kontextunabhängig* – selbst dann, wenn sie direkt auf Barths Texte zurückgreift, wie dies neben dem schon erwähnten W. Krötke etwa mit seiner bekannten Habilitationsschrift zu Barths Sündenlehre[12] der Naumburger Systematiker Ingo Klaer im selben Berliner Symposiumsband tut.[13] Auf gerade einmal 15 Seiten rollt Klaer die gesamte Offenbarungsproblematik im Sinne der zweiten Generation der neuzeittheoretischen Richtung der Barthinterpretation[14] samt den sich daraus ergebenden Anfragen an Barths Pneumatologie

---

keine Zensur«. Die Evangelische Verlangsanstalt und die Praxis der Druckgenehmigung 1954-1989, Leipzig 1995, 361-371 [Dok. 50]).

11 Zitate: Forck, Barth und DDR, 147. Als Beispiele dienten Forck außer Barmen Barths bekannter *Brief an einen Pfarrer in der DDR* (1958), sein *Gutachten zu den Zehn Artikeln von Freiheit und Dienst der Kirche* (1963) und Barths Tauflehre (1943/67).

12 Vgl. Wolf Krötke, Sünde und Nichtiges bei Karl Barth, Berlin 1970 (ThA 30). In dieser Schriftenreihe (»Theologische Arbeiten«) erschienen bis zur zur friedlichen Revolution 48 Bände. Neben den ca. 25 theologischen Printzeitschriften der DDR inklusive der kirchlichen Amtsblätter sind postmural ebenfalls bedeutsam die seit 1958 erschienenen »Aufsätze und Vorträge zur Theologie und Religionswissenschaft« (83 Hefte bis 1989), in denen sich allerdings keine einschlägigen Beiträge zur Barthrezeption finden. Dieselbe Einschränkung ist auch für die territorialkirchengeschichtlich ausgerichteten »Herbergen der Christenheit« zu machen, die bis heute existieren.

13 Vgl. Ingo Klaer, Überlegungen zum Offenbarungsbegriff Karl Barths, in: Köckert / Krötke (Hg.), Theologie als Christologie, 90-105.

14 In der Betrachtung der von Trutz Rendtorff inaugurierten neuzeittheoretischen Barth-Interpretation schließe ich mich der hervorragenden Münsteraner Dissertation von Stefan Holtmann, Karl Barth als Theologe der Neuzeit. Studien zur kritischen Dar-

auf – und das kontextunabhängig allein aufgrund der *Kirchlichen Dogmatik*, denn der einschlägige Kontext seiner Darlegung war zu diesem Zeitpunkt bloß virtuell: Die Münchner Antrittsvorlesung von Friedrich Wilhelm Graf war 1986 noch nicht veröffentlicht und die großen Barth-Darstellungen z.B. von Dietrich Korsch und Georg Pfleiderer nicht einmal geschrieben.[15]

Klaers durch und durch textbezogene Barthinterpretation, die wie Krötkes Untersuchung zu Barths Sündenlehre ebensogut im ost- wie im westdeutschen Zusammenhang vorstellbar ist, veranlasst mich dazu, Forcks methodischer Leitfrage nach der *Kontextspezifik* der in der DDR anzutreffenden Barthrezeption die Frage an die Seite zu stellen, *welche konkreten Texte Barths* von den jeweiligen Rezipienten aufgegriffen werden. Meine Überlegungen zur postmuralen Barthrezeption versuchen also das Verhältnis von Text und Kontext angemessen zur Geltung zu bringen.

2. Zur Rezeption von »Rechtfertigung und Recht«

Das Zusammenspiel von Text- und Kontextspezifik kann man sich meines Erachtens gut daran klar machen, dass der Mauerbau schon für diejenigen Exponenten von Barths Theologie eine Zäsur markiert, die in der DDR den größten Einfluss gehabt haben dürften.[16] Da sie alle in eigenen Beiträgen des vorliegenden Bandes behandelt sind, kann ich mich kurz fassen.[17]

stellung seiner Theologie (FSÖTh 118), Göttingen 2007 an, der an jüngeren Interpreten v.a. Dietrich Korsch und Georg Pfleiderer behandelt.

15 Dass der Zensor (D. Kraft) Klaers Beitrag als »ausgesprochen langweilig« empfand (Bräuer / Vollnhals [Hg.], Druckgenehmigung, 363), sagt mehr über den Zensor als über den Autor, dem es so gelang, anstandslos die Zensur zu passieren. Das kann bei einem Beitrag, der gerade die politisch ambitionierteren Barthrezeptionen Westdeutschlands vorwegnimmt – vgl. nur Anm. 2 meines Beitrags! –, eigentlich kein langweiliger Vorgang sein.

16 Die von Gerhard Besier vertretene Behauptung, dass mit dem Ende dieser Auseinandersetzungen eine grundsätzliche Akzeptanz der SED-Diktatur in die evangelischen Kirchen der DDR eingezogen und jede grundsätzliche Infragestellung des politischen Systems aufgegeben worden sei (z.B. ders., Art. Evangelische Kirchen, in: Lexikon Opposition und Widerstand in der SED-Diktatur, hg.v. Hans-Joachim Veen u.a., Berlin 2000, 122-125), erscheint mir als ein bemerkenswertes Beispiel kontextunsensibler Interpretation.

17 Die folgenden drei Namen werden auch von Krötke, Theologie in der DDR, 288.291.293 hervorgehoben.

Heinrich Vogel, der sowohl im Westen (Kirchliche Hochschule Zehlendorf) als auch im Osten Berlins (Humboldt-Universität und Sprachenkonvikt) wirkte, dürfte Barth persönlich am nächsten gestanden haben; gleichzeitig aber scheint sein Einfluss auf Vogel nach den intensiven brieflichen Auseinandersetzungen um Barths Anthropologie und Vogels Christologie[18] abgenommen zu haben.

Johannes Hamel setzte sich mit Barth am eingehendsten nach dem zweiten Kirchenkampf auseinander, der in einem Gespräch zwischen SED- und Kirchenvertretern am 10.06.1953 zu einer Art Waffenstillstand geführt wurde.[19] Die nach der Niederschlagung des Juniaufstands folgenden Konflikte betrafen nicht mehr Verhaftungen von Pfarrern (wie bei Hamel selbst), sondern die Junge Gemeinde sowie später die Konfirmation und Jugendweihe. Hamels These von den Marxisten als ›Dienstleuten Christi‹[20] ist wohl ohne Barths Behauptung aus *Rechtfertigung und Recht,* dass auch der hinter seiner Norm zurückbleibende Staat seinem Dienst an der Herrschaft Christi »nicht entlaufen« könne,[21] kaum denkbar – genauso aber ist Hamel mit diesem Konzept nach dem Mauerbau schon bald »immer schwerer verstanden« worden, wie A. Noack urteilt.[22] Gleichzeitig ist zu bedenken, dass Hamels Urteil in der politischen Ethik keinen Nachweis literarischer Rezeption von Barths Schrift erlaubt, sondern diese eher den Ausgangspunkt markiert, hinter den Hamel nicht zurückkann und -will.

---

[18] Vgl. Wilhelm Hüffmeier, »Magno consensu in dissensu« – die theologische Freundschaft zwischen Karl Barth und Heinrich Vogel, in: ZThK 105 (2008), 36-62, hier 45 summarisch zu den genannten Auseinandersetzungen.

[19] Vgl. zum kirchenzeitgeschichtlichen Hintergrund: Martin Greschat, Protestantismus im Kalten Krieg. Kirche, Politik und Gesellschaft im geteilten Deutschland 1945-1963, Paderborn 2010, 135-151 für die Zeit bis zum 17.06.1953 sowie 163-168 und 218-240 für die darauf folgenden prämuralen Konflikte bis hin zu der Debatte um die Legitimität des SED-Staates.

[20] Zuerst dargestellt in Hamels Beitrag zur Festschrift für Eduard Thurneysen (1958), findet sich dieser Gedanke ausführlicher entfaltet in: Johannes Hamel, Christenheit unter marxistischer Herrschaft (unterwegs, Heft 7), Berlin 1959.

[21] Karl Barth, Rechtfertigung und Recht [1938], NA in: ders., Rechtfertigung und Recht – Christengemeinde und Bürgergemeinde – Evangelium und Gesetz, Zürich 1998, 5-45, Zitat 13.

[22] Axel Noack, Johannes Hamel (1911-2002). Christus bekennen zur Rechten und zur Linken, in: Albrecht Beutel (Hg.), Protestantismus in Preußen. Lebensbilder aus seiner Geschichte, Bd. V, Frankfurt 2009, 341-364, Zitat 359.

Günter Jacobs noch prominentere These vom »Ende des konstantinischen Zeitalters«[23] verrät ebenfalls eine intensive, nur in ihrer Ausrichtung zu Hamel gegenläufige, Auseinandersetzung mit den Motiven aus *Rechtfertigung und Recht*. Die Annahme liegt also nahe, dass Barth mit dieser einschlägigen Schrift vor allem in den theologischen Debatten der späten 1950er Jahre um das Verhältnis der Kirche zum Staat ein wichtiger Bezugs- und Ausgangspunkt evangelischer Theologie in der DDR war. Als der islolationistische Mauerbau hier von Staatsseite Fakten schuf, die den gesellschaftlichen Resonanzraum abschnitten, den Barths entsprechendes Konzept erfordert, war es verständlich, dass sich die Befassung mit Barth anderen Themen widmete, unter denen die Tauflehre herausragt. Ehe ich mich aber dieser zuwende, sind einige Überlegungen zu gewissermaßen kleineren Rezeptionslinien der Gedanken aus *Rechtfertigung und Recht* angebracht.

2.1. DER BISCHOFSWERDAER ARBEITSKREIS

Der Ort Bischofswerda weist in die Evangelisch-Lutherische Landeskirche Sachsens, in der durch die Kirchliche Bruderschaft bei deutlicher Sozialismusaffinität auch eine gewisse Barthrezeption (z.B. bei Walter Feurich)[24] anzutreffen war. Allerdings war das nicht die Linie des Bischofswerdaer Arbeitskreises.[25] Seine Wirkungszeit weist vielmehr noch hinter den Mauerbau zurück in die Jahre der kirchlichen Handreichungen, mit denen versucht wurde, auf die sich zuspitzende Auseinandersetzung von Staat und Kirche einzuwirken. Die diesbezüglichen Äußerungen der EKU (1959) und insbeson-

---

[23] Zu Günter Jacob vgl. außer dem Beitrag im vorliegenden Band überblicksartig: Michael Hüttenhoff, Günter Jacob. Kirchliche Praxis in zwei Weltanschauungsdiktaturen, in: Lucia Scherzberg (Hg.), »Doppelte Vergangenheitsbewältigung« und die Singularität des Holocaust, Saarbrücken 2012 (Theologie.Geschichte, Beiheft 5), 357-394, besonders 365-385 (auch online: http://universaar.uni-saarland.de/journals/public/journals/3/Komplettausgabe_tgBeiheft5.pdf [04.04.2014]).

[24] Vgl. die Textedition Karl Barth, Klärung und Wirkung. Zur Vorgeschichte der »Kirchlichen Dogmatik« und zum Kirchenkampf, hg.v. Walter Feurich, Berlin 1966 (zu Barths 100. Geburtstag 1986 unter verändertem Titel »Klärung – Wirkung – Aufbruch« in 2. Aufl).

[25] Zu dem in der Forschung unterrepräsentierten Wirken des Arbeitskreises vgl. Thomas Friebel, Kirche und politische Verantwortung in der sowjetischen Zone und der DDR 1945-1969. Eine Untersuchung zum Öffentlichkeitsauftrag der evangelischen Kirchen in Deutschland, Gütersloh 1992, 272-275; Sebastian Engelbrecht, Kirchenleitung in der DDR. Eine Studie zur politischen Kommunikation in der Evangelisch-Lutherischen Landeskirche Sachsens 1971-1989 (AKThG 6), Leipzig 2000, 89-91.

dere der VELKD (1960) liegen am nächsten als Auslöser für die Thesenreihe »Der Christ in unserem Staat«.[26] Sie war die erste von drei Äußerungen, in denen der Bischofswerdaer Arbeitskreis den Evangeliumsanspruch artikulierte, mit dem die Kirche noch vor ihrer Positionsbestimmung im Gegenüber zum Staat aufzutreten habe. Besonders die erste, noch vor dem Mauerbau in der »Hoffnung auf Wiedervereinigung« (213) verfasste Thesenreihe anerkennt zwar eindeutig die just 1960 heftig umstrittene staatsrechtliche Legitimität der DDR, behauptet aber bei Aufnahme klassischer Topoi lutherischer Staatslehre (»›[d]ie Guten loben‹ und ›die Bösen strafen‹«, 214) mit deutlicher Anlehnung an Barths *Rechtfertigung und Recht* die christlich-eschatologische Einordnung des Staates in den Herrschaftsbereich Christi (»Tag Christi«, 214) als den »einzige[n] Weg« (214) zur Erhaltung des – auch des seinen Auftrag unterbietenden – Staates. Entsprechend kritisch wird – bei Bestreitung einer spezifisch christlichen »Gesellschaftsordnung« (213) – die christliche »Loyalität« zum Staat aufgefasst, als deren Grenzen die Bischofswerdaer Thesen ausdrücklich unter anderem die »Jugendweihe« (214), das »Bekenntnis zum dialektischen Materialismus« (214), die unfreien Wahlen (214) und die Staatssicherheit (214) nennen. Die Einschätzung dieser Thesen als Vorordnung der Königsherrschaft Christi vor die lutherische Zwei-Reiche-Lehre[27] wird außerdem durch Äußerungen mehrerer Mitglieder des Arbeitskreises wie des sächsischen Oberlandeskirchenrates D. Mendt gedeckt, der hier rückblickend eine »verbesserte Zwei-Reiche-Lehre«, weil »immer unter der Herrschaft Christi«, sah.[28]

Mendt selbst und mehr noch der spätere Bischof der KPS Werner Krusche belegen allerdings, dass der vom Bischofswerdaer Arbeitskreis vor allem in seiner zweiten Thesenreihe »Christliche Gemeinde in der DDR« (1961) hochgehaltene Evangeliumsanspruch auf eine *missionarische* Kirche zielte, die sich

---

[26] In der DDR konnte die Thesenreihe nicht gedruckt werden; sie erschien im Westen in dem der Kirchlich-theologischen Sozietät und der Kirchlichen Bruderschaft im Rheinland verbundenen Periodikum *Kirche in der Zeit* (KiZ 15 [1960], 213-216). Zitate daraus im laufenden Absatz mit bloßer Seitenangabe in Klammern.

[27] So insbesondere Friebel, Politische Verantwortung, 272.

[28] Dietrich Mendt, Kritische Distanz zum Staat – eine notwendige biblische Haltung? [ausführlicher 1992 u.d.T.: Lehren aus der DDR-Vergangenheit. Distanz zum Staat – eine notwendige politische Haltung?], in: ders., »Die Welt setzt die Tagesordnung ...« Beiträge zur missionarischen Kirche, m. einem Aufsatz v. Johannes Hempel, hg.v. Wolfgang Ratzmann, Leipzig 2008, 177-186, Zitate 178 (unter Berufung auf den früheren sächsischen Landesbischof Gottfried Noth).

als solche der Welt auch in Gestalt des Sozialismus zuwenden sollte,[29] ohne diese mit der Bonhoeffer-Rezeption des ungleich bekannteren Weißenseer Arbeitskreis als »mündige Welt« zu überhöhen.[30] Man könnte daher im Bischofswerdaer Arbeitskreis eher eine bestimmte, später allerdings von der Wirksamkeit Albrecht Schönherrs überflügelte Linie der Bonhoeffer-Rezeption sehen als einen spezifischen Beitrag zur Rezeption Barths. Diese Einschränkung ist umso mehr zu machen, als der Naumburger Praktische Theologe Gottfried Voigt und mehr noch der sächsische Landesbischof Johannes Hempel, die ebenfalls dem Bischofswerdaer Arbeitskreis angehörten, später gerade in der Frage der Zwei-Reiche-Lehre Korrekturen anbringen konnten, die entweder im bewusst lutherischen Schema verblieben (Voigt)[31] oder aber die Nennung Bischofswerdas augenscheinlich bewusst vermieden (Hempel).[32]

---

29 Vgl. Werner Krusche, Das Missionarische als Strukturprinzip [1964], in: ders., Schritte und Markierungen. Aufsätze und Vorträge zum Weg der Kirche (APTh 9), Göttingen 1971, 109-125, insbesondere 123, wo die so verstandene Kirche als *»aufnahmefähig, ausstrahlungskräftig* und *aussendungstüchtig«* charakterisiert wird. Generell schlägt sich die missionarische Akzentuierung der Ekklesiologie bei diesen Vertretern des Bichofswerdaer Arbeitskreises darin nieder, dass das Verhältnis der Kirche zum Staat in übergeordnete systematisch-theologische Fragestellungen eingebettet wird. Bei Mendt, dessen von Ratzmann gesammelte Aufsätze den charakterisierenden Untertitel »Beiträge zur missionarischen Kirche« vollauf rechtfertigen, betrifft dies das ethische Problem von Gut und Böse, in dem die Kirche Orientierung zu geben hat; bei Krusche betrifft es die dogmatische Verhältnisbestimmung von Kirche und Welt.

30 Die entscheidende Passage der zweiten Bischofswerdaer Thesenreihe begnügte sich damit, Bonhoeffers Wort von der nurmehr »im Beten und im Tun des Gerechten« bestehenden Kirche im Zusammenhang zu zitieren, der diese Kirchenbestimmung als von Gott auferlegtes Interim deutet (»Bis dahin wird die Sache der Christen eine stille und verborgene sein«), und dann schlicht die rhetorische Frage zu stellen: »Wieweit trifft dieses Wort Bonhoeffers auch heute noch zu?« (zit. nach KiZ 17 [1962], 227-230, hier 229).

31 Gottfried Voigt, Barmen II in lutherischer Sicht, in: Alfred Burgsmüller (Hg.), Zum politischen Auftrag der christlichen Gemeinde. Votum des Theologischen Ausschusses der Evangelischen Kirche der Union, Gütersloh 1974, 81-93, äußert sich bewusst als Unionslutheraner, trägt aber darin kein barthianisches ›Vorzeichen‹; vielmehr ist für ihn die Zwei-Reiche-Lehre die lutherische Art, von der Königsherrschaft Christi »richtig zu reden« (83).

32 Dass der frühere sächsische Landesbischof Johannes Hempel, Das »begrenzte politische Mandat« der Kirche. Zur Bedeutung und Tragfähigkeit einer theologischen und kirchenpolitischen Option, in: Kurt Nowak / Leonore Siegele-Wenschkewitz (Hg.), Zehn Jahre danach. Die Verantwortung von Theologie und Kirche in der Gesellschaft, Leipzig 1999, 97-108 ausführlich unter kirchenzeitgeschichtlichen Gesichtspunkten von Zwei-Reiche-Lehre und Königsherrschaft Christi handelt, ohne bei diesem Thema auf

Die Art und Weise, wie im Bischofswerdaer Arbeitskreis barthianische Vorstellungen von der Königsherrschaft Christi rezipiert wurden, mündete zuletzt in den breiteren Strom der theologischen Tätigkeit beim BEK ein – jedoch in einer gegenüber dessen Hauptlinien eigenständigen Profilierung.[33] Für unsere Fragestellung postmuraler Barthrezeption ist aber zu betonen: Ohne Barth im Hintergrund wäre die im Bischofswerdaer Arbeitskreis unternommene Differenzierung gegenüber dem stärker auf Bonhoeffer zurückgreifenden BEK kaum vorstellbar, und so wird man seine drei Thesenreihen auch für die Barthrezeption in der DDR im Blick behalten müssen. Allerdings ist die in unseren methodischen Eingangsüberlegungen geforderte Textspezifik bei diesem ganzen kirchenzeitgeschichtlichen Komplex kaum voll einzulösen. Barths *Rechtfertigung und Recht* ist hier nicht so sehr als literarische Vorlage vertreten, sondern als ein textlicher Grundpfeiler, an dem die Diskussion nicht vorbeikann.

2.2. Das Periodikum »Die Zeichen der Zeit«

Für die Rezeption der Gedanken, die Barth in *Rechtfertigung und Recht* entwickelt hat, ragen unter den theologischen Äußerungen aus der DDR *Die Zeichen der Zeit* schon deshalb heraus, weil diese Zeitschrift während der gesamten Dauer des SED-Staates erschienen ist. Jens Bulisch hat dem 2006 eine eigene Monographie gewidmet, in der er hervorhebt, dass Gerhard Brennecke die Zeitschrift 1947 betont im Geiste der Sozialethik Barths gegründet habe

---

den Bischofswerdaer Arbeitskreis zu sprechen zu kommen, kann man kaum als zufällig werten. Dafür spricht auch, dass Hempel an dessen erster Thesenreihe noch nicht beteiligt war (Hinweis von Engelbrecht, Kirchenleitung, 90). In sachlicher Hinsicht fällt als Differenz Hempels zu Mendt und Krusche (vgl. die vorigen Anmerkungen) auf, dass er im Gegensatz zu diesen beiden das Thema Kirche und Staat nicht auf umgreifende dogmatische oder ethische Fragestellungen bezieht.

33 Diese Profilierung spiegelt auch die dritte, sich in EKU-Tradition als »Handreichung« bezeichnende Thesenreihe »Kirche, Krieg und Frieden« von 1963 (nach abgelegener Erstveröffentlichung im *Konvent ehemaliger Berliner Theologiestudenten* 5/1964 nachgedruckt in: ZdZ 48 [1994], 150-155). Sie übernimmt bei deutlicher Klage über »die marxistische Ideologisierung des Friedensbegriffes« die von sowjetischer Seite vertretene These der »Koexistenz« von »antagonistischen« Gesellschaftssystemen, verbindet diese aber in einer Fußnote (155 Anm. 1) mit der Vorstellung der »Komplementarität« aus den für die Friedenspolitik der EKD seit 1959 bestimmenden Heidelberger Thesen. Wenngleich diese Interpretation in der Konstellation des Kalten Krieges auch gewiss im Sinne eines ›Dritten Weges‹ an keiner Seite des Tisches eindeutig Platz nimmt, so kann man doch fragen, ob das nicht in diesem Fall damit erkauft ist, sich zwischen alle Stühle zu setzen.

und mit ihr u.a. ein theologisches Wächteramt der Kirche gegenüber dem Staat habe etablieren wollen.[34] Nicht der Mauerbau, sondern erst Brenneckes krankheitsbedingter Rückzug im Vorfeld der sozialistischen DDR-Verfassung habe dieses Konzept in den Hintergrund gedrängt, als *ZdZ* 1968 aufhörten, Westpublikationen eigens zu rezensieren, und als hinter den Kulissen ein Machtkampf um die Chefredaktion entbrannte, in dessen Ergebnis die zuvor schon stark gewordene Position des SED-treuen Gerhard Bassarak allmählich die Oberhand gewann.[35]

Bulisch stellt die entsprechenden Vorgänge plastisch dar; gerade aus Sicht unierter Barthrezeption verdienen jedoch zwei Auffälligkeiten Notiz, die, wenn ich recht sehe, bei Bulisch nicht behandelt werden. Zum einen springt ins Auge, dass in den *ZdZ*, die trotz ihrer Gründungsausrichtung nie programmatisch zum Thema Barth auftraten, just in den Jahren von Brenneckes schrittweisem Rückzug einige kurze Texte Barths aufgrund einer offensichtlich planvollen Redaktionsentscheidung nachgedruckt wurden – äußere Anlässe wie Barths 80. Geburtstag bzw. sein Tod zwei Jahre später allein können dies nicht erklären. Da die kleine Serie mit vollzogenem Wechsel in der Chefredaktion an ihr Ende kommt, ist vielmehr ein Zusammenhang mit dieser Personalie denkbar.[36] Zum anderen und eigentlich noch auffälliger kam es, gerade als die Nachfolge Brenneckes zugunsten des zwischen Staat und Kirche ausgehandelten Kompromisskandidaten Heinz Blauert geklärt war, zu einem programmatischen Versuch, die Ausrichtung der Zeitschrift neu festzulegen. Günter Wirth, der der Ost-CDU verpflichtete Schriftleiter der in Nachfolge von *Glaube und Gewissen* neu gegründeten Zeitschrift *Standpunkt*, legte 1973 eine Analyse der ersten Jahrgänge von ZdZ vor, die Brenneckes

---

[34] Vgl. Jens Bulisch, Evangelische Presse in der DDR. »Die Zeichen der Zeit« (1947–1990) (AKIZ B 43), Göttingen 2006, 71–81, v.a. 73 zum Wächteramt, das die Kirche sowohl intern als auch extern ausüben sollte.

[35] Vgl. zu alldem die plastische Schilderung von Bulisch, Evangelische Presse, 302–316.

[36] Es handelt sich um folgende Texte: Kirche und Theologie heute. Ein Gespräch (ZdZ 20 [1966], 285-289); Ein Lehrer der christlichen Kirche [aus: Lutherfeier 1933 = Theologische Existenz heute, Heft 4, 1933] (ZdZ 21 [1967], 132-136); Zum 200. Geburtstag von Friedrich Schleiermacher [aus: Die protestantische Theologie im 19. Jahrhundert, 1947] (ZdZ 22 [1968], 401); Theologische Existenz heute [1933, in Auszügen] (ZdZ 23 [1969], 161-165); Vom Verhältnis der theologischen Generationen [Orig.: Kirchenblatt für die reformierte Schweiz 47 (1941/8) 114-116] (ZdZ 24 [1970], Beilage zur Predigtvorbereitung, 46-48).

barthianisches Konzept geradezu auf den Kopf stellte.[37] Durch geschickte Zitatauswahl gelang es Wirth, Brenneckes Vorstellung vom doppelten Wächteramt der Kirche, das sich nicht nur auf sie selbst, sondern auch auf den Staat erstrecken sollte, so wegzueskamotieren, dass nurmehr ein blasser gesellschaftlicher Beitrag der Zeitschrift übrig blieb, den man eher im Sinne der Neuausrichtung nach Brenneckes Abgang als systemstabilisierend wahrnehmen musste.[38] Hier wurde also ohne Nennung Barths der Versuch gemacht, ihn aus der DDR-Theologiegeschichte gewissermaßen zu tilgen. Von einer förmlichen Barth-Rezeption wird man daher hier nicht sprechen können; man wird aber – ähnlich wie schon beim Bischofswerdaer Arbeitskreis – sagen müssen, dass diese Episode gerade in dem, was sie in gegenüber Barth kritischer Ausrichtung verschweigt und damit unausgesprochen voraussetzt, nur auf dem Hintergrund tatsächlicher Rezeption Barths denkbar ist.

Nach diesen Überlegungen, die eher kleine Nachträge zu den größeren Kapiteln der Theologiegeschichte der DDR sind, wende ich mich nun der Rezeption von Barths Tauflehre zu.

3. Zur Rezeption von Barths Tauflehre

Barths Lehre von der Taufe, die er nach der mitten im Zweiten Weltkrieg (1943) veröffentlichten Beinahe-Bestreitung ihrer Sakramentalität 1967 im Fragment der Ethik der Versöhnung (KD IV/4) konsequent entlang der probaten Unterscheidung von Gottes Wort (hier: Geisttaufe) und menschlicher Antwort (hier: Wassertaufe) entwarf, leistete *fraglos* den im kirchlichen Leben bestehenden Zweifeln an der Legitimität der Unmündigentaufe Vorschub und konnte faktisch als Argument für die Freiwilligkeitstaufe rezipiert werden, auch wenn Letzteres zumindest *nicht so fraglos* den Intentionen von Barths Text entsprechen dürfte. Jedenfalls ist festzuhalten, dass in den hier vorzustellenden Diskursen die Kindertaufe nur höchst selten völlig abgelehnt wird; es sind auch keine baptistischen Stimmen in diesen Diskursen vertreten. Regelmäßig geht es vielmehr um die ›Freigabe des Taufalters‹ und den Taufaufschub in Teilen der christlichen Elternschaft, nicht selten unter der Pfarrerschaft.

---

37 Vgl. Günter Wirth, »Die Zeichen der Zeit« – Eine Analyse der ersten Jahrgänge, in: ZdZ 31 (1977), 178-186.

38 Wirth, Analyse, 179 sieht für die Kirche nach *ZdZ* eine »doppelte Aufgabe« der »inneren Stärkung der Gemeinde« und des »Gesprächs mit der Welt«.

In diesem Sinne sind in unserem Untersuchungszeitraum besonders für die Kirchen der EKU, die im Unterschied zu den lutherischen Kirchen auf alternative Grundlagen reformatorischer Bekenntnisbildung neben der klar auf die Säuglingstaufe festgelegten Confessio Augustana zurückgreifen konnten, teils lebhafte Debatten um die Rezeption von Barths Tauflehre zu verzeichnen. Dabei wird sogleich ein signifikanter Unterschied zwischen Ost und West sichtbar, denn für eine Kirche, die nach 1961 unter dem Druck eines sich nach außen abschottenden und nach innen uniformierenden Staates stand, hätte jede ekklesiologisch auf Freiwilligkeit der Taufe abzielende Barthrezeption eine Schwächung der Kirche gegenüber diesem staatlichen Druck bedeutet. Dabei ist, wie besonders W. Krötke unterstrichen hat, die entgegengesetzte Entscheidung für die Volkskirche selbst eine spezifische Rezeption Barths, nämlich seines Lehrtopos von einer Kirche »unter Druck«.[39] Dieser gibt gewissermaßen den Kontext an, in dem der Text von Barths Tauflehre in der DDR postmural rezipiert wird. Die Bedeutung dieser doppelten Text- und Kontextsensibilität zeigt sich im Vergleich mit der Rezeption von Barths Tauflehre in der westdeutschen EKU.

3.1. Die Taufausschüsse auf der Ebene der EKU

Womöglich mitveranlasst durch die publizistische Kontroverse zwischen Kurt Aland und Joachim Jeremias um die Säuglingstaufe im Neuen Testament, setzte der noch nicht aufgegliederte, aber durch das Grenzregime der DDR schon in seiner Wirksamkeit eingeschränkte Rat der EKU 1964 einen Taufausschuss ein, der nach mehr als dreijähriger Tätigkeit und 14 Sitzungen zwar einen umfangreichen Abschlussbericht,[40] aber für die Frage von Kindertaufe und Taufaufschub kein übereinstimmendes Ergebnis vorlegen konnte. Ihm folgte ein sog. *Kleiner Taufausschuss*, der sich nach dem nunmehr deutlich enger umgrenzten Arbeitsauftrag »Zu Karl Barths Lehre von der Taufe« äußern

---

[39] Vgl. Wolf Krötke, Karl Barths Lehre von »Evangelium und Gesetz« als Einübung in die Freiheit der Kirche. Von den Möglichkeiten und Grenzen dieser Einübung unter den Bedingungen der DDR, in: ders., Kirche im Umbruch, 141-162, hier 148-149, wo Barths Ausführungen zu einer Kirche »unter *Druck*« (Barth, KD IV/2, Zollikon-Zürich 1955, 750) besonderes Rezeptionspotenzial für die Theologie in der DDR attestiert wird.

[40] Enthalten in EZA 8/2572. Der Arbeit des Ausschusses ging eine EKU-Publikation »Beiträge zur Frage einer Freigabe der Erwachsenentaufe« (Mülheim 1964) voraus, mit der eine 1952 aus Anlass der rheinischen Kirchenordnung ebenfalls aufgrund von Barths Tauflehre aufgekommene Diskussion um Kirchenzucht bei Taufaufschub zu einem gewissen Abschluss gebracht werden sollte; die Gliedkirchen der EKU wurden aufgefordert, sich dazu zu verhalten (vgl. die diesbezüglichen Materialien in EZA 8/2569).

sollte und in der Tat im Juli 1970 eine auf verschiedene Ausschussreferate zurückgehende, knappe Thesenreihe vorlegte, die die auf Barth zurückgeführten Desiderate an die kirchliche Taufpraxis und -lehre wie die notwendige Voraussetzung antwortenden menschlichen Glaubens bejahte, aber als »von Gott gegebene Voraussetzung«. Neben dem publizistischen Erfolg dieser Ergebnisse, die schon 1972 in zweiter Auflage gedruckt wurden,[41] erscheint die Tatsache bemerkenswert, dass dem Kleinen Taufausschuss mit Walther Fürst und den Systematikern Hans-Georg Geyer und Walter Kreck vornehmlich solche akademischen Theologen angehörten, die stark durch Barth beeinflusst waren, aber – im Unterschied zum Vorgängerausschuss – kein einziger ostdeutscher Theologe mehr. Lediglich der Hallenser Neutestamentler Gerhard Delling, der dem früheren Ausschuss angehört hatte, erfragte am 01.02.1970 brieflich bei Fritz Viering, der für die EKU die Geschäfte des Ausschusses führte, den Arbeitsstand des Kleinen Taufausschusses und erhielt in bemerkenswerter Offenheit die Auskunft, dass man für die entscheidende Sitzung ein Pro- und ein Contra-Votum zu Barths Tauflehre erwarte, das eigene Ausschussvotum aber in jedem Fall keinem von beiden folgen, sondern denjenigen Mittelweg beschreiten werde, der im Rheinland und in Westfalen ohnehin schon Praxis sei: Koexistenz von Kinder- und Erwachsenentaufe.[42]

Der unterschiedliche Kontext dieser westlichen Gliedkirchen der EKU gegenüber der forciert atheistischen Situation in der DDR bestimmt aber keineswegs allein über die Rezeption von Barths Tauflehre. Das zeigt das Beispiel der Evangelischen Kirche in Berlin-Brandenburg (EKiBB), deren östliche Regionalsynode 1964 pro Kindertaufe votierte. Die West-Berliner Synode der EKiBB schloss sich dem einmütig an. Wie der Journalist Reinhard Henkys (der spätere Begründer des Zeitschriftenprojekts »Kirche im Sozialismus«) seinerzeit berichtete, war es ausgerechnet der in West-Berlin ansässige und im Osten nur gastweise redeberechtigte Barth-Schüler Heinrich Vogel, der die Diskussion der (Ost-)Synode mit einer flammenden Rede auf eine Pro-Contra-Konstellation zuspitzte, indem er insbesondere den Verfall der Volkskirche als Argument für die Mündigentaufe zurückwies und davor warnte,

41 Vgl. Fritz Viering (Hg.), Zu Karl Barths Lehre von der Taufe, Gütersloh 1970, Zitat 168 (Ziff. II.2b).

42 Hierzu vgl. Vierings nicht in die Publikation der Ausschussarbeit aufgenommenen Brief vom 10.02.1970 (EZA 8/2572). Jüngel war in jener Sitzung am 04./05.04.1970 der Pro-Referent, dessen Votum plangemäß nicht angenommen wurde. Der Contra-Referent war der für den Göttinger Neutestamentler Eduard Lohse eingesprungene rheinische Präses Joachim Beckmann.

»Bonhoeffers Wort von der Mündigkeit zu missbrauchen«.[43] Diese an den Bischofswerdaer Arbeitskreis erinnernde Bemerkung war gewiss weniger auf Vogels (Ost-)Berliner Fakultätskollegen Hanfried Müller und seine sich sozialistisch stromlinienförmig gebende Bonhoefferinterpretation (1961) gemünzt als eher auf den Bonhoeffer-Schüler und in der seinerzeitigen synodalen Taufarbeit federführenden Albrecht Schönherr, der im Kontext der EKiBB-Synode einen kurzen Beitrag zum Thema »Taufe« in den *Zeichen der Zeit* veröffentlicht und dabei das Ende der »Zeit einer unverbindlichen Christenheit« als Zunahme religiöser Mündigkeit und Hoffnungszeichen neuer Missionstätigkeit der Kirche in der DDR prognostiziert hatte.[44] Bei der Synode selbst war es nach dem Bericht von Henkys freilich Horst Kasner, der ein entsprechendes Argument vortrug, das Vogel den unmittelbaren Anlass seiner Rede geliefert haben könnte.

Diese Vorgänge aus der EKiBB zeigen, dass die zwischen West- und Ostdeutschland abweichende Rezeption von Barths Tauflehre nicht allein auf theologische Schulrichtungen zurückgeführt werden kann (mit Jüngel und Vogel gaben Barth nahestehende Stimmen hüben wie drüben den Ton an), aber auch nicht allein auf die politische Situation (dann hätte West-Berlin mit Rheinland und Westfalen zusammengehen müssen). Vielmehr ist von einer *Verbindung* theologischer mit situativen Faktoren auszugehen, die nun nach der westlichen EKU und dem Grenzfall der EKiBB für die ostdeutschen Kirchen dargestellt werden soll.

3.2. DIE TAUFAUSSCHÜSSE AUF DER EBENE VON EKD UND BEK

Der schon erwähnte Hallenser Delling wies in seinem knappen Brief an Viering darauf hin, dass er neben der EKU (deren erstem Taufausschuss er ja angehört hatte) noch in zwei anderen Kirchenzusammenschlüssen am Thema Taufe arbeite. Dies betraf zum einen den offiziell sog. *Theologisch-wissenschaftlichen Arbeitskreis für das Taufgespräch,* der, im Dezember 1966 vom Rat der EKD aus allen Gliedkirchen in Ost und West berufen, seit Februar 1968 – stets in Ost-Berlin – tagte und schon an diesem äußeren Datum als durch Barths Tauflehre motiviert erkennbar ist. Mit dem Kleinen Taufausschuss der EKU bestand also neben der thematischen eine zeitliche und in der Person

43 Abschrift eines Vermerkes aus den entsprechenden EKiBB-Akten in EZA 8/2569. Henkys' Bericht hat dankenswerterweise Daniel Martens in den berlin-brandenburgischen Akten ausfindig gemacht (ELAB 55/2.339).

44 Albrecht Schönherr, Taufe, in: ZdZ 18 (1964), 241-242, Zitat 241.

Eberhard Jüngels auch personelle Überschneidung, und dennoch verlief seine Arbeit gänzlich anders.[45]

Die – nach dem Zustand der Akten zu urteilen, weder ordnende noch geordnete – Geschäftsführung des Arbeitskreises, die Gottfried Niemeier wahrnahm, erbat von den Mitgliedern am 25.01.1971 Stellungnahmen zu dem von einer Redaktionsgruppe aufgrund von Vorarbeiten der eingesetzten Unterausschüsse formulierten Ergebnisdokument.[46] Auf die als Anfragen an die Taufpraxis gekennzeichneten Argumente für und wider die volkskirchliche Taufpraxis folgte im Ergebnisdokument als Kernstück eine auf Vollständigkeit verzichtende dogmatische Interpretation der Taufe als Freiheit, die Bezüge zur individuellen Rechtfertigung und zur gesellschaftlichen Kategorie der Freiheit unter Einbezug der seinerzeit gängigen Gegenüberstellung von Emanzipation und Manipulation entfaltete.[47] Praktische Empfehlungen bildeten den letzten Teil des Dokuments. Insbesondere Jüngel beeinflusste mit einer von ihm selbst in ihren »Galligkeiten« zugestandenen Stellungnahme die weitere Arbeit in Redaktionsgruppe und Arbeitskreis so nachhaltig kritisch,[48] dass an seinen Einwänden nicht nur die tapfer fortgesetzte Redaktion am Ergebnisdokument scheiterte,[49] sondern auch der Versuch, der zunächst sistierten Ausschussarbeit durch Hinzuziehung externer Referenten neues Leben einzuhauchen: Als neben vielen terminlich Überlasteten auch der Tübinger

---

[45] Ich stütze mich im Folgenden angesichts der Themenstellung dieses Aufsatzes vorrangig auf die Akten des Kirchenbundes (EZA 101/456-460). Die umfangreichere Parallelüberlieferung in den Akten der EKD-Kanzlei (EZA 2/7218-7223 sowie EZA 2/6101-6104 und EZA 2/3532-3536), die ohne nähere Sortierung Schriftwechsel, Protokolle und externe Materialien zur Thematik des Arbeitskreises enthält, wird flankierend herangezogen.

[46] Enthalten in EZA 2/7221 par. EZA 101/456.

[47] Eine noch nicht von der Redaktionsgruppe bearbeitete Fassung dieses Dokuments hatte Niemeier den Arbeitskreismitgliedern bereits am 12.11.1970 zugestellt (EZA 101/456 par. EZA 2/7221).

[48] Jüngel an Niemeier am 08.02.1971 (EZA 101/456, Original in EZA 2/7221). Nachdem Jüngel hier insbesondere die vom Ergebnispapier vorgesehene Überprüfung elterlicher Bereitschaft zur christlichen Erziehung bei gleichzeitiger Behauptung der Voraussetzungslosigkeit der Taufgnade kritisiert hatte, ging er zu der abschließenden Einschätzung einer im Ergebnispapier zu konstatierenden »Unredlichkeit« über.

[49] Als Niemeier mit Schreiben vom 01.09.1971 das zu Ende redigierte Ergebnisdokument in den Arbeitskreis einspeiste, erneuerte Jüngel seine Kritik brieflich am 09.09.1971 diesmal gegenüber allen Arbeitskreismitgliedern (EZA 2/7222). Das Protokoll der Sitzung vom 13./14.10.1971 belegt, dass diese Einwände die weitere Diskussion im Arbeitskreis beherrschten (EZA 101/457).

Systematiker Hermann Diem absagte, tat er es mit inhaltlichen Gründen, die ein Echo von Jüngels vernichtender Kritik waren.[50] Die Konferenz der Evangelischen Kirchenleitungen in der DDR (KKL) nahm diese Vorgänge im Dezember 1971 zum Anlass, den beim BEK mit Rücksicht auf den Theologisch-wissenschaftlichen Arbeitskreis weitgehend sistierten Facharbeitskreis für Tauffragen für einen entsprechend erweiterten Arbeitsauftrag neu zu besetzen.[51] Dieser Facharbeitskreis stellt das andere von Delling (freilich mit Bezug auf die alte Zusammensetzung) erwähnte Taufgremium dar, das für die Frage einer Rezeption von Barths Tauflehre in der DDR besondere Aufmerksamkeit erfordert, zumal der Theologisch-wissenschaftliche Arbeitskreis seine eigene Tätigkeit daraufhin nurmehr in einen ausführlichen, aber letztlich ergebnisarmen Abschlussbericht vom Dezember 1973 münden ließ,[52] womit die ursprünglich vom Rat auf zwei Jahre begrenzte[53] Tätigkeit des Arbeitskreises ihr Ende fand.

Der beim BEK angesiedelte *Facharbeitskreis für Tauffragen* agierte in seiner ersten Wirkungsphase, deren Ergebnisse sich auf die Anerkenntnis eines Taufaufschubs als elterliche »Gewissensentscheidung« zurückzogen,[54] ähnlich glücklos wie der Theologisch-wissenschaftliche Arbeitskreis. Nach der Neubesetzung mit – neben Anderen – Heino Falcke und Gottfried Forck nahm der Facharbeitskreis (FAK) jedoch Fahrt durch Barths Tauflehre auf.

Falcke, der Direktor des Gnadauer Predigerseminars, ließ sein fünftes Kind ungetauft und zog schon durch sein einhergehendes Plädoyer für eine Verbindung von Kindersegnung und Taufaufschub einige Aufmerksamkeit

---

50 Enthalten in EZA 101/457.

51 Beschluss vom 18.12.1971, dokumentiert: EZA 101/457. Mitglieder wurden auf Vorschlag der Kommission für Theologie beim Kirchenbund neben den theologischen Dozenten Bandt, Beintker, Falcke, Holtz und Kühn die kirchlichen Persönlichkeiten Forck, Grüber, Henckel und Koch (vgl. das entsprechende Schreiben an Niemeier vom 14.01.1972: EZA 2/6101). Nur Beintker und Kühn wahrten somit die Kontinuität zum Theologisch-wissenschaftlichen Arbeitskreis der EKD, da dessen weitere Mitglieder Gienke und v. Rohden sich für den Facharbeitskreis nicht wieder zur Verfügung stellten.

52 EZA 2/7223 dokumentiert die zeitraubende, sich über das ganze Jahr 1973 hinziehende Abstimmung des Abschlussberichts zwischen seinen Autoren (Niemeier/Herwarth v. Schade), den Arbeitskreismitgliedern und schließlich den Ratsmitgliedern der EKD. Inhaltlich holt der Bericht die sonst in den Akten des Arbeitskreises lückenhafte Protokollführung nach und hält – nach dem Scheitern des erwähnten Ergebnisdokuments – eine Reihe von »Übereinstimmungen und Gegensätze[n]« im Taufverständnis fest.

53 So ein Beschluss des Rates der EKD vom 10./11.08.1967 (EZA 2/3532).

54 Dokumentiert: EZA 101/458.

auf sich,[55] ehe er 1970 in der zweiten Nummer der keiner redaktionellen Fremdsteuerung unterstehenden *Theologischen Versuche* einen Aufsatz zur Säuglingstaufe veröffentlichte, der trotz nur gelegentlichen Bezugs auf Barth im Wesentlichen als durch diesen beeinflusst gelten kann. Falckes Vorschlag, im Anschluss an den Göttinger Barthianer Otto Weber die Taufe vom Modell der »Verkündigungshandlung« her zu begreifen,[56] bezog die Taufe konstitutiv auf den Barths gesamte Dogmatik strukturierenden Konnex von Gottes Wort und menschlicher Antwort und lag so ganz auf der Linie, in der Jüngel im Kontext sowohl von EKU als auch EKD zu Barths Tauflehre votiert hatte, wenn er deren Würdigung im dogmatischen Gesamtzusammenhang angemahnt hatte. Stärker als Barth mit seinem Begriff der ›Wassertaufe‹ wollte Falckes Plädoyer für Taufaufschub allerdings »die Kostbarkeit und de[n] Ernst der Taufe« zur Geltung bringen.[57]

Die beschriebene dogmatische Einbettung nahm auch der FAK für Tauffragen vor, als er im Februar 1973 beschloss,[58] sich methodisch an das seit Juni 1971 vorliegende Arbeitsergebnis einer *provinzsächsischen Expertengruppe* zur Tauffrage anzulehnen, der auch Falcke angehört hatte. Die Expertengruppe, wie sie abkürzend genannt wurde, hatte die Freigabe des Taufalters und damit die Koexistenz konkurrierender Tauflehren in der KPS mit der Begründung sanktioniert, dass die Taufe im Rahmen des Rechtfertigungsgeschehens und als Eingliederung in den Leib Christi zugleich auf eine die konfessionelle Grenzziehung der Kirchen überschreitende ekklesiologische Gemeinschaft bezogen sei.[59] Mit dieser doppelten, rechtfertigungstheologischen und ekklesiologischen Einbettung hoffte die Expertengruppe die individual-

---

[55] Vgl. Heino Falcke, Vom Sakrament der Gemeinde zur Kasualie der Familie? Zur Frage der Kindersegnung, in: PTh 57 (1968), 409-414. Insbesondere in barthianischen Kreisen im Rheinland wurde man so auf Falcke aufmerksam und versuchte, ihn in dortige Taufdiskurse einzubeziehen (EZA 8/2572).

[56] Vgl. Heino Falcke, Die Säuglingstaufe als Problem evangelischer Tauflehre und Taufpraxis, in: ThV 2 (o. J. = 1970), 173-192, hier 184ff.: »Die Taufe als Verkündigungshandlung« (zu Barth vgl. 191f. Anm. 9.34f.), ähnlich schon Falcke, Kindersegnung, 410 mit Anm. 4.

[57] Falcke, Kindersegnung, 413. Anstelle vergleichbarer Äußerungen ist Falcke, Säuglingstaufe eher mit der Abwehr des Vorwurfs beschäftigt, Taufaufschub fördere »subjektivistisches Bekehrungschristentum« (184) oder überbetone die »Mündigkeit« des Täuflings (189).

[58] FAK Tauffragen, Sitzung vom 22.02.1973 (EZA 101/458).

[59] Das Arbeitsergebnis der Expertengruppe mit Redaktionsstand vom 15.06.1971 ist dokumentiert: EZA 101/458, Az. 2110-1495/71.

soteriologische Verarmung der Taufe zu vermeiden, die der Theologisch-wissenschaftliche Arbeitskreis nicht hatte ausräumen können, und zugleich den vermeintlichen Zwang zu einer gemeinsamen Tauflehre von Befürwortern und Kritikern der Säuglingstaufe abzubauen. Stattdessen setzte die provinzsächsische Lösung auf eine »Basisformel«, die lediglich das rechtfertigungstheologische und ekklesiologische Eingebettetsein von Säuglings- und Katechumenatstaufe zum Ausdruck bringen sollte.

Der FAK griff also mit der Methode der provinzsächsischen Expertengruppe auf eine Konvergenzhermeneutik zurück, die dem Theologisch-wissenschaftlichen Arbeitskreis kurz zuvor schon um die Ohren geflogen war und deren Scheitern den FAK überhaupt erst wieder ins Leben rief. Dass man beim FAK gleichwohl wusste, was man tat, zeigen Äußerungen von Delling und Falcke, die als der KPS angehörige Theologen selbst erlebt hatten, wie kontrovers die Tauflehre in der provinzsächsischen Expertengruppe tatsächlich gewesen war, und die sich daher über deren Ergebnis keine Illusionen machten.[60] Insbesondere Falcke schillerte mit dem auf die »Kostbarkeit« der Taufe zielenden Vorschlag des Taufaufschubs zwischen Abstoßung und Anziehung durch Barth und wurde übrigens genauso schillernd auch von dem Naumburger Martin Seils, einem führenden Unionslutheraner, wahrgenommen,[61] als dieser sich 1970 ausführlich mit Barths Tauflehre auseinandersetzte. Seils sah einen relativen Gegensatz zwischen Falckes und Jüngels Barthrezeption in der Gewichtung von Geist- und Wassertaufe, wertete aber ihre Gemeinsamkeit höher, mit der beide die Taufe vom Wortgeschehen der Glauben fordernden Verkündigung her interpretierten und die selbstwirksame Sakramentalität des Wortes in den Hintergrund drängten.[62]

Mit Seils' sakramentalem Gegengewicht zum herkömmlichen Wortkonzept meldet sich in der unierten Rezeption von Barths Tauflehre eine Position, die die weitere Arbeit im FAK prägen sollte. Ulrich Kühn, der nach kurzem Gastspiel am Berliner Sprachenkonvikt schließlich Dozent an der Leipziger

---

60 Enthalten in: EZA 101/458.

61 Übrigens nahm auch die DDR-Zensur in Person von H. Dohle Falcke (im Zweitgutachten zu dem o.g. Barth-Jubiläumsband des Sprachenkonvikts) als »[i]n der üblichen Weise schillernd« wahr (Bräuer / Vollnhals [Hg.], Druckgenehmigung, 369).

62 Vgl. Martin Seils, Die Sakramentalität der Taufe in der gegenwärtigen Taufdiskussion, in: Erdmann Schott (Hg.), Taufe und neue Existenz, Berlin 1973, 109-128, hier 117 zu der zwischen Jüngel und Falcke gegensätzlichen Einschätzung des Verhältnisses von Geist- und Wassertaufe bzw. 121 zu dem beiden Autoren attestierten Wortverständnis sowie 123 zu Seils' eigenem Wortkonzept. (Der Band erschien erst drei Jahre nach dem zugrundeliegenden Symposium.)

Schwestereinrichtung wurde, hielt seine Antrittsvorlesung 1969 über die Taufe als sacramentum fidei[63] und skizzierte in diesem Sinne bei der FAK-Sitzung im Mai 1973 Thesen, die in ausformulierter Gestalt zur Grundlage der weiteren Arbeit wurden.[64] Kühns dogmengeschichtlich inspirierter Leitbegriff des Glaubenssakraments sollte die sakramental verstandene Taufe zugleich als Bekenntnishandlung des Täuflings, aber auch als Bekenntnis der Gemeinde zum Täufling entwerfen und versprach so bei Beibehaltung der Sakramentalität das bekennende Interesse vieler Kritiker der Kindertaufe, insbesondere aber die ekklesiologische Anbindung zu berücksichtigen, die man bei der ausschließlich rechtfertigungstheologischen Einbettung, wie sie der Theologisch-wissenschaftliche Arbeitskreis vorgenommen hatte, vermissen konnte.

Wenn Kühns derart flexible Thesen im FAK gleichwohl auf lebhafte Kritik stießen, dann deshalb, weil jene ekklesiologische Anbindung die Taufe zum Sakrament des Glaubens der Kirche machte, was den Mitgliedern des FAK als Vernachlässigung der christologischen Anbindung erschien.[65] Kühns gewissenhafte Umarbeitung der Thesen[66] und die langwierige Weiterberatung in Unterausschüssen[67] konnten schließlich nicht verhindern, dass die KKL nach gespaltenen Voten der Mitglieder der Theologischen Kommission beim BEK zu Kühns Verbitterung die Thesen im November 1976 lediglich den Gliedkirchen zur Weiterarbeit vorlegte, anstatt sie sich zu eigen zu machen.[68] Der Einwand, dass eine auf die Ekklesiologie reduzierte Basisformel der Taufe hinter einer innerevangelischen, also auf die Christologie gegründeten Gemeinschaft zurückbleibe, war aus Kühns Sicht vermutlich unplausibel, da er sich schon in seiner Leipziger Antrittsvorlesung um den Nachweis bemüht hatte, dass Christus und die Kirche einen einzigen sakramentalen Zusammenhang bildeten. Hierin war und blieb Kühn ein vom II. Vaticanum inspirierter Öku-

63 Vgl. Ulrich Kühn, Die Taufe – Sakrament des Glaubens, in: ThV 3 [o.J. = 1971], 177-192.

64 Dokumentiert: EZA 101/458 (Az. 2161-793/73).

65 Dieses Desiderat wird im Protokoll der sehr kontroversen Sitzung des FAK Tauffragen vom 03./04.09.1973 deutlich (EZA 101/458).

66 Vorlage in der Sitzung des FAK Tauffragen vom 18.-20.01.1974 (EZA 101/459).

67 Das Arbeitsergebnis des FAK wurde schließlich am 10.09.1974 textlich fixiert und nach Beratung im Umlaufverfahren am 10/11.01.1975 angenommen (EZA 101/460).

68 Sitzung der KKL vom 13.11.1976 (EZA 101/460).

meniker.[69] Inwieweit seine Taufthesen dann noch als Barth-Rezeption gelten können, wenn man vom Kontext des FAK absieht, in dem sie entfaltet wurden, ist zu fragen. Wie Seils ist Kühn offensichtlich an der Sakramentalität der Taufe und damit an einer Barth entgegengesetzten Position gelegen. Ebenso deutlich und am Verlauf der Tätigkeit des FAK Tauffragen gut abzulesen ist aber, dass die betont ekklesiologische Profilierung von Kühns Taufthesen nur im Gegenzug zu der christologischen Einbettung der Tauflehre zu verstehen ist, die zuvor in den entsprechenden Gremien von EKD und EKU in Bezug auf Barths Äußerungen vertreten worden war. Als Teil eines von Barth ausgehenden Antagonismus gehört daher auch die Wirksamkeit des FAK Tauffragen in der Geschichte der postmuralen Barthrezeption in der DDR hinein.

4. Ergebnisse

Ich habe mich in den hier angestellten Erwägungen unter doppelter Einschränkung der Rezeption Barths in der DDR gewidmet. Es ging zum einen um die Zeit *nach* dem Mauerbau vom 13.08.1961. Zum anderen habe ich die breite Strömung der Barthrezeption, die über die Barmer Theologische Erklärung vermittelt ist, außer Betracht gelassen. Ziel der Überlegungen war ein text- und kontextsensibler Beitrag zu dem so eingegrenzten Kapitel der Theologiegeschichte der DDR.

Das behandelte Material betraf zwei *Text*komplexe aus Barths Werk, nämlich zum einen den vor dem Mauerbau dominanten Rekurs auf seine theologische Ethik des Rechts, insbesondere, wenn auch nicht im Sinne einer literarischen Vorlage, anhand von *Rechtfertigung und Recht*, und zum anderen seine Lehre von der Taufe, und zwar vorrangig in ihrer 1943 entfalteten Gestalt, zu der die Lehrbildung letzter Hand von 1967 eher ergänzend hinzutrat.

Auch die einschlägigen *Kontexte* des hier behandelten theologiegeschichtlichen Kapitels lassen sich näher bestimmen. Eine prosopographische Darstellung hätte sich auf Gestalten wie Heinrich Vogel, Johannes Hamel, Günter Jacob, Heino Falcke zu konzentrieren. In institutionengeschichtlichem Kontext wäre neben dem Berliner Sprachenkonvikt als Wirkungsstätte von Eberhard Jüngel und später Wolf Krötke das Katechetische Oberseminar Naumburg hervorzuheben, an dem einige wichtige Träger der hier dargestellten

---

[69] Vgl. den grundlegenden und affirmativen Rekurs auf Karl Rahner in Kühn, Sakrament des Glaubens, 188. Noch in seinen späteren Veröffentlichungen im *Handbuch Systematischer Theologie* ist Kühn auf die Taufdiskurse im Kirchenbund zurückgekommen.

Rezeptionen wirkten (Ingo Klaer, Martin Seils, Gottfried Voigt, Johannes Hamel). Das Periodikum *Die Zeichen der Zeit* spielte eine hervorgehobene Rolle. Vor allem aber fallen mehrere unierte Kirchen ins Auge, von deren Gremien- und Ausschussarbeit die Rezeption Barths erhebliche Impulse empfing. Dies betrifft besonders in der Tauffrage die KPS und die EKiBB sowie für das gesamte Thema die EKU. Wenn im Titel meiner Überlegungen geradezu von einer unierten Barthrezeption die Rede ist, so erklärt sich das mit dem umfangreichen Beitrag, den unierte Kirchen für die Rezeption Barths in der DDR geleistet haben.

Mit der Bedeutung der unierten Kirchen verbindet sich aber noch eine weitere Beobachtung, die für die Kontexte der Barthrezeption in der DDR großes Gewicht zu haben scheint. Im Umfeld der unierten Kirchen sind wir an mehreren Stellen auf Diskurse gestoßen, die scheinbar als Barthrezeption nicht in Frage kommen, da sie Positionen und Themen betrafen, die eher als gegen Barth gerichtet eingestuft werden müssen. Das betraf den Bischofswerdaer Arbeitskreis, der zwar in der Tradition der unierten »Handreichungen« zum Christsein in der DDR stand, aber im Ganzen doch weniger auf Barth als auf Bonhoeffer gestützt schien und darin im Austausch mit der sich entwickelnden Bonhoefferrezeption stand, die später den BEK prägen sollte. Eine vergleichbare Beobachtung war für den FAK Tauffragen zu machen, dessen Tätigkeit von den unierten Auseinandersetzungen um Barths Tauflehre ausging, die im Kleinen Taufausschuss der EKU und insbesondere im Theologisch-wissenschaftlichen Arbeitskreis der EKD geführt wurden, um sich dann aber durch den Einfluss von U. Kühns Taufthesen der Gesprächslage in der lutherisch-katholischen Ökumene anzunähern. Und schließlich zeigten die Mitte der 1960er Jahre einsetzenden Richtungskämpfe um den Kurs der *Zeichen der Zeit* ein gewisses Ringen um das barthianische Erbe der Zeitschrift, auch wenn diese Kämpfe eher hinter den Kulissen stattfanden und von der theologischen deutlich in die gesellschaftspolitische Auseinandersetzung hineinspielten.

Alle diese Kontexte wiesen jedoch eine Gemeinsamkeit auf. Rein äußerlich betrachtet, hängen sie dadurch zusammen, dass sowohl der Bischofswerdaer Arbeitskreis als auch Kühns theologische Arbeit als auch die *Zeichen der Zeit* eine Verbindung mit der sächsischen Landeskirche aufweisen, also in einen lutherischen Kontext weisen, der vom unierten Kontext der hier betrachteten Barthrezeption scheinbar wegführt. Inhaltlich erwies es sich jedoch, dass die genannten Kontexte nur auf dem Hintergrund gewisser Antagonismen der Auseinandersetzung um Barths Theologie denkbar sind, die seinem Werk eine erhebliche Bedeutung auch für jene Kontexte zuweisen, deren konfessionskulturelle Prägung die Rezeption seiner Texte nicht unbedingt nahelegte. M.a.W. gerade in den Tauflehren von Kühn und Seils, gerade in der rechtsethischen Auffassung des Bischofswerdaer Arbeitskreises und selbst in dessen mit dem BEK konkurrierender Bonhoefferdeutung wird man bedeutsame Kontexte der Barthrezeption in der DDR zu erblicken haben. Ihre Bedeutsamkeit rührt daher, dass es diese Antagonismen waren, die den Diskurs der evangelischen Kirchen in der DDR wesentlich mitprägten. Am offensichtlichsten dürfte das bei Günter Wirths Versuch sein, den staatskirchenpolitischen Kurs der *Zeichen der Zeit* umzudeuten: Gerade indem er verschwiegen werden soll, meldet sich Barth mit seiner Auffassung vom Wächteramt zu Wort, obwohl in Wirths Aufsatz kein Text von ihm direkt zur Sprache kommt. Die genannten Beispiele stärken so die Vermutung, dass die Rezeption Barths in der DDR nicht allein im ostdeutschen Barthianismus zu suchen ist, sondern Rezeptionshorizonte einbezieht, die mit Barths Position und auch untereinander kaum kompatibel sind.[70]

Wenn mich nicht alles täuscht, sind die Antagonismen, in denen sich die unierte Barthrezeption hier auch über den Bereich der Union hinaus auswirkt, die wesentlichen Kontexte, auf die dieses Kapitel der DDR-Theologiegeschichte bezogen werden muss. Es würde sich damit die Ausgangsthese bestätigen, die wir in Gottfried Forcks Äußerungen fanden, die seinerzeit den Zensor so sehr beschäftigten: Gerade die *kontextsensible* Barthrezeption wäre, weil sie die Geschichte des Protestantismus in der DDR mitbestimmte, als *direkte* Wirkung seines Werkes zu beschreiben. Im Hintergrund steht hier die bekannte Grundanschauung Barths, dass »Theologie eine Funktion der Kirche« ist.[71] Demgegenüber bleibt die tatsächliche Aufnahme seiner Texte von indirekter Natur, solange ihr Ort im Leben der Kirche nicht deutlich wird. Das können abschließend zwei Publikationen Forcks zur Tauflehre veranschaulichen.

Auf dem Höhepunkt der EKU-Taufdiskussion gab Forck 1969 für den Ständigen Theologischen Ausschuss der EKiBB zwölf sog. Gemeindebriefe zu Taufpraxis und -lehre heraus, in denen sich Mitglieder des Weißenseer Arbeitskreises zu Wort meldeten. Darunter war auch Hanfried Müller, der mit dem Hauptargument des Taufbegehrens die Freigabe des Taufalters be-

---

[70] Zur großen methodischen Bedeutung inkompatibler Rezeptionshorizonte für die Barthinterpretation vgl. meinen Beitrag: Henning Theißen, Primäre und sekundäre Pragmatik im Werk Karl Barths. Ein Vorschlag zur Methode der Barthauslegung, in: ZDTh 31 (2015), 103-131.

[71] Karl Barth, Die christliche Dogmatik im Entwurf [1927] (Karl Barth-Gesamtausgabe II. Akademische Werke), hg.v. Gerhard Sauter, Zürich 1982, 585.

gründen wollte – ein Argument scheinbar auf der Linie Barths, das jedoch seinen wesentlichen Kontext in Gestalt der für Müller dogmatisch grundlegenden Vorstellung von Religion als Selbstvollzug mündiger Rationalität *verschweigt*.[72] – Gewissermaßen das Gegenstück hierzu bildet die ebenfalls an die Gemeinden gerichtete Textsammlung, die Forck 1985 vier Jahre nach der (1964 erwähntermaßen noch undenkbaren) Gleichwertigkeitserklärung von Säuglings- und Erwachsenentaufe in der EKiBB veröffentlichte und die verschiedenste Kontexte miteinander *vermengte*. Wurde die berlin-brandenburgische Entscheidung einerseits mit dem Zusammenhang von Taufe und Unterweisung begründet, den der FAK Konfirmation des BEK schon in den 1970er Jahren ins Auge gefasst hatte,[73] so stand in Forcks Broschüre die bekanntlich gescheiterte Vorlage eben jenes FAK Tauffragen in schönster Eintracht daneben – also die damit unvereinbare Position Kühns.[74] Hier hätte die Differenzierung dieser jeweiligen Kontexte die letztlich inkonsistente Textauswahl der Broschüre vermeiden und damit die Ausgangsüberlegung bewähren können, dass die Erforschung der Rezeption Barths in der DDR sowohl text- als auch kontextsensibel vorgehen muss.

---

72 Hanfried Müller, Warum Freigabe des Tauftermins? Zur Einstellung des Weißenseer Arbeitskreises zur Kindertaufpflicht christlicher Eltern, in: Gottfried Forck (Hg.), Wie soll es bei uns weitergehen? Tauflehre und Taufpraxis. Zwölf Gemeindebriefe, Berlin 1969, 100-105.

73 Die Vorschläge des FAK Konfirmation für ein der zeitlichen Erstreckung der Unterweisung entsprechendes »konfirmierendes Handeln« der Kirche (dokumentiert: BEK-MBl. 73.49) wurden von der Theologischen Kommission des BEK als wegweisend für die inhaltlich positive Überwindung der bloßen Antithese zur Jugendweihe gewürdigt (BEK-MBl. 73.51) und flossen in die anschließenden Empfehlungen an die Gliedkirchen (BEK-MBl. 75.13) ein.

74 Vgl. Gottfried Forck, Im Blickpunkt: Taufe. Theologische Informationen für Nichttheologen, Berlin 1985, 59 zum Taufaufschub in KPS und EKiBB; 55 zur Begründung mit dem Zusammenhang von Taufe und Unterweisung; daneben aber 22-23 als Dokumentation der Vorlage aus dem FAK Tauffragen vom Januar 1975.

Die »offizielle« Barthrezeption in der DDR

Peter Zocher

Die positive Aufnahme Karl Barths und – man muss gleich einschränkend sagen – einer begrenzten Auswahl seiner publizierten Äußerungen in der DDR war im Westen zeitgenössisch und ist noch heute Grund zu scharfer Kritik an ihm. Im Folgenden soll das »Ansehen«, das Barth in der »offiziellen« Meinung der DDR genoss, einmal auf seine Substanz hin gesichtet werden, und zwar auf der Grundlage der in der DDR-Tagespresse veröffentlichten Meinung, speziell der via ZEFYS, dem Zeitungsinformationssystem der Staatsbibliothek Berlin, zugänglichen Zeitungen *Neues Deutschland (ND), Neue Zeit (NZ)* und *Berliner Zeitung (BZ)*, die bei aller graduellen Unterschiedlichkeit allesamt zur spätestens seit 1947 »gelenkten Presse« zu zählen sind.

Die weitaus häufigsten Nennungen Karl Barths in den von 1945 bis 1994 erfassten Ausgaben entfallen dabei auf die NZ, das Parteiorgan der Ost-CDU (777 von 876); beinahe gleichauf liegen ND (52) und die ebenfalls im SED-Verlag erscheinende BZ (47).[1]

Angesichts der Menge und weil die folgenden Ausführungen sich nicht auf die bloße Sichtung der offiziellen Presse beschränken sollen, wird im Wesentlichen der Zeitraum bis etwa 1960 näher untersucht, was auch dadurch gerechtfertigt erscheint, dass hier die besonders strittigen Stellungnahmen Barths zu verorten sind.[2] Eine weitere Einschränkung: Die Vielzahl von kleinen Hinweisen bzw. Meldungen über Auftritte und / oder Ehrungen Barths bleibt hier unberücksichtigt, und die wenigen genuin theologischen oder theologiegeschichtlichen Beiträge, die sich auch oder nur mit Barth befassen, werden nur am Rande Erwähnung finden. Diese finden sich ausschließlich in der NZ, und auch in ihnen wird – je länger, desto mehr – unterschwellig häufig eine bestimmte Barth-Interpretation vertreten, die deshalb weitgehend unberücksichtigt bleiben kann, weil sie sich mit der hier vorgestellten deckt.

---

1 Zu beachten ist, dass sich dabei ein kleiner Teil an Nennungen – durchweg in Kleinanzeigen – auf einen DDR-Bürger namens Karl Barth bezieht (etwa 20-25).

2 In diesen Zeitraum fallen immer noch über 300 der oben genannten insgesamt 876 Nennungen.

Weiter wird anhand des besonderes Aufsehen erregenden *Briefes an einen Pfarrer in DDR* herausgearbeitet, wie sehr sich die »offizielle« Rezeption vom tatsächlichen Verhalten der Staatsorgane unterscheiden konnte; abschließend folgt ein kleiner Ausblick auf das Thema »Stasi und Karl Barth«.

1. Karl Barth und seine Theologie in der DDR-Presse

1.1. Anfangsphase (1946/47)

In der Anfangszeit der damals auch offiziell noch so genannten Sowjetischen Besatzungszone, als es noch ansatzweise so etwas wie Pressefreiheit oder jedenfalls eine gewisse Vielfalt der veröffentlichten Meinung gab, konnten Äußerungen Barths durchaus kritisch hinterfragt werden, so etwa seine Ansichten zur im Osten wie im Westen gegründeten CDU. Wen wundert es, dass Barths scharfe Absage an eine – wie er befürchtete – katholisch dominierte christliche Partei in der Zeitung dieser Partei auf Kritik stieß? So noch im Januar 1946: »Erstaunlich bleibt gleichwohl eine gewisse Fremdheit [...] zu den politischen Überbrückungs- und Milderungsmaßnahmen der konfessionellen Unterscheidungen« (NZ, 3.1.1946). Und im August desselben Jahres: »Herr Barth hat wirklich keine Ahnung davon, was in Deutschland geistig geschehen ist, daß nämlich evangelische und katholische Christen sich auf ihrem Marsch nach vorn gefunden haben« (NZ, 8.1.1946). Solche Töne aber verschwinden – gemeinsam mit denen, die sie äußerten – spätestens mit der de facto Gleichschaltung der Presse 1947 völlig, und Barths CDU-Kritik wird dann (wenn sie überhaupt noch erwähnt wird, was sehr selten geschieht) als Kritik bloß an der »klerikal-faschistischen« »Adenauer-CDU« verbucht. Barths Berlin-Aufenthalt 1946 führt zu einer ersten längeren Behandlung im ND, wo Arthur Rackwitz, damals Pfarrer in Neukölln, schon seit den 1920er Religiöser Sozialist und bis 1952 SED-Mitglied, in einem Bericht über den Vortrag *Christengemeinde und Bürgergemeinde* feststellte: »Christentum und Sozialismus klingen in einer großen, zukunftweisenden Synthese zusammen« (ND, 26.7.1946); die beim gleichen Besuch stattfindende Unterredung Barths mit Grotewohl, Pieck und Ulbricht fand merkwürdigerweise zunächst keine Resonanz. Erst über ein Jahr später, und dann auch noch in einem Zitat von Werner Koch versteckt, findet diese Unterredung als »Signal für eine völlig neue Entwicklung«, in der die Kirche bereit sei, »allen Menschen zu begegnen«, eine Erwähnung (BZ, 11.2.1948). In den untersuchten Zeitungen unbeachtet blieb ebenfalls der Besuch Barths in Dresden 1947.[3]

In diesem Jahr, bereits 1947 also, hört, man kann es kaum anders sagen, das auf, was eine Lektüre spannend macht, nämlich alles Überraschende. Im Weiteren wird über Barth – immer mit der kleinen Ausnahme genuin theologischer oder theologiegeschichtlicher Betrachtungen in der NZ (aber auch diese sind zunehmend durchsetzt von ›konformen‹ Notizen) – eher stereotyp berichtet.

1.2. Stereotype Berichterstattung ab 1948

Barth ist der »*fortschrittliche*« Theologe, der – zumindest vom praktischen Tun her – einer Synthese von Christentum und Sozialismus das Wort redet, und dass er es theologisch begründe, mache das Ganze nur umso aussagekräftiger. Barth ist vor allem aber der »*Antifaschist*«, der Streiter für eine mit den Friedenskräften zusammenarbeitende Kirche, die sich allem Antikommunismus widersetzt. Wiederum: Dass er kein Kommunist ist (denn das wird nie behauptet, sogar – einmal – dezidiert verneint), das macht die herangezogenen Äußerungen für die DDR-Presse nur umso aussagekräftiger.

Darüber hinaus ist Barth auch der *Streiter* gegen die Adenauer-CDU, gegen die Restauration, das Wiederaufkommen der Nazis und des Hitlerismus, gegen die ›klerikal-faschistischen‹ Tendenzen in Westdeutschland, insbesondere gegen jede Wieder- oder Atombewaffnung Deutschlands – später wird das allerdings ein wenig eingeschränkt: Denn Barth ist kein prinzipieller Antimilitarist, weswegen der Einsatz in Streitkräften, wenn sie denn dem Frieden dienen, von ihm her ›natürlich‹ gerechtfertigt ist.

Überhaupt ist Barth der Theologe, der den politischen Weg der DDR und insbesondere die Mitarbeit der Ost-CDU beim Aufbau des Sozialismus pauschal gutgeheißen hat, am westlichen Weg aber immer wieder grundsätzliche Kritik übt und dafür dort verachtet und angefeindet wird, denn jeder in diese Richtung gehende Umgang mit Barth in der Schweiz oder in der Bundesrepublik wird genüsslich berichtet. Selbst der Mauerbau, die Verpflichtung zum Dienst in der NVA und die Außenpolitik gegenüber Vietnam und Israel(!) werden mit Berufung auch auf Barth gerechtfertigt.

Zuletzt, das ist eine Tendenz, die vor allem ab etwa 1958 zu beobachten ist, ist Barth dann aufgrund alles dessen aber auch der Mann, der gegen die

---

3 Berichte erschienen allerdings in regionalen Zeitungen bzw. regionalen Ausgaben von Blättern wie »Die Union« (Ost-CDU), 6. und 13.8.1947; »Sächsisches Tageblatt« (LDPD), 14.8.1947; »Sächsische Zeitung« (SED), 16.8.1947.

»sogenannten Barthianer« in der DDR in Stellung gebracht wird, bei denen im Gegensatz zu ihrem »vermeintlichen« Meister die Begeisterung für den Sozialismus noch zu wünschen übrig lässt.

Daneben dient Barth durchgehend als Garant für den rechten Geist derer, die sich auf ihn berufen bzw. als seine Schüler oder Freunde gelten, aber auch als »Zeuge« in Schmutzkampagnen gegen westliche Politiker oder unliebsame Kirchenführer (bes. Gerstenmaier, Dibelius und Krummacher): Bei der Aufdeckung von deren vermeintlich unschöner Vergangenheit oder gar Verstrickung in den Nationalsozialismus wird gern auf mehr oder weniger einschlägige Äußerungen Barths verwiesen.

Bei alldem ist das, was als Beleg für die weitreichenden Interpretationen dient, eine äußerst überschaubare Textbasis.

Vollständig bzw. ohne sinnentstellende Auslassung abgedruckte Texte Barths finden sich in der ausgewerteten Presse bis 1960 ganze neun:

- NZ, 8.7.51: »Der christliche Standpunkt«[4]; Anlass: Deutscher Evangelischer Kirchentag 1951;
- NZ, 13.8.52: Brief an Rudolf Rübesam (Zeitschrift »Kirche und Mann«) vom 31.5.52[5], in dem Barth den Westen scharf kritisiert und auf die Situation im Osten keinen Bezug nimmt; u.a. wird der angestrebte Generalvertrag als »schwerster politischer Irrtum seit dem ›Frieden‹ von München« bezeichnet,
- NZ, 19.5.55: »Was uns Himmelfahrt bedeutet« (ein Abschnitt aus Barths »Dogmatik im Grundriß«);
- NZ, 22.1.56: »Lobgesang des Daseins. Gedanken über Mozarts Musik«;
- NZ, 24.5.56: Dank-Brief an Otto Nuschke für die Glückwünsche zum Geburtstag, in dem Barth schrieb: »Sie dürfen gewiß sein, daß ich alles, was sich dort [in der DDR] ereignet, mit tiefer Anteilnahme begleite und, dem Getöse der westlichen Presse zuwider, so unbefangen, als es mir möglich ist, zu verstehen suche.«;
- NZ, 28.7.56: »Neueste Nachrichten zur neueren deutschen Kirchengeschichte?«[6]; ein Text von 1945, in dem Barth sich sehr kri-

---

4 Teilabdruck aus Unterwegs 2, 1948, 1.

5 Abdruck: Karl Barth, Offene Briefe 1945-1968, hg.v. Diether Koch (Karl Barth-Gesamtsausgabe, Abt. V), Zürich 1984, 310-315.

6 Ursprünglich erschienen in: Kirchenblatt für die reformierte Schweiz 101 (1945), Nr. 14, 216-218.

tisch mit Behauptungen Eugen Gerstenmaiers über seine Rolle im Kirchenkampf auseinandersetzte;

- NZ, 5.12.56: »Dankbrief an Mozart«;
- NZ, 12.5.59: »Atombewaffnung ausgeschlossen« (Abdruck aus »Der Neue Weg«, 9./10.5.1959, 3; vier Antworten Barths auf ihm gestellte Fragen);
- NZ, 3.2.60: »Basel im Zeichen des Kalten Krieges. Karl Barth gegen geplante Provokation anläßlich des Universitätsjubiläums« (Brief Barths, in dem er sich kritisch damit auseinandersetzt, dass Wissenschaftler aus dem Ostblock nicht zum Jubiläum eingeladen werden sollten[7]).

Eine eigentümliche Auswahl von »harmlosen« oder solchen Texten also, in denen die Situation im Osten gar nicht thematisiert wird. Bemerkenswert ist allenfalls die Häufung im Jahr 1956, denn in diesem Jahr erschienen zu Karl Barths Geburtstag auch zwei Artikel von Herbert Trebs (zu Barths Anthropologie) und Walter Feurich (zu Barths Weg vom *Römerbrief* zur *Kirchlichen Dogmatik*), in denen *keine* ›systemkonformen‹ Wertungen, Kommentare oder entsprechende einleitende Sätze enthalten sind!

Die folgenden Ausführungen beschränken sich auf die Behandlung bzw. Erwähnung von vier einschlägigen Texten (*Die Kirche zwischen Ost und West; Brief an Pfr. Wolf-Dieter Zimmermann [»Unterwegs«] vom 17.10.1950; KD;* und in einem eigenen Punkt: *Brief an einen Pfarrer in der DDR*); die eingehendere Untersuchung der übrigen Bezugnahmen auf Texte Barths im untersuchten Zeitraum brächte jedoch kaum andere Ergebnisse zutage.

Ein im Westen heftig diskutierter Text wie *Die Kirche zwischen Ost und West*[8] wird zwar häufig und ausführlich zitiert (sogar in einem eigenen Artikel: NZ, 7.9.1949) oder erwähnt (allein 1949/50 vier Mal), aber nie ohne Eingriffe: Im längeren eigenen Artikel dazu werden Passagen aus S. 15f.21.22f.23f. zitiert, ohne dass das sorgfältige Auslassen der auch Kommunismus-kritischen Stellen, die sich dazwischen befinden, gekennzeichnet wäre; in zwei anderen Artikeln dazu (ND, 16.7.49; BZ, 21.7.49) wird als Barths Meinung angeführt, was dieser im Text als die Meinung des Ostens über den Westen paraphrasiert hatte – natürlich ohne jeden Hinweis darauf, dass im Text zuvor genauso die Meinung des Westens über den Osten paraphrasiert wurde ... Ein dreiviertel Jahr später erfährt der Leser in einem mit Pfarrer Weckerling (Spandau) ge-

---

7 Abdruck: Barth, Offene Briefe 1945-1968, 478-481.

8 Karl Barth, Die Kirche zwischen Ost und West, Zollikon-Zürich 1949.

führten Interview dann noch von einem weiteren, bisher nicht angeführten Zitat aus diesem Text, dass nämlich zu der Meinung »Rot wie Braun – ein Totalitarismus wie der andere« diejenigen nicht berechtigt seien, die heute wieder die Deutschen gegen die Russen ausspielen wollten.[9] Das übrigens ein auch beliebtes Vorgehen: Denn vom Brief Barths an Staatsminister Wilhelm Zaisser, in dem er am 2.3.1953 die Verhaftungen von Pfarrern in der DDR ansprach,[10] erfährt der DDR-Leser volle drei Jahre später (eben auch im Jahr 1956!) aus dem vollständig abgedruckten Glückwunschschreiben Otto Nuschkes zu Barths 70. Geburtstag (NZ, 25.5.56) – aber natürlich auch dort nur, ohne dass der Inhalt des Briefes genauer benannt würde.

Der *Brief an Pfarrer Wolf-Dieter Zimmermann vom 17.10.1950*[11], geschrieben vor dem Hintergrund der bekannt gewordenen Pläne bzw. Angebote Adenauers zur Wiederaufrüstung Westdeutschlands, ist der DDR-Presse ein gefundenes Fressen: der »bekannte Schweizer Theologe« sagt Nein zur westdeutschen Remilitarisierung, weil diese nur auf einen Krieg mit der Sowjetunion hinauslaufe, die sich aber doch gar nicht aggressiv verhalte, und nicht alle in der Kirche beteiligten sich an diesem »anti-bolschewistischen Kreuzzug« (BZ, 1.11.50). Soweit, so richtig zitiert, denn ohne Zweifel stehen diese Aussagen in diesem Brief. *Nicht* aber angeführt wird, was *auch* in diesem Brief steht, nämlich die durchaus abwägenden Passagen, in denen es auch kritische Überlegungen in Richtung der Sowjetunion gibt. Auch im längeren Abdruck der zusammenfassen Punkte (NZ, 1.11.50) fällt auf: Abgedruckt werden nur die Punkte 1-5 – Barth fasste seine Meinung aber in sieben Punkten zusammen! Es fehlt das über »die positive Abwehr des Kommunismus« in Punkt 6 Gesagte ebenso wie der Hinweis auf die noch einmal »besondere Situation« deutscher Soldaten in Punkt 7. Im Weiteren dient dieser Brief im Rest des Jahres 1950 in sechs weiteren Artikeln als Beleg dafür, dass man gegen die Remilitarisierung sein muss, und auch 1951 wird ebenfalls sechs Mal darauf Bezug genommen. Einmal (NZ, 29.3.51) wird dabei auf den Abdruck einer Äußerung Barths in der Zeitschrift »Der Frieden« verwiesen und so der Eindruck erweckt, es handle sich um eine neue Stellungnahme Barths.

Von den wenigen Bezugnahmen auf die *Kirchliche Dogmatik* verdanken sich einige der ausführlicheren Herbert Trebs. Bei ihm liegt insofern ein Sonderfall vor, als sich zwei Interessen überschneiden: Einmal versucht er immer wieder, in den »späten Barth« eine Hinwendung zu seinen Ursprüngen im

9 Vgl. Barth, Kirche zwischen Ost und West, 19-20.

10 Abdruck: Barth, Offene Briefe 1945-1968, 334-337.

11 Abdruck: Barth, Offene Briefe 1945-1968, 205-214.

religiösen Sozialismus und konkret bei Leonhard Ragaz hineinzulesen (etwa NZ, 28.9.59; NZ, 18.6.60 und öfter), was dem Anliegen seiner eigenen Dissertation[12] entspricht – auch das allerdings in der Regel nicht, ohne jeweils auf das sich daraus notwendig ergebende gesellschaftliche Engagement hinzuweisen. Zum anderen aber wird Barths *Kirchliche Dogmatik* auch ganz direkt »systemkonform« gemacht: Am 7.5.1959 beispielsweise erscheint in der NZ eine Betrachtung zu Himmelfahrt, in der Trebs gegen eine Handreichung der EKU zur Auseinandersetzung mit dem modernen Atheismus und Säkularismus anschreibt; dort hieß es u. a., das, was die Gemeinde zu Himmelfahrt bekenne, werde heute in der DDR glatt geleugnet. Trebs hält gegen die DDR-kritische Tendenz dieser Handreichung insbesondere drei Zitate aus der KD: Nach Barth werde heute auch in dem Teil der Welt, der Jesus Christus nicht kennt, »nach Recht gefragt und allerlei Recht gefunden und aufgerichtet« (KD IV/2, 819); hier verschweigt Trebs, dass Barth eben diese Aussage in den Zusammenhang gerade der Macht und Herrschaft Christi auch in der Welt stellt. – Sodann: Gott könne »auch durch den Kommunismus zu uns reden« (KD I/1, 55-56.); hier verschweigt Trebs, dass es unmittelbar davor und danach heißt, er könne dies auch durch eine blühende Blume oder durch einen toten Hund, was der Aussage doch einen etwas anderen Charakter verleiht ... – Schließlich: Wenn die Kirche ihrem Auftrag nicht nachkäme, müsse »aller Widerspruch, der von staatlichen, gesellschaftlichen, kulturellen und ähnlichen Gesichtspunkten her gegen die kirchliche Verkündigung erhoben wird, der Kirche gegenüber recht bekommen und in seiner ganzen Unkirchlichkeit zu einer sehr notwendigen Kritik der Kirche werden« (KD I/1, 74); hier verschweigt Trebs einen kleinen, aber nicht unwichtigen Nebensatz, nämlich dass es im Original nach »aller Widerspruch, der [...] erhoben wird« heißt: »ohne in sich selber recht zu *haben*«!

So und ähnlich verfährt die DDR-Presse durchgängig: Zitate Barths werden aus dem Zusammenhang gerissen, sie werden nur lückenhaft zitiert oder es wird mit ihnen belegt, was Barth teils gar nicht gemeint haben kann, weil der Text, auf den man sich bezieht, viel älter ist als die aktuellen Zusammenhänge, in denen er verwendet wird.

Die einzigen einschlägigen Texte, die korrekt und vollständig wiedergegeben werden, sind solche, in denen Barth nur und ausschließlich in die west-

---

12 Herbert Trebs, Die Widerspiegelung der sozialen Realität in der Reichs-Gottes-Theologie des frühen Leonhard Ragaz (1909–1922). Eine religionssoziologische Studie zum Problem der kirchlichen Gestaltung und christlichen Verkündigung in der DDR, Diss. theol. Leipzig 1963.

deutsche Richtung spricht, ohne auf die Situation im Osten einzugehen. Die aber werden dann umstandslos für die eigene Sache reklamiert und ›übersetzt‹: Weil Barth das im Westen scharf kritisiert, was auch wir kritisieren, ist er mit uns einer Meinung, und d. h. er unterstützt uns und unsere Politik: unsere Kirchenpolitik, unsere enge Anbindung an die Sowjetunion, unsere kollektivistische Wirtschaftspolitik, unsere Außenpolitik, und mit und über dem allem: den Aufbau des sozialistischen Staates.

2. Der »Brief an einen Pfarrer in der DDR« [13]

Im Sommer 1958 hatte Barth im Namen einiger »Brüder der DDR« ein anonymer Brief eines Pfarrers erreicht; es handelte sich um Friedemann Goßlau, der in den frühen 1950er Jahren ein Jahr in Basel studiert hatte und nun Pfarrer im kleinen Ort Wanzer bei Wittenberge war,[14] gelegen im Sperrgebiet entlang der innerdeutschen Zonengrenze. In diesem Brief beklagte sich Goßlau zunächst darüber, dass die Kirchlichen Bruderschaften im Westen ihren Brüdern in der DDR nicht mit Rat und Ermunterung zur Seite stünden, und beschrieb darauf die Zustände in seiner Gemeinde und der ganzen DDR.[15] Der Brief schließt mit den sieben Fragen, die von Barth in seinem Offenen Brief den jeweiligen Antworten vorangestellt sind.

Barths Antwort ist in zwei Abschnitte aufgeteilt. Im ersten, größeren Teil, den ich stichpunktartig referieren möchte, äußert er sich allgemein zu der den Fragen zugrundeliegenden Problematik, im zweiten beantwortet er diese Fragen.

Eingangs seines Briefes erklärt Barth zunächst, warum er die Fragen Goßlaus überhaupt beantwortet, während er zu früheren, ähnlich klingenden Aufforderungen geschwiegen habe, und er gibt – so meine ich – mit seiner Begründung schon einen wichtigen Hinweis zum richtigen Verständnis seiner Antwort:

> »Ihre Frage ist [...] von ganz anderer Art. Sie reden mich jedenfalls von einem Ort aus an, wo das sterile Anti oder Pro praktisch nur die kleinste Rolle spielen kann, weil man sich täglich, und, koste es was es wolle, mit dem Willen, das Beste

---

13 Karl Barth, Brief an einen Pfarrer in der Deutschen Demokratischen Republik [1958], in: ders., Offene Briefe 1945-1968, 401-439.

14 Alle Angaben aus einem Brief Goßlaus an Hartmut Ludwig vom 19.6.1994 (Kopie im KBA Basel).

15 Vgl. Barth, Brief an einen Pfarrer, 402-411.

daraus zu machen, mit der Wirklichkeit des Kommunismus auseinanderzusetzen hat.«[16]

Sodann beschreibt er das ihn umtreibende Problem, mit seiner Stellungnahme, wenn er denn seine Meinung deutlich zu erkennen gebe, Wasser auf die falschen Mühlen zu leiten:

> »Wie soll ich Ihnen schreiben, ohne merken zu lassen, daß ich zum Geist und zur Sprache, zu den Methoden und Praktiken des bei Ihnen herrschenden Systems so wenig Ja sagen kann wie zu den Mächten und Gewalten, die hier im Westen über uns sind? Daß ich, wenn das sichtbar wird, der kleinen Glorie eines immerhin ›fortschrittlichen‹ Theologen, deren ich mich im Osten bisher manchen Ortes erfreuen durfte, leicht verlustig gehen könnte, möchte zu tragen sein. Wie soll ich es aber sichtbar machen, ohne ungewollt allerlei Scheiter in das hierseits ohnehin wüst genug lodernde und sicher bei Ihnen erst recht fort und fort glimmende Feuer des Antikommunismus zu werfen und dann von Leuten gelobt und benützt zu werden, die ich für die notorisch schlimmeren Feinde aller Wahrheit, aller Gerechtigkeit, alles Friedens halte?«[17]

Ausgehend von 1 Petr 5,8-9 wehrt er sich gegen die Identifizierung des dort erwähnten »Widersachers« mit nur der östlichen Macht; sofern der Kommunismus die Gemeinde »zur tätlichen Gottlosigkeit« verführen wolle, gelte es zwar, ihm zu widerstehen,[18] die der Gemeinde aufgetragene Botschaft von Christus aber sei dem »Westen genau so widrig und peinlich wie dem Osten, [...] vielleicht noch widriger und peinlicher«.[19] Es gebe wie im Osten den offenen Totalitarismus, so im Westen einen »schleichenden«, nämlich den der »Presse, Privatwirtschaft, Protzerei und Publikumsmeinung«; es sei »der Gemeinde und jedem einzelnen Christen dort und hier schwer gemacht [...], den schmalen Weg immer wieder zu finden«.[20] Der einzige Weg, hier wie dort: »das ABC zu exerzieren, das den Christen zum Christen macht, nämlich schlicht:

---

16 Barth, Brief an einen Pfarrer, 412.

17 Barth, Brief an einen Pfarrer, 414. Zum Verständnis dieses scharfen Urteils, das für sich genommen ein Beleg dafür sein könnte, im Grunde sehe Barth die Zustände im Westen als schlimmer an als die im Osten, muss sicher bedacht werden, dass oft genug genau dieselben Personen, die Barth wegen seines Engagements gegen den Nationalsozialismus verurteilt hatten, ihn nun zu einer Stellungnahme gegen den Kommunismus drängen zu müssen meinten.

18 Vgl. Barth, Brief an einen Pfarrer, 415.

19 Barth, Brief an einen Pfarrer, 417.

20 Barth, Brief an einen Pfarrer, 417-418.

an den Gott ernstlich und fröhlich zu glauben, den zu bezeugen dort Ihr wie hier unser Auftrag ist«.[21]

Dieser Gott stehe über allen Dingen, »auch über dem Atheismus und Materialismus«[22], und auch der Kommunismus sei »nicht nur Fremdmacht«, er könne, ob er das wisse oder nicht, doch »nur Sein Werkzeug sein, eine Funktion in Seinem Plan erfüllen«, und sei es in der »gerichtlichen Funktion einer Zuchtrute«, durch die »ein schmerzliches Aufräumen und Verbrennen« geschieht, das »in irgendeiner andern Form auch der westlichen Welt [...] nicht erspart bleiben wird«.[23]

Im Umgang mit dem Atheismus gilt es nach Barth, »seinem Unglauben mit einem fröhlichen Unglauben an die Möglichkeit dieses seines Unternehmens [zu] begegnen«: »Es möchte Ihnen gegeben sein, wie sich selbst, so auch Ihre Atheisten getrost zu Gott zu rechnen, als sein Eigentum anzusprechen.«[24] Ähnlich sein Rat im Blick auf den »gesetzlichen Totalitarismus«:

> »Fürchten Sie ihn nicht! Nicht, daß er totalitär, sondern daß er gesetzlich und darum ungöttlich und unmenschlich totalitär ist, ist die Grenze jenes Systems. [...] Glauben Sie an Gottes freie Gnade? Natürlich tun Sie das. Dann müssen Sie aber das bei Ihnen herrschende System (und das unsrige gleich dazu!) in seiner entscheidenden Ohnmacht durchschauen, die eben in seiner Gesetzlichkeit besteht.«[25]

Das heißt für Barth auch, nicht an den beschnittenen traditionellen Gewohnheiten und Vorrechten Halt zu suchen; diese alle – und damit die Konzeption der »Volkskirche« an sich – stelle die Entwicklung in der DDR in Frage; das sei – so Barth – »auch bei uns im Westen im Kommen«[26], und insofern könne es sein, dass »›Gottes geliebte Ostzone‹« dazu berufen sei, »uns Anderen das Leben einer den neuen Weg einer Kirche für das Volk (statt des Volkes) suchenden und vielleicht schon antretenden christlichen Gemeinde [...] exemplarisch vorzuleben«.[27]

---

21 Barth, Brief an einen Pfarrer, 418.
22 Barth, Brief an einen Pfarrer, 420.
23 Barth, Brief an einen Pfarrer, 419.
24 Barth, Brief an einen Pfarrer, 421.
25 Barth, Brief an einen Pfarrer, 421-422.
26 Barth, Brief an einen Pfarrer, 425.
27 Barth, Brief an einen Pfarrer, 426-427.

Von den konkreten Fragen Goßlaus soll an dieser Stelle nur die zweite Frage und ihre Beantwortung genauer betrachtet werden, weil sie in der Kritik eine besondere Rolle spielt.

> »2. Kann man dem Staat der DDR angesichts der ihm inhärierenden Gefahren die von ihm gewünschte Loyalitätserklärung geben?«
> Antwort: »Ich kenne den Wortlaut dieser Loyalitäts-Erklärung nicht, nehme aber an, daß der, der sie abgibt, nicht, wie es einst mit dem Hitlereid der Fall war [...], eine Katze im Sack kaufen muß, sondern daß es sich bei dem Gegenstand der von ihm gewünschten Erklärung um eine Definition der dort aufgerichteten und bestehenden Staatsordnung handelt, über deren Wesen er durch die Verfassung der DDR unterrichtet ist. ›Loyalität‹ dieser Ordnung gegenüber heißt [...] ehrliche Willigkeit, ihren *Bestand* zu anerkennen und sich ihr – vielleicht unter Voraussetzung, aber unter praktischer Zurückstellung gewisser Bedenken (angesichts der ihr ›inhärierenden Gefahren‹) – *einzuordnen*. ›Loyalität‹ heißt nicht: Gutheißung der dieser Ordnung zugrunde liegenden Ideologie. Und ›Loyalität‹ heißt nicht: Gutheißung aller und jeder Maßnahmen der faktischen Träger und Repräsentanten dieser Ordnung. ›Loyalität‹ schließt den Vorbehalt der Gedankenfreiheit gegenüber der Ideologie, aber auch den Vorbehalt des Widerspruchs, eventuell des Widerstandes gegen bestimmte Explikationen und Applikationen einer vorgegebenen Staatsordnung in sich. Es gibt auch so etwas wie eine loyale Opposition. ›Loyal‹ gegenüber einer vorgegebenen Staatsordnung ist und verhält sich der, der deren Gültigkeit und Maßgeblichkeit auch für sich anerkennt und entschlossen ist, sich in den Grenzen des ihm innerlich und äußerlich Möglichen an sie zu halten. – Ich würde an Ihrer Stelle keine Schwierigkeit sehen, der DDR in diesem Sinn Loyalität entgegenzubringen und also die von Ihnen gewünschte Erklärung wahrheitsgemäß abzugeben.«[28]

An die Antworten schließt Barth noch eine Bemerkung zum Verhalten der Kirchlichen Bruderschaften an, das von Goßlau beklagt worden war:

> »Die westdeutschen Bruderschaften stehen seit Jahr und Tag im anstrengendsten Handgemenge mit den Mächten und Gewalten, den Geistern und Dämonen im Lande des ›Wirtschaftswunders‹, mit seinem gedankenlosen Anschluß an die Nato, mit seiner Remilitarisierung, seinem Militärseelsorgevertrag, seiner Atomwaffen-Aufrüstung, seiner panischen Russenangst, seinen Kreuzzugsstimmungen, seinen alten Nazis, mit all dem Fatalen, was ›Bonn‹ und CDU dort sachlich und personell auch nicht zuletzt in der evangelischen Kirche bedeuten. Es sollte nicht so sein, aber ich fürchte, es ist so: sie haben einfach den Raum

28 Barth, Brief an einen Pfarrer, 428-429.

nicht, daneben auch noch in kräftigerer Weise direkt auch an Ihrem Sein und Tun teilzunehmen.«[29]

Abschließend entschuldigt Barth sich quasi vorab für mögliche Ungenauigkeiten und dafür, dass er »da und dort reichlich ungenau gezielt und getroffen haben möchte«, weil er von den Orten des Geschehens »geographisch und sonst sehr weit weg« sei und den Brief in einem »Bauernhäuschen auf einer einsamen Höhe im bernischen Emmenthal« geschrieben habe.[30]

Der Brief – im Original im Theologischen Verlag Zürich erschienen – gelangte recht schnell per Postversand auch in zahlreiche Pfarrhäuser in der DDR,[31] so dass man sich seitens der Staatsmacht offenbar gezwungen sah, darauf zu reagieren.

Diese Aufgabe übernahm Herbert Trebs in einem Artikel in der NZ vom 31. Oktober 1958: »*Zum Reformationstag 1958*: Das Evangelium der freien Gnade«. In dem insgesamt etwa eineinhalb Zeitungsspalten langen Artikel werden Aussagen Barths aus dem Brief referiert, allerdings nur in begrenzter Auswahl und mit erläuternden Kommentaren versehen. Die im Brief als erstes beantwortete Frage, wie vom Evangelium her die »Sehnsucht nach einer Wiedervereinigung in Wohlstand und Freiheit westlicher Prägung« zu bewerten sei, die schon Barth sehr zurückhaltend aufgenommen und u.a. mit dem Hinweis darauf beantwortet hatte, dass man sich hüten solle, so nicht eines Tages bei den »Fleischtöpfen Ägyptens« aufzuwachen, nahm Trebs zum Anlass des höhnischen Kommentars: »Es dürfte interessant sein, welche ›Fragen‹ sich dieser Pfarrer ausdenken wird, wenn die westdeutsche wirtschaftliche und politische *Krise* die Proportionen des Wohlstandes und der Freiheit noch deutlicher zugunsten der DDR verschoben haben wird.« Nun ja ... Insgesamt charakterisierte Trebs die Fragen des Pfarrers und seine damit verbundenen Erläuterungen der Situation in der DDR als solche, »in denen offenbar der Fragesteller seine eigenen *Verklemmungen* und Verkrampfungen auf seine gesellschaftliche Umwelt in der DDR projiziert hatte«. Sodann referiert Trebs

---

[29] Barth, Brief an einen Pfarrer, 437.

[30] Barth, Brief an einen Pfarrer, 438. Es handelte um seinen Ferienaufenthaltsort »Auf dem Kapf« ob Eggiwil (vgl. 438 Anm. 86).

[31] Vgl. Brief Georg Lanzenstiels, damals Studentenpfarrer in München, an Barth vom 1.2.1959 (KBA 6841), in dem allein er von 80 verschickten Exemplaren schreibt und auch von schon erhaltenen, durchwegs positiven Rückmeldungen, u.a. von Günter Jacobs Reaktion, der den Brief als »erstaunlich hilfreich« bezeichnet habe, es aber als »einzigen«, »verzeihlichen«, aber »doch schwerwiegenden Irrtum« einschätzte, dass KB der Meinung sei, die Verfassung der DDR unterrichte »über das Wesen der Staatsordnung«.

Barths Empfehlung, die geforderte Loyalitätserklärung – unter Zurückstellung gewisser Bedenken – abzugeben und sich in das Gemeinwesen einzuordnen. Er notiert den Hinweis, man »kaufe damit ja nicht (wie bei Hitler) eine Katze im Sack«, ›vergisst‹ aber zu bemerken, dass Barth sich dabei auf den Verfassungstext der DDR bezog. Weiter referiert Trebs die Aufforderungen, lieber für als gegen die DDR zu beten, jegliche Ansprüche der Kirche, etwa auf Öffentlichkeit, zu hinterfragen und taktische Rücksichtnahmen nicht vor theologische Einsichten zu stellen. Abschließend greift er Barths auch hier ausgedrückte Ablehnung jedes Antikommunismus auf und seine Schilderung der Situation bzw. seine Verteidigung der Zurückhaltung der westdeutschen Bruderschaften gegenüber der Lage in der DDR (ohne hierzu allerdings auf den Kontext dieser Frage einzugehen).

Auf diesen Artikel hin gab es offensichtlich einigen Protest und Unmut, der sich daran entzündete, dass der Brief Barths nicht komplett, sondern nur in dieser kurzen, kommentierten Form erschienen war. Superintendent Johannes Goßlau (1893–1966) aus Tangermünde etwa fragte: »Glauben Sie im Ernst, daß der wahre Inhalt dieser Schrift hier in der DDR nicht bekannt werden wird?«[32]

Daraufhin erschien zwei Wochen nach dem ersten Artikel ein weiterer, diesmal beinahe ganzseitiger Artikel von Herbert Trebs (NZ, 14.11.1958), in dem er wiederum den Brief vorstellte, diesmal mit deutlich längeren Zitaten – und auch mit solchen, die einen gewissen Vorbehalt gegenüber der Situation in der DDR erkennen lassen:

> »Nachdem Barth diese Feststellung [dass er nämlich die Antikommunisten für die »notorisch schlimmeren Feinde aller Wahrheit, aller Gerechtigkeit und alles Friedens« halte] getroffen hat, macht er eine pauschale Bemerkung über den ›Geist und die Sprache, die Methoden und die Praktiken‹ in der DDR«.

Ganz abgesehen davon, dass die Bemerkung Barths, er könne eben dazu »so wenig Ja sagen [...] wie zu den Mächten und Gewalten, die hier im Westen über uns sind«, im Brief *vor* der anderen Aussage steht, ist interessant zu beobachten, wie Trebs diese – und das steht stellvertretend für weitere Passagen – ihm sicher unangenehme Distanzierung Barths für seine Leser auffängt:

---

32 Zit. in NZ, 14.11.1958.

> »Weil er an das mildere Klima der Schweiz gewöhnt ist und die Auswirkungen des von der Bundesrepublik gegen die DDR geführten kalten Krieges eben doch nicht ganz überschaut, lehnt er zwar die Praktiken des ›Westens‹ entschieden ab, will aber auch hierzu nicht ohne weiteres Ja sagen. Wir können dazu nur feststellen, daß ja auch wir in der DDR auf die zur Abwehr der Unterminierungs- und Zersetzungsversuche aus Bonn notwendigen Reaktionen gern verzichten würden, wenn man sich in der Bundesrepublik zur Verständigungsbereitschaft entschließen würde.«

Im Weiteren ist dann wieder die Rede von den Verklemmungen und Verkrampfungen des Fragestellers, die »leider bei vielen Geistlichen in der DDR zu beobachten« seien. Dass die »bürgerliche Haltung«, die auch einen Barth auf die Frage nach Freiheit und Wohlstand antworten ließe, sie sei wohl verständlich, für viele Geistliche in der DDR vorauszusetzen sei, habe man nie bestritten, sondern immer kritisiert, und – so eine Anmerkung in Klammern – man setze sie auch bei Barth voraus. Dass dieser die »Errungenschaften und Vorzüge der DDR [...] nicht vor Augen« habe, sei verzeihlich und werde durch seine Eindeutigkeit an anderer Stelle aufgewogen:

> »Was Karl Barth vor Augen steht, das ist die westdeutsche Wirklichkeit. [...] Es ist völlig eindeutig und klar, daß das Urteil über das westzonale NATO-Regime nicht nur kritisch, sondern vernichtend ist. Demgegenüber sind alle ›Vorzüge‹ des Westens sekundär und drittrangig.«

Wieder also eine Argumentation, die aus der über die ›Feinde‹ geäußerten Kritik den Schluss zieht, die eigene Seite werde ›im Grunde‹ eindeutig unterstützt – selbst wenn das dem Wortlaut widerspricht. Barth selbst hat eine solche Hermeneutik, die den Verfasser bestimmter Aussagen besser zu verstehen meint, als er sich selbst versteht, übrigens immer abgelehnt. Und es ist interessant zu beobachten, dass zugleich den immer »sogenannten ›Barthianern‹« in der DDR genau das vorgehalten wird, was hier von Trebs selbst praktiziert wird: Sie stünden zwar theologisch hinter Barth, distanzierten sich aber von seinen politischen Einsichten bzw. verdrehten diese so lange, bis sie ihnen in den Kram passten.

Insgesamt ist also auch über diesen längeren Text zu sagen, dass er prinzipiell nicht anders vorgeht als der erste vom Reformationstag. Und so ist es auch kein Wunder, dass Herbert Trebs den Schluss ziehen kann:

> »Daß es keine Erscheinung in der DDR gibt, die zu einer grundsätzlichen Ablehnung berechtigt, daß vorhandene Vorbehalte praktisch zurückgestellt werden

müssen, daß durch Mitarbeit das Beste der DDR zu suchen ist, darin besteht die Aufforderung und der Appell Karl Barths.«

Vielleicht könnte man dieses Fazit sogar als einigermaßen angemessen betrachten, wäre da nicht der Kontext, in den Trebs es stellt, wenn er nämlich darauf verweist, dass es »keinen anderen Weg« gebe, »in der DDR für die DDR da zu sein (so wie es aus den Grundsätzen von Karl Barth und den Bruderschaften folgt), als durch ein Ja auch bei unseren Wahlen«.

Das wiederum ist typisch für die offizielle Rezeption Karl Barths in der Tagespresse der DDR: Die Äußerungen Barths, die man in Teilen (leider!?) durchaus mit einigem Recht für sich in Anspruch nimmt, werden mit einem kleinen Kniff immer wieder so interpretiert, als stimme Barth damit dem ganzen Regime, allen seinen Maßnahmen und vor allem dem eingeschlagenen Weg zur sozialistischen Gesellschaft vorbehaltlos zu. Und dort, wo man zugestehen muss, dass er das nicht tut – na, dort hat er sich halt selbst nicht richtig verstanden bzw. nicht die richtigen Informationen gehabt oder aus seiner grundsätzlich richtigen Einstellung noch nicht die richtigen konkreten Schlüsse gezogen.

Was von solcher veröffentlichter Meinung wirklich zu halten ist, verdeutlicht vielleicht am besten der Umgang anderer staatlicher Stellen mit dem *Brief an einen Pfarrer in der DDR*:

Herbert Trebs hatte eingangs seines zweiten Artikels als Antwort auf die Frage, warum der Brief nicht in der DDR erschienen sei, süffisant darauf hingewiesen, dass es das gute Recht Barths sei, seine Broschüren zu veröffentlichen, wo er wolle, und er habe sich nun einmal für einen Schweizer Verlag entschieden. Die DDR könne da also gar nichts machen, soll das wohl heißen, und man habe sich schließlich in der NZ bemüht, »zum für uns frühestmöglichen Termin die kirchliche Öffentlichkeit auf diesen Brief aufmerksam« zu machen.

Wie schon bemerkt, war die Broschüre mit dem Brief trotzdem vielfach auf postalischem Weg in die DDR gelangt. Dort allerdings kamen längst nicht alle verschickten Exemplare an, denn die Postkontrolle der DDR hielt den Brief offensichtlich – und das ganz bestimmt nicht ohne Anweisung von höheren Stellen – für »Konterbande«!

Die von Martin Rohkrämer an Dr. Fr[iedrich?] Schröter, Halle / Saale, geschickten Exemplare des Briefes etwa landeten beim »Amt für Zoll und Kontrolle des Warenverkehrs« und wurden dort beschlagnahmt.[33] Grund: »Lite-

33 Vgl. Beschlagnahmeprotokoll Nr. 40436 vom 5.3.1959 (KBA 6854).

rarische Erzeugnisse mit antidemokratischem Charakter sind zur Einfuhr in die DDR nicht zugelassen, in diesen Exemplaren befand sich Hetze gegen die DDR«. Interessanterweise betraf diese Beschlagnahme auch im gleichen Paket verschickte Exemplare von Thomas F. Torrance, Calvins Lehre vom Menschen (Zollikon-Zürich 1951).

Einer weiteren Sendung von vier Exemplaren widerfuhr ein ähnliches Schicksal: Sie wurden »zur Begutachtung entnommen«, und dabei wurde festgestellt, »daß die Literatur antidemokratischen Charakter hat und deshalb vom Geschenkpostverkehr ausgeschlossen ist. Die Literatur wurde vernichtet«.[34]

3. Karl Barth im Fokus des Staatssicherheitsdienstes: das Beispiel Herbert Trebs

Eine eigene Stasi-Akte Karl Barths liegt nicht vor.[35] Aber es lohnt sich, einmal einen Blick darauf zu werfen, welche Rolle Barth für die Stasi trotzdem spielte. Geschehen soll dies anhand der Akten des hier schon häufiger genannten Herbert Trebs alias »Anton«.

Trebs, 1925 geboren, kann wohl als Prototyp des systemkonformen DDR-Theologen angesehen werden. Er studierte Evangelische Theologie und war von 1951 bis 1954 und nochmals von 1960 bis 1963 Aspirant an der Martin-Luther-Universität Halle / Saale. 1963 beendete er seine Dissertation,[36] 1967 seine Habilitation.[37] Parallel zu seiner theologischen Ausbildung verfolgte er zielstrebig seine Parteikarriere in der Ost-CDU, deren Mitglied er seit 1947 war und für die er 1963 bis 1976 in der Volkskammer saß. Zwischen 1954 und 1964 war er Abteilungsleiter und Redakteur für Kultur- und Kirchenpolitik in der Redaktion der NZ, was den Schluss nahelegt, dass die in dieser Zeit mit »HT« gezeichneten Beiträge von ihm stammen. Man kann sagen, dass er damit ein Quasi-Monopol auf die Berichterstattung über Barth hatte. Das alles

---

[34] Karte des Paketkontrollamtes vom 3.3.1959 (KBA 6853).

[35] Dieser Abschnitt beruht auf dem Ergebnis von Recherchen im Zentralarchiv der Behörde des Bundesbeauftragten für die Unterlagen des Staatssicherheitsdienstes der ehemaligen DDR im September 2011, zu denen der Verfasser freundlicherweise von Dieter Zellweger, einem Enkel Barths, hinzugezogen wurde.

[36] Siehe oben Anm. 12.

[37] Herbert Trebs, Ökumenewissenschaftliche Grundlegungs- und Aufbauprobleme. Ein Beitrag zu einem Teilgebiet der theologischen Enzyklopädie, Habil.-Schrift Berlin 1967.

wird ihm nicht von ungefähr zugewachsen sein, hatte er sich doch bereits 1950 und erneut 1954 als Geheimer Mitarbeiter bzw. Geheimer Informator der Mitarbeit bei der Stasi verschrieben.[38] Trebs erhielt 1967 unter von Partei und Stasi beeinflussten Umständen eine Berufung zum Professor für Ökumenik an der Humboldt-Universität, die er bis 1990 innehatte. 1985 erhielt er den Vaterländischen Verdienstorden in Silber und wurde 1991 pensioniert.

»Antons« IM-Karriere begann mit einem langen, handgeschriebenen Bericht über die Aktivitäten des damaligen Studentenpfarrers in Halle / Saale, Johannes Hamel,[39] und umfasste von da an über Jahre hinweg Berichte über wohl alle Treffen im kirchlich-theologischen Bereich, an denen er teilnahm, über einzelne Gespräche mit Pfarrern, Theologen und (Ost-) Politikern, aber auch Einschätzungen bestimmter Personen und personeller Konstellationen inklusive eigener Überlegungen, wie man diese ausnutzen könne. Dafür entlohnte ihn das MfS regelmäßig, in der Regel mit Zahlungen zwischen 50 und 100 Mark im Quartal; ab 1966 erhielt Trebs 500 Mark monatlich.[40]

Er selbst beobachtete und bespitzelte aber nicht nur, sondern das Gleiche widerfuhr auch ihm: In frühen Berichten über ihn heißt es, er sei willig, aber naiv, leicht beeindruckbar und von mitunter »flegelhaftem Benehmen«, was seine Eignung mindere; jedoch habe er gute Kontakte zu Gerald Götting und Günter Wirth.[41] Während seiner Tätigkeit »im Objekt«, nämlich im sog. »Institut Wandlitz«, einer Tarneinrichtung der Stasi zur Auswertung und Desinformation von kirchlichen Quellen, wurden seine Anwesenheit und sein Arbeitseifer regelmäßig bewertet, und nach einer sehr durchwachsenen Bewertung wurde das Gespräch mit ihm gesucht, woraufhin sein Verhalten sich besserte.[42] Aber nicht nur das, man suchte auch nach Möglichkeiten, seine Loyalität sicherstellen bzw. überprüfen zu können, so werden im »Perspektivplan über die Zusammenarbeit mit dem GI ›Anton‹« vom 18.7.62 unter den »Maßnahmen zur Überprüfung der Ehrlichkeit des GI« u.a. intime Kontakte einer Person aus seinem nächsten Umfeld mit jemandem erwähnt, der »Verbindungen zum Bundesverfassungsschutz hat und homosexuell ist«.[43] Wer solche ›Freunde‹ hat ...

---

[38] Seine Verpflichtungserklärung datiert vom 11.9.1950 (BStU, MfS, AIM 10990/68, Pers.-Akte).

[39] BStU, MfS, AIM 10990/68, Bd. I, Bl. 20-31.

[40] Zahlungsbelege in BStU, MfS, AIM 10990/68, Pers.-Akte.

[41] Berichte über Trebs aus den Jahren 1953 bzw. 1956 (BStU, MfS, AIM 10990/68, Pers.-Akte).

[42] Vgl. die entsprechenden Berichte in: BStU, MfS, AIM 10990/68, Bd. VI, Bl. 123-128.

[43] BStU, MfS, AIM 10990/68, Pers.-Akte, Bl. 126-129, dort Bl. 128f.

Bevor allzu viel Mitleid aufkommt, wird man durch das, was Trebs selbst berichtete, aber schnell wieder ernüchtert: Denn er zog durchaus nicht nur zum Schutz der DDR vor äußeren Feinden aus, sondern er konnte, wenn es um die eigene Position oder mögliche Rivalen ging, auch intern recht rücksichtslos vorgehen, so etwa wenn er – wie seit den frühen 1960er Jahren fortgesetzt – eigene Pläne zur Umgestaltung der Berliner Fakultät betrieb und dafür ziemlich deutliche Worte vor allem zu Hanfried Müller, aber auch zu dessen Ehefrau fand.[44] Das wurde dann sogar dem MfS zuviel, stellte man dort doch in einer »Einschätzung der Zusammenarbeit mit dem GI ›Anton‹« vom 3.9.1966 fest:

> »[...] In seinen theologischen Auffassungen steht er mit anderen fortschrittlichen Theologen in der DDR (Prof. Müller u.a.) in verschiedenen Widersprüchen, die leider eine notwendige kirchenpolitische Zusammenarbeit bisher verhinderten. [...]«[45]

1966 begann man dann auch, IM »Wilhelm« als Nachfolger von »Anton« in die Ökumene-Thematik einzuarbeiten. Weil »Anton« zu sehr von den Arbeiten an seiner Habilitation in Anspruch genommen werde, so hieß es, solle er nur noch zu speziellen Aufgaben herangezogen werden. 1968 wurde der GI-Vorgang »Anton« beendet, denn:

> » [...] Es sind Möglichkeiten geschaffen, damit seine beruflichen und politischen Aufgaben mit dem weiteren Einsatz für das MfS koordiniert werden können. Aus diesen Gründen erfolgt die Registrierung als GMS.«[46]

Was hat das aber nun mit Karl Barth zu tun?

Aus den Unterlagen ergibt sich eindeutig, dass auch die Dissertation von Herbert Trebs sehr bewusst angegangen und mit der Stasi abgesprochen war (so wie später auch seine Habilitation). Seinen guten persönlichen Kontakten zu Mochalski, Kloppenburg, Niemöller und anderen führenden »Personen der Bruderschaft in Westdeutschland«, die schon 1959 als sein großer Nutzen für das MfS registriert worden waren,[47] sollten aufgrund dieser Arbeit ganz be-

[44] Vgl. BStU, MfS, AIM 10990/68, Bd. VI.

[45] BStU, MfS, AIM 10990/68, Pers.-Akte, Bl. 218-220 (angefertigt von Baldauf, HA XX/4).

[46] BStU, MfS, AIM 10990/68, Pers.-Akte, Bl. 278.

[47] Auskunftsbericht vom 12.3.1959 (BStU, MfS, AIM 10990/68, Pers.-Akte).

wusst weitere Wirkungsmöglichkeiten hinzugefügt werden. Im Bericht über die »Dissertation des Aspiranten der Theologie H. Trebs«[48] wird dies deutlich:

Im Rahmen seiner Arbeit zum Thema »Ökumenisches Denken und der Ökumenische Gedanke bei Leonhard Ragaz« solle Trebs die Möglichkeit zu einem Studienaufenthalt in der Schweiz gegeben werden; ein Besuch bei Barth sei denkbar (über Emil Fuchs vermittelt), überhaupt:

> »In der Arbeit muß die Verarbeitung Barthscher Gedanken eine große Rolle spielen. Damit ist eine dritte Möglichkeit zu Kontakten gegeben, nämlich zu den Barthianern, d. h. zu den Kirchlichen Bruderschaften.
>
> a) Die bestehenden Kontakte zu Vertretern der Barthschen Schule und der Kirchlichen Bruderschaften könnten zwanglos ausgebaut bzw. neue angeknüpft werden.
>
> b) Sollte sich ein Aufenthalt in der Schweiz ermöglichen, so wäre auch ein Besuch bei Karl Barth denkbar. Dieser würde wiederum ein Mittel sein, um im Verhältnis zu den Kirchlichen Bruderschaften ein höheres Ansehen zu genießen.
>
> Es besteht eine alte persönliche Beziehung zwischen Karl Barth und Emil Fuchs. Diese könnte dazu dienen, den Kontakt zu Barth herzustellen.«[49]

Ziel der Arbeit sei: »Der Beitrag der Vertreter der sozialistischen Länder zum Gespräch der Ökumene, das etwa ist die heutige Fortsetzung der positiven Ziele von Ragaz unter weitgehender Ausmerzung der Schwächen und Mängel von Ragaz!

Mit anderen Worten: Es soll so etwas herauskommen wie eine Theologie der Prager Christlichen Friedenskonferenz.«[50]

Immerhin, ein Gutes haben die – natürlich nicht nur von Herbert Trebs gelieferten – Berichte aus dem Umfeld Barths: Aus einem Treffbericht Hanfried Müllers über ein Gespräch mit Gerald Götting erfährt man ein interessantes Detail vom Besuch, den dieser und Hans Seigewasser Karl Barth zu dessen 80. Geburtstag abstatteten und der bisher vor allem aufgrund von Barths überlieferter Bemerkung über die Limousine, die vor seinem Haus parkte, in Erinnerung ist. Ganz so harmonisch, wie berichtet,[51] verlief er wohl nicht,

---

[48] BStU, MfS, AIM 10990/68, Pers.-Akte, Bl. 70–72.

[49] BStU, MfS, AIM 10990/68, Pers.-Akte, Bl. 71.

[50] BStU, MfS, AIM 10990/68, Pers.-Akte, Bl. 72.

[51] ND, 14.5.1966: »Tief bewegt nahm der Jubilar die Glückwünsche entgegen. Gerald Götting und Hans Seigewasser informierten Karl Barth in einer mehr als dreistündigen herzlichen Aussprache über die Entwicklung in der DDR, über die vertrauensvolle Zusammenarbeit von Christen und Marxisten und insbesondere über die verschiedenen

berichtete Götting doch von einer heftigen Kontroverse über Bischof Scharf.[52] Ausgerechnet über jenen Scharf also, der auch von Trebs immer wieder als einer der »sogenannten ›Barthianer‹« angegriffen worden war, die es einfach nicht begriffen, welche Konsequenzen aus Barths Theologie zu ziehen seien, wenn man sie richtig verstehe ...

4. Fazit

Das Gesamtbild ist eindeutig: Die »offizielle« DDR hat Barth instrumentalisiert, und zwar bewusst und wider besseres Wissen.

Die beinahe durchweg lobenden Äußerungen über ihn in der Tagespresse fußen nur zum geringen Teil auf nicht verkürzten Aussagen, und wo dies so ist, handelt es sich in der Regel um kritische Äußerungen Barths über die ›Restauration‹ und die ihm suspekte Adenauer-Regierung im Westen, aus denen in der DDR-Presse im Umkehrschluss und unter Zuhilfenahme von Barths prinzipiellem Einsatz gegen den Antikommunismus und gegen die Wiederbewaffnung bzw. später die Atomrüstung gefolgert wurde, er unterstütze den Kurs der DDR im Ganzen. Argumentiert wurde also mehr nach dem Motto: Unseres Feindes Kritiker muss unser Unterstützer sein, als dass man sich wirklich auf lobende Aussagen Barths bezüglich des Weges der DDR hätte stützen können. Die einzige dafür wirklich in Betracht kommende Aussage, die aus dem Dankschreiben für die Glückwünsche zu seinem 70. Geburtstag, wurde entsprechend ausgeschlachtet und maßlos überinterpretiert.

Jegliche kritische Stellungnahme Barths gegen den Kommunismus und konkret gegen die Zustände in der DDR wurde dabei bewusst weggeblendet. Texte, in denen solche Passagen genauso enthalten waren wie seine oft beißende Kritik am Westen, wurden sinnentstellend verkürzt und durch nicht gekennzeichnete Auslassungen verfälscht. Dass dies bewusst geschah und nicht etwa auf das Lesen der Texte durch die eigene Brille zurückzuführen ist, aufgrund dessen man aus Begeisterung über das Verwertbare die eine oder andere kritische Stelle schon einmal ›überlesen‹ kann, belegt die Behandlung

---

von der DDR unternommenen Initiativen zur Entspannung in Europa und zum Frieden in Deutschland. Dabei verwiesen sie auf die Tatsache, daß die jüngsten Äußerungen von Karl Barth zur deutschen Frage viele Gemeinsamkeiten mit diesen Vorschlägen hätten.«

52 Vgl. Wolf Krötke, Karl Barth als theologischer Gesprächspartner. Persönlich akzentuierte Erfahrungen zwischen Ost und West mit einer herausfordernden Theologie, in: ders., Karl Barth und der »Kommunismus«. Erfahrungen mit einer Theologie der Freiheit in der DDR, Zürich 2013, 21-57, dort 47.

des öffentlich gelobten *Briefes an einen Pfarrer* in der DDR durch die Postzensur. Das belegt aber auch die Kaltschnäuzigkeit, mit der man Herbert Trebs über die Arbeit an seiner Dissertation in den Dunstkreis Barths bringen wollte, um ihm damit die Reputation zu verleihen, aufgrund derer er dann umso geeigneter gewesen wäre, seiner Tätigkeit für die DDR bzw. das MfS nachgehen zu können. Direkt und offen mit einem solchen Anliegen an Barth heranzutreten, war eben keine Option. Das wusste man sehr wohl in der DDR.

Leider hat Barth dem allem, soweit es ihm denn bekannt sein konnte, nirgends öffentlich widersprochen. Für eine Antwort auf die Frage, warum das so war, kann man nur darauf hinweisen, dass er auch gegenüber den oft verletzenden Angriffen aus dem Westen und sogar aus der Schweiz in der Regel geschwiegen hat. Auch diese bezogen sich – ganz parallel zum im Osten angewendeten Verfahren – auf verkürzt wiedergegebene Aussagen, und man gewinnt beinahe den Eindruck, die Kritiker im Westen hätten Barths Äußerungen aufgrund ihrer Wiedergabe in der DDR-Presse rezipiert …

Man muss also bedauernd feststellen, dass Barth es einerseits an *einigen wenigen* Stellen dieser DDR-Rezeption in der Tat leicht gemacht hat – dazu zählen das erwähnte Dankschreiben und seine begierig aufgenommenen, meist anlässlich von Gesprächen geäußerten drastischen Beschreibungen der Entwicklung im Westen –, und dass er andererseits dieser Rezeption insofern Vorschub geleistet haben mag, als er sich nicht konsequent gegen solche Vereinnahmung gewehrt hat. Bei Letzterem spielte sicher die prinzipielle Überlegung eine Rolle, wie das nun wieder im Westen aufgenommen bzw. benutzt werden würde – eine Überlegung, die aber eben ganz entgegen der Intention Barths erst recht dazu führte, dass seine Person im Hin und Her des Ost-West-Konfliktes von beiden Seiten in jeweils ihrem Sinn ›benutzt‹ werden konnte: und zwar auf *beiden* Seiten zur Desavouierung jedes Widerstandes gegen das herrschende kirchliche und politische Establishment!

Zugleich aber und in unmittelbarem Zusammenhang damit muss man wohl die Motive derer hinterfragen, die damals und bis heute – genannt seien pars pro toto und in verschiedenen Abstufungen des Niveaus ihrer Vorwürfe: Hans Asmussen, Erwin Wilkens, Gerhard Besier und der Schweizer Erwin Bischof[53] – Barth kritisieren, indem sie sich negativ interpretierend quasi gegengleich derselben Methode und Textauswahl bedienen, derer sich zeitgenössisch – positiv interpretierend – die DDR-Presse bedient hat. Hier handelt es sich um eine merkwürdige Übernahme der Hermeneutik des ideo-

53 Vgl. ausführlicher: Peter Zocher, Handschlag mit dem Stalinismus? Karl Barth im Kalten Krieg, in: ZDTh 29 (2013), 58-81, bes. 69-75.

logischen Gegners aus der Zeit des Kalten Krieges. In den aufgeregten Zeitläuften damals mag das vielleicht noch erklärlich gewesen sein. Dass diese Hermeneutik wider – zumindest mögliches! – besseres Wissen aber bis heute durch mit dem Anspruch eines Historikers auftretende Interpreten angewendet wird, wirft ein bezeichnendes Licht wohl eher auf diese selbst als auf den Gegenstand ihrer Betrachtung.

Karl Barth und die Geheimdiplomatie im DDR-Häftlingsfreikauf

Rolf-Joachim Erler

Am 18. Juli 1946 erklärte Karl Barth im Nachkriegsdeutschland in der Berliner »Zwölf-Apostel-Kirche« u.a.:

> »Die Christengemeinde lebt von der Enthüllung des wahren Gottes und seiner Offenbarung, von ihm als dem Licht, das in Jesus Christus dazu aufgeleuchtet ist, damit es die Werke der Finsternis zerstöre. [...] Die notwendige politische Entsprechung dieses Sachverhalts besteht darin, dass die Christengemeinde die abgesagte Gegnerin aller Geheimpolitik und Geheimdiplomatie ist. Was *grundsätzlich*[1] geheim sein und bleiben wollte, das könnte auch in der politischen Sphäre nur das Unrecht sein, während das Recht sich eben dadurch vor dem Unrecht auszeichnet, daß es in seiner Aufrichtung, Behauptung und Durchführung an das Licht der Öffentlichkeit drängt. [...] Die Staatskunst, die sich ins Dunkel hüllt, ist die Kunst des Staates, der als anarchischer oder tyrannischer Staat das böse Gewissen seiner Bürger oder seiner Funktionäre zu verbergen hat. Die Christengemeinde wird ihm darin auf keinen Fall Beistand leisten.«[2]

Provozierend sind wir mit diesem axiomatischen Charakter tragenden Satz Barths in ein dunkles Kapitel im Nachkriegsdeutschland und zugleich in eine sich auch in Tragödien abspielende Geschichte der DDR bzw. in einen späteren Handel zwischen den beiden deutschen Staaten hinein gestellt: den DDR-Häftlingsfreikauf. Denn, wie noch zu zeigen sein wird, kann mitnichten in diesem Handel – genauer Menschenhandel – Barths Grundsatz universal und für alle Zeiten den Anspruch erheben, dass das, »was grundsätzlich geheim sein« will, nur das sich ins Dunkel hüllende »Unrecht« eines anarchischen oder tyrannischen Staates ist. Gerade der christologisch begründete Grundsatz Barths bedarf, um ihn einer mitmenschlichen Praxis wieder anheim zu stellen, einer klaren Differenzierung bzw. einer Geltendmachung der von Barth erhobenen Forderung, auf dem sozialen und politischen Feld jeweils

---

[1] Hervorhebung durch den Vf.

[2] Karl Barth, Christengemeinde und Bürgergemeinde [1946], NA in: ders., Rechtfertigung und Recht – Christengemeinde und Bürgergemeinde (ThSt[B] 104), Zürich [4]1989, hier 71.

von »Fall zu Fall« zu entscheiden und »zu urteilen«[3]. So wird sich ein demokratisches Staatswesen – in der Abweisung einer Barthschen *Grundsätzlichkeit* – notwendigerweise und gelegentlich auch im Namen der Menschlichkeit »ins Dunkel« hüllen müssen, wobei sogar der Christengemeinde angeraten ist, ihm darin auf jeden Fall Beistand zu leisten, wenn nicht sogar Vorreiter solch eines geheimen Dienstes zu sein.

1. Zum humanitären Häftlingsfreikauf der deutschen Bundesregierung und zum Menschenhandel der DDR

Damit komme ich zur Vorgeschichte des ost-westdeutschen Menschenhandels in den Jahren von 1963 bis 1989, um den Hintergrund dieser menschlich durchaus hilfreichen Geheimdiplomatie verständlich zu machen.

Westliche Unterhändler sprachen in diesem gigantischen Devisengeschäft für die DDR, das sich bis zu seinem Ende im Jahre 1989 auf über 3,4 Milliarden DM summierte, bezeichnenderweise von einem »Häftlingsfreikauf«. Er bewegte sich sozusagen »im Spannungsfeld zwischen humanitären Aktionen auf der einen und Menschenhandel auf der anderen Seite. Humanitäre Aktion war er unbestreitbar im Hinblick auf die Motive der Bundesregierung, Menschenhandel zweifellos in Hinsicht auf das Handeln der DDR.«[4]

Ohne hier detailliert auf die Entstehung und die genauen Abhandlungen dieses Häftlingsfreikaufes eingehen zu können, sei nur darauf verwiesen, dass er zuerst und vor allem durch evangelische Bischöfe wie Hermann Kunst[5] und Kurt Scharf[6] zustande kam und im erheblichen Maße der geschäftlichen Abwicklung durch das Diakonische Werk der EKD zu verdanken ist.

---

[3] Barth, Christengemeinde, 60.

[4] Jan Philipp Wölbern, Zwischen Menschenhandel und humanitären Aktionen. Der Häftlingsfreikauf aus der DDR, 1962/63-1989, Göttingen 2014, 14. Es handelt sich um Wölberns Dissertation und zugleich um die erste Monografie zum DDR-Häftlingsfreikauf.

[5] Hermann Kunst (1907-1999), erster Bevollmächtigter des Rates der Evangelischen Kirche in Deutschland (EKD) bei der deutschen Bundesregierung.

[6] Kurt Scharf (1902-1990), seit 1933 Mitglied der Bekennenden Kirche, 1961-1967 Vorsitzender des Rates der Evangelischen Kirche in Deutschland (EKD), 1966-1976 Bischof der Evangelische Kirche in Berlin-Brandenburg. Siehe zur Bedeutung Barths bei Kurt Scharf, Widerstehen und Versöhnen. Rückblicke und Ausblicke, Stuttgart 1987, bes. 19.41.

Moralischen Bedenken gegen ein solches Geschäft – bereits waren DDR-Kirchgemeinden durch erhebliche finanzielle Mittel aus dem westlichen EKD-Raum unterstützt worden – hielt man entgegen: Die bisherige finanzielle Unterstützung von DDR-Gemeinden sei »doch ›im Kern das gleiche‹ wie der Freikauf inhaftierter Gemeindemitglieder, denn es existiere doch kein wesentlicher Unterschied dazwischen, ›ob man die Leute satt mache [...] oder ob man ihnen die Freiheit verschaffe.«[7] Der gesamte Häftlingsfreikauf unterstand von Anfang an sowohl von westlicher wie auch von östlicher Seite strengster Geheimhaltung. »Zwei Berliner Rechtsanwälte, Jürgen Stange[8] aus dem Westteil und Wolfgang Vogel[9] aus dem Ostteil der seit 1961 durch die Mauer geteilten Stadt, handelten mit Unterstützung der Evangelischen und Katholischen Kirche im Auftrag ihrer Regierungen die jeweiligen Leistungen und Gegenleistungen aus. Politiker, Ministerialbeamte, Anwälte, Kirchenmänner und allemal die Akteure im Staats- und Parteiapparat der DDR waren zum Schweigen gegenüber Dritten verpflichtet.«[10]

2. Als Akteur im DDR-Häftlingsfreikauf

Während meiner DDR-Haft von 1973 bis 1975 wurde ich unter recht seltsamen Umständen durch den Haftkameraden Henning Gloege (Pfarrer und Sohn von Gerhard Gloege) und einige Briefe meiner Zolliker Tante mit Barth-Predigtauszügen aus der Basler Haftanstalt[11] auf das theologische Lebenswerk Karl Barths aufmerksam gemacht. So lag es nach meiner Haftentlassung

7 Zit. in: Wölbern, Häftlingsfreikauf, 89-90.

8 Jürgen Stange (1928-2001), 1961 Niederlassung als freier Anwalt in Westberlin, später Beauftragter der deutschen Bundesregierung bis 1983.

9 Wolfgang Vogel (1925-2008), 1954 Aufnahme in das Rechtsanwaltskollegium von Groß-Berlin mit Tätigkeit in Ost-Berlin, 1957 Anwaltszulassung für Westberlin mit Aufnahme in die Rechtsanwaltskammer.

10 Zit. in: Wölbern, Häftlingsfreikauf, 13

11 Vgl. Karl Barth, Predigten 1954-1967, hg.v. Hinrich Stoevesandt (Karl Barth-Gesamtausgabe I. Predigten), Zürich 1979.

bzw. nach dem Häftlingsfreikauf nicht fern, meinerseits auch »ein bisschen«[12] mithelfen zu wollen, »den Gefangenen Befreiung«[13] zu bringen.

Meine Tätigkeit begann mit einem der wohl spektakulärsten Fälle in der Geschichte des DDR-Zuchthauses Cottbus: Am 13. Januar 1975 gelang dem 35-jährigen Wolfgang Defort die Flucht aus dem Zuchthaus Cottbus. Die schier unglaubliche Fluchtgeschichte aus dem streng bewachten DDR-Zuchthaus ist – der Flüchtling suchte nahe der polnischen Grenze in einem Pfarrhaus Unterschlupf – nahezu heillos verstrickt. Sie führte nach dem Freikauf von Defort – ausgelöst durch seine Pressemitteilung mit dem Vorwurf des Seelsorge-Verrates von DDR-Pfarrern und seinen anklagenden Brief an den EKD-Ratsvorsitzenden – zu einem großen Aufsehen in den West-Medien einschließlich der angesehenen Wochenzeitung »DIE ZEIT«.[14] Defort war am 23. Juli 1973 wegen »Republikflucht« zu 3 Jahren und 8 Monaten Haft verurteilt worden und bekam nach seinem Zuchthaus-Ausbruch nochmals 10 Monate hinzu. Sein Fall war auch noch anderweitig kompliziert geworden, und es schien während seiner Haft aussichtslos, dass ihn die DDR durch die Bundesregierung je freikaufen ließ. Mit dieser Geschichte war ich insofern verbunden, als ich noch im Zuchthaus Cottbus Defort meine Hilfe versprochen hatte, sollte ich je einmal in die Freiheit gelangen. Darum suchte ich am 23. Januar 1976 – zwei Monate nach meiner Haftentlassung – den mir aus West-Radio-Sendungen bekannten Pfarrer Heinrich Albertz[15] in Westberlin auf. Der Besuch hatte weitreichende Folgen. Nicht nur, dass er mich - nach einem Gedankenaustausch über die Bedeutung Barths während seiner[16] und

---

12 Ein von Barth häufig, gern, zuweilen auch humorvoll gebrauchtes und zur Bescheldenheit anhaltendes Lieblingswort zur Anleitung freier und souveräner Entscheidungen fernab aller Ideologie und Prinzipienhaftigkeit. Anschaulich und bestens erklärt in einem zwischenmenschlichen Kontext in Barth, KD III/4, Zollikon-Zürich 1951, 267-268.

13 Anspielung auf den Titel des Buches von Karl Barth, Den Gefangenen Befreiung. Predigten aus den Jahren 1954-59, Zollikon 1959.

14 DIE ZEIT, Nr. 42 vom 7.10.1977, Art.: »Die Geschichte vom verratenen Sohn. Ein nichtalltägliches Trauerspiel.« Siehe dazu auch: Evangelische Zeitung (Lüneburg) vom 9.10.1977. Deutsches Allgemeines Sonntagsblatt, Nr. 9 vom 27.2 1998, 23.

15 Heinrich Albertz (1915-1993), 1933-1936 Tätigkeit (Kurier) für die Bekennende Kirche, 1945 Flüchtlingspastor in Celle, 1948-1955 Minister für Flüchtlingsangelegenheiten und Soziale Angelegenheiten in Niedersachsen, 1966-1967 Nachfolger von Willy Brandt als »Regierender Bürgermeister« von (West-) Berlin, 1970-1979 Pfarrer in Berlin-Zehlendorf.

16 Siehe zur Bedeutung Barths für Heinrich Albertz, Dagegen gelebt – von den Schwierigkeiten ein politischer Christ zu sein. Gespräche mit Gerhard Rein, Reinbek 1976, 32.67.

meiner Haft – ermutigte, Pfarrer zu werden, sondern sich auch des Falles Defort annahm, um dessen Hilfe ich ihn gebeten hatte. »Bruder Albertz«, wie ich ihn später nennen durfte, wurde kurz darauf in Ostberlin aktiv, indem er bei dem ihm nicht ganz unbekannten DDR-Innenminister Friedrich Dickel für Defort vorsprach. Albertz ließ mich danach wissen, dass der Fall kompliziert und nicht schnell zu lösen sei und ich noch mit Herbert Wehner,[17] »der ganz gewiss auch mit Bezug auf Karl Barth ansprechbar« sei, Verbindung aufnehmen solle. Wehner bestätigte mir – nach mehrfacher Korrespondenz auch zu anderen Fällen – am 25.9.1976 handschriftlich, dass Defort angeblich »wegen seiner kranken und pflegebedürftigen Mutter in der DDR bleiben« wolle, was nach den damaligen Möglichkeiten bedeutete, dass damit ein Freikauf in den Westen zwar nicht ausgeschlossen, aber sehr erschwert worden war. Deforts Haftentlassung in den Westen durch Freikauf kam dann dennoch mit vielseitigen und größten Bemühungen am 14. September 1977 zustande.

Auch anderweitig gab es für mich immer mehr zu tun, denn jeder weitere erfolgreiche »Freikauf« in den Westen zog – den Köpfen einer Hydra gleich – wieder neue DDR-Haftfälle nach sich. Inzwischen war ich – entscheidenden Personen in diesem »Häftlingsfreikauf« waren meine Aktionen nicht verborgen geblieben – als ehrenamtliches Mitglied der deutschen Bundesregierung in den Bonner »Stiftungsrat für ehemalige politische Häftlinge« berufen worden. Der Stiftungsrat, eine Art »Geheimgremium«, war für die politischen DDR-Häftlinge tätig und nicht einmal allen Abgeordneten des Deutschen Bundestages in seiner genauen Funktion bekannt, um so eine unbedingte Diskretion wahren zu können. Mit einigen in diesem Geschäft eingeweihten Politikern kam ich in Verbindung. Ihre Gemeinsamkeit bestand darin, dass sie alle in irgendeiner Weise auf das verdienstvolle Lebenswerk Karl Barths ansprechbar und sofort zur Hilfe bereit waren.

3. Karl Barth als Vorbild für politische Akteure im DDR-Häftlingsfreikauf

Karl Barth war für Herbert Wehner, einen der eifrigsten und unermüdlichen Akteure im DDR-Häftlingsfreikauf, ein großes Vorbild. In seiner von den Medien vielfach beachteten Rede am 18. Oktober 1964 in der Hamburger evange-

---

[17] Herbert Wehner (1906-1990), 1937-1941 Moskauer Exil, 1966-1969 Bundesminister für gesamtdeutsche Fragen, 1969-1983 SPD-Fraktionsvorsitzender im Deutschen Bundestag.

lischen Michaeliskirche zitierte er Barth am Schluss: »Die Welt emportragen zu Gott / und Gott hinein in die Welt – ein Anwalt der Menschen sein bei Gott / und ein Bote Gottes, der den Frieden zu den Menschen bringt«.[18] Und am 9. Mai 1966 gratulierte er zu Barths 80. Geburtstag in einem Telegramm mit den Worten: »Ihre Lehre haben Sie stets durch Ihre vorbildliche menschliche Haltung bestätigt.«[19] Wehner versuchte die so von ihm verstandene Lehre Barths in seiner ebenso vorbildlichen wie menschlichen Haltung später auch und gerade in der Geheimdiplomatie des DDR-Häftlingsfreikaufs umzusetzen, ohne dabei Barths theologisch-politischem Axiom folgen zu können.

Das geheimdiplomatische Vorgehen in all diesen »besonderen Bemühungen«[20] für den Häftlingsfreikauf hat Jan Philipp Wölbern bezüglich der Verhandlungsebene zwischen den Akteuren in Ost und West lebensnah damit beschrieben, dass grundsätzlich »viele der personenbezogenen und vertraulichen Informationen nur mündlich ausgetauscht wurden«.[21] Obendrein sind, so die aktuelle Quellenlage, aus unterschiedlichen Gründen viele der in der DDR »seinerzeit angefertigten Dokumente nicht mehr vorhanden« oder bis heute in den Archiven der Bundesrepublik »nicht zugänglich«.[22]

Manchmal lief es einfach so: Ich bekam von einem der westlichen Akteure kurzfristig einen Anruf, er treffe in den nächsten Tagen einen wichtigen Entscheidungsträger im SED-Apparat und brauche dafür alle Angaben zu einem bestimmten Gefangenen. Nahezu unglaublich war es einmal in einem Anruf von Johannes Rau,[23] der mich gelegentlich sonntags punkt 14.00 Uhr anrief: »Ich bin am ... wieder in Ostberlin. Schicke mir schnell eine Notiz [sic!] mit den neuesten Fakten, die du von den Häftlingen hast.« Als ich ihm erklärte: »Johannes, das geht nicht so schnell. Da muss ich erst vieles aus Briefen und Notizen zusammen stellen«, reagierte er prompt: »Glaub' mir, die in Ostberlin wissen sofort Bescheid, wenn du mir nur die genauen Namen mit den Geburts-

---

18 Zit. in: Christoph Meyer, Herbert Wehner. Biographie, München 2006, 260.

19 Telegramm bei: SPD pressemitteilungen und informationen, Bonn am 9. Mai 1966.

20 Interne Bezeichnung der deutschen Bundesregierung und des Fachreferates für den Häftlingsfreikauf sowie für Familienangelegenheiten.

21 Wölbern, Häftlingsfreikauf, 19. Vgl. zu den im Häftlingsfreikauf mit Diskretion und Vertraulichkeit auferlegten mündlichen Informationen bei Wölbern, Häftlingsfreikauf, 98-99.109.111.114.125.129.144.168.289.292.306 u.v.a..

22 Wölbern, Häftlingsfreikauf, 20

23 Johannes Rau (1931-2006), 1965-1999 Mitglied der Landessynode der Evangelischen Kirche im Rheinland, 1978-1998 Ministerpräsident von Nordrhein-Westfalen, 1999-2004 deutscher Bundespräsident, 2004 Karl-Barth-Preis der Union Evangelischer Kirchen (UEK), Mitglied der Herrnhuter Brüdergemeine.

daten und zu meiner Information noch ein paar wichtige Fakten mitteilst. Ich weiß, wie's dann weitergeht.« Protokolliert oder gar archiviert wurde von all diesen Anrufen m.W. nichts. Lediglich in meinen Agenda-Jahrgängen habe ich nachträglich einen Anruf und allenfalls dazugehörige Häftlingsnamen notiert. Doch ich verfüge noch über Ordner mit Korrespondenzen, welche die Hilfsaktionen einiger Akteure in den Häftlingsfreikäufen belegen. Darunter sind neben Albertz und Wehner die Briefe von meinem väterlichen Freund Johannes Rau, der zu den wenigen Politikern gehört haben dürfte, denen auch die »Kirchliche Dogmatik« Barths vertraut war. Hinzu kommen noch mit Karl-Barth-Bezug in teils erheblichem Umfang die SPD-Bundestagsabgeordneten Jürgen Schmude;[24] Olaf Schwencke;[25] Olaf Sund[26] und Harald B. Schäfer.[27]

4. Nach-Denkliches zu einem ambivalenten Verhältnis

Rückblickend stellt sich für mich die Frage: Konnte man mit der Theologie Karl Barths bzw. mit dessen christologisch begründeter und damit grundsätzlicher Ablehnung aller Geheimdiplomatie den streng geheim gehalten DDR-Häftlingsfreikauf eigentlich befürworten oder hatte man ihn strikt abzulehnen? Dass er – wie gezeigt – bei einigen Akteuren mit Bezug auf Karl Barth in diesem Geschäft überhaupt möglich war, mag tragischen Haftschicksalen und damit einer humanitären Pflicht geschuldet sein. Auch dass Barth einst über viele Jahre hinweg im Gefängnis von Basel den »Gefangenen Befreiung« gepredigt hatte, dürfte dabei eine Rolle gespielt haben. Ebenso war bekannt, dass sich Barth für vom DDR-Regime benachteiligte und verfolgte Christen bzw. für DDR-Häftlinge eingesetzt hatte.[28] Doch ein Engagement für Verfolgte

---

24 Jürgen Schmude (geb. 1936), 1969-1994 MdB, 1978-1981 Bundesminister für Bildung und Wissenschaft, 1981-1982 Bundesminister der Justiz, 1985-2003 Präses der Synode der Evangelischen Kirche in Deutschland, 2008 Karl-Barth-Preis der Union Evangelischer Kirchen (UEK).

25 Olaf Schwencke (geb. 1936), 1969-1991 Studienleiter an der Evangelischen Akademie Loccum, 1972-1980 MdB, 1979-1984 Mitglied im Europäischen Parlament.

26 Olaf Sund (1931-2010), 1972-1977 MdB, 1977-1981 Senator für Arbeit und Soziales in (West-) Berlin, 1982-1991 Präsident des Landesarbeitsamtes Nordrhein-Westfalen, 1991-1996 Staatssekretär für Arbeit und Soziales der Landesregierung Brandenburg.

27 Harald B. Schäfer (1938-2013), 1972-1992 MdB.

28 So z.B. für Pfarrer Siegfried Schmutzler: Karl Barth, Offene Briefe 1945-1968, hg.v. Diether Koch (Karl Barth-Gesamtausgabe V. Briefe), Zürich 1984, 402 Anm. 11. Das

und Gefangene in der DDR mit dem Hintergrund einer immensen Geheimdiplomatie und des damit verbundenen DDR-Häftlingsfreikaufes in den von Barth oft gescholtenen »Adenauer-Staat« entzog sich jeglicher (theologischer) Diskussion zur Karl-Barth-Rezeption im Ost-West-Konflikt. Dabei muss nicht unbedingt ausgeschlossen werden, dass Barth von der seit 1963/64 bestehenden Möglichkeit eines DDR-Häftlingsfreikaufes gewusst haben könnte, schon weil dieser u.a. von einstigen BK-Theologen wie Albertz und Scharf betrieben worden war. Diese Fragestellung wird deswegen interessant und geradezu spannend, da zum einen mit dem geheimdiplomatischen DDR-Häftlingsfreikauf konkrete, tragische Schicksale im ganzen SED-Unterdrückungsapparat zutage kommen und zum anderen, weil damit Karl Barths Stellungnahmen in der Nachkriegspolitik und insbesondere zur DDR mit seinen Sozialismus-Vorstellungen unter diesem Aspekt noch einmal neu in den Fokus geraten.[29]

War also eine für humane Zwecke operierende Geheimdiplomatie durchaus zu befürworten gewesen, so konnte man sie unter Berufung auf die von Barth häufig gebrauchte christliche Freiheit gut begründen mit seiner ethischen Maxime, jeweils »von Fall zu Fall«[30] in einer konkreten Situation neu zu entscheiden, ob dieser Weg im »hic et nunc in je besonderer Weise zu gehen«[31] sei. Und konnten darum nicht alle Akteure in diesem Geschäft »heu-

---

dort in der Anmerkung erwähnte Petitionsschreiben Barths zum Fall S. Schmutzler vom 26.2.1958 an den DDR-Ministerpräsidenten Otto Grotewohl wurde vermutlich gar nicht ernstgenommen, was zum einen dessen späte Antwort vom 10.5.1958 an Carl (sic!) Barth mit dem Hinweis auf eine Stellungnahme der SED-Tageszeitung »Neues Deutschland« sowie zum anderen die Tatsache zeigt, dass S. Schmutzler fast vier Haftjahre abzubüßen hatte. Denn sehr wohl war es Grotewohl möglich, in der Strafsache Schmutzler tätig zu werden, nicht etwa im Rahmen der DDR-Verfassung, die ihm angeblich eine solche Tätigkeit nicht ermöglichte, sondern wie in allen solchen Haftfällen durch eine SED-Führungsentscheidung. Siehe zum gesamten Hintergrund: Georg-Siegfried Schmutzler, Gegen den Strom. Erlebtes aus Leipzig unter Hitler und der Stasi, Göttingen 1992.

[29] Auch die Historikerin Hedwig Richter weist darauf hin, dass der Einfluss Karl Barths als einem der neben Dietrich Bonhoeffer »meist rezipierten Theologen der DDR« bezüglich seines Demokratieverständnisses »auf die Kirchen der DDR bisher kaum untersucht worden« ist. Hedwig Richter, Pietismus im Sozialismus. Die Herrnhuter Brüdergemeine in der DDR (Kritische Studien zur Geschichtswissenschaft 186), Göttingen 2009, 233

[30] Vgl. Barth, Christengemeinde, 60; vgl. ders., KD IV/3, Zollikon-Zürich 1959, 823, ders., Offene Briefe, 487; vgl. ders., Die Unordnung der Welt und Gottes Heilsplan, Zollikon-Zürich 1948, 19; ders., Christliche Gemeinde im Wechsel der Staatsordnungen. Dokumente einer Ungarnreise, Zollikon-Zürich 1948, 44.66.

[31] Barth, KD IV/3, 917; vgl. 933.

te Ja [...] sagen, wo sie gestern Nein«[32] gesagt hätten in einer ganz anderen politischen Situation?

4.1. FRAGLICHE DDR-INFORMATIONEN ZUM »BRIEF AN EINEN PFARRER IN DER DDR«

Karl Barth schrieb im Jahre 1958 einen viel beachteten und später zahlreiche Reaktionen hervorrufenden »Brief an einen Pfarrer in der Deutschen Demokratischen Republik«,[33] dessen Empfängername nicht bekannt war. Beim heutigen Nachlesen des Briefes stellt sich zwangsweise die Frage, welche DDR-Informationsquellen ihm eigentlich zugrunde lagen.[34] Im Unterschied zu seinen persönlichen Erfahrungen in seiner Zeit in Deutschland und insbesondere mit der NS-Diktatur war er nun als Außenstehender vor allem auf Informationen durch andere angewiesen,[35] zu denen er konkret Stellung beziehen konnte. Zu diesen Stellungnahmen machte bereits Günther van Norden »mit aller interpretatorischen Vorsicht« darauf aufmerksam, dass Barths Urteil zur DDR »nicht immer eindeutig identifizierbar und somit sogar manchmal widersprüchlich erschien.«[36]

So nimmt bereits wunder, warum der DDR-Briefbittsteller gegenüber Barth im Jahr 1958 betont, dass er nichts mehr befürchtet »als eine ›Befreiung‹ im Sinne Adenauers« und dabei westdeutschen Sendern eine »stets düstere Prognose« mit unglaubwürdiger Moskau-Berichterstattung unterstellt.[37] Hingegen bescheinigt der Briefbittsteller – vermutlich einer ähnlichen Sichtweise Barths vorauseilend – dem DDR-Sozialismus eine »humanistische

---

[32] Karl Barth, Das christliche Leben. Die Kirchliche Dogmatik IV/4, Fragmente aus dem Nachlass. Vorlesungen 1959-1961, hg.v. Hans-Anton Drewes / Eberhard Jüngel (Karl Barth-Gesamtausgabe II. Akademische Werke), Zürich 1976, 464. Vgl. ders., Wechsel der Staatsordnungen, 39-41.

[33] Veröffentlicht mit gleichnamigem Titel zuerst im Evangelischen Verlag Zollikon im Oktober 1958. Wieder abgedruckt in: ders., Offene Briefe 1945-1968, 411-439.

[34] So verweisen bereits Matthias Gockel und Martin Leiner auf eine ungesicherte Quellenlage bezüglich der Barth-Rezeption in der DDR. Vgl. Matthias Gockel / Martin Leiner, Kritik und Versöhnung – Karl Barth und die DDR, in: Martin Leiner / Michael Trowitzsch (Hg.), Karl Barths Theologie als europäisches Ereignis, Göttingen 2008, 79–119, hier 79.

[35] Der letzte Besuch Barths in der damaligen SBZ und späteren DDR fand im Jahre 1947 statt.

[36] Günther van Norden, Die Weltverantwortung der Christen neu begreifen. Karl Barth als homo politicus, Gütersloh 1997, 89.

[37] Barth, Offene Briefe 1945-1968, 404.

Grundintention« mit »technischen Schwierigkeiten« und »sogenannten Kinderkrankheiten«, dem nur zu wünschen sei, »dass er Vertrauen zu sich selber fasse«.[38] Selbst oppositionellen DDR-Bürgern war bekannt, dass in Westdeutschland bezüglich der Entnazifizierung vieles nicht rechtens lief. Doch dass sich der »Adenauer-Staat« unter einem (auch von einst Nazi-Verfolgten verfassten) demokratischen Grundgesetz zumeist auf alte Nazis, unbelehrbare Antikommunisten und Wiederaufrüstungsbestrebungen reduzieren ließ, dürfte allein den über 2,5 Millionen in die Bundesrepublik geflüchteten DDR-Bürgern, den über 200.000 politischen Häftlingen und den etwa 33.000 von der Bundesregierung (auch schon unter Adenauer!) befreiten und so freigekauften politischen DDR-Häftlingen im ost-westdeutschen Vergleich nicht gerecht werden. Hinzu kommt der nicht hoch genug einzuschätzende Informationswert der westdeutschen Medien als oft einzige Transfer-Quelle für eine Berichterstattung, die den DDR-Bürgern in der Regel vorenthalten blieb.

Nach dem gründlichen Lesen dieser DDR-Korrespondenz von 1958 bleibt der Eindruck bestehen, dass Barth mit seinen politischen Analysen und den damit verbundenen Vergleichen eine Ebene zwischen zwei Staaten zeichnet, die sich mit einer »Diktatur des Proletariats« (DDR) und einer sich gewiss mühsam entwickelnden und nicht immer eindeutig erscheinenden Demokratie (BRD) nur schwer als eine solche in der Realität wiedererkennen lässt. So sah Barth in der DDR, dem »Ostlöwen«, genau das als fortschrittlich abgeschafft, was er in Westdeutschland, dem »Westlöwen«[39], immer noch als bedauerlich-rückständig vorzufinden meinte (uralter Antikommunismus, alte Nazis, eine »Dibelius-Restitution« der Kirche wie vor 1933, Wiederaufrüstung, eine dem »Amerikanismus« verpflichtete Ideologie). Und auf dieser Ebene ließen sich für Barth dann die gleichen zu beklagenden Phänomene im Osten wie im Westen darstellen: dort der »offene«, hier der »schleichende« Totalitarismus; »das Schalten und Walten der allmächtigen Partei, Propaganda und Polizei dort«, »das der ebenso allmächtigen Presse, Privatwirtschaft, Protzerei und Publikumsmeinung hier«.[40] Dass mit solchen die wirklichen

[38] Barth, Offene Briefe 1945-1968, 404. Eine vertrauensabträgliche Sichtweise zu dem im Jahr 1958 von Walter Ulbricht repräsentierten DDR-Staat vertrat als erfahrenes und kenntnisreiches Mitglied der »Gruppe Ulbricht« als Beispiel für viele DDR-Oppositionelle Wolfgang Leonhard. Durch ihn ist der das SED-Regime kompromittierende Satz von Ulbricht überliefert: »Es muss demokratisch aussehen, aber wir müssen alles in der Hand haben.« Zitiert in: Wolfgang Leonhard, Die Revolution entlässt ihre Kinder, Leipzig 1990, 406.

[39] Barth, Offene Briefe 1945-1968, 417.

[40] Barth, Offene Briefe 1945-1968, 417.

Gegensätze einebnenden Illustrationen der Westen nur »durchaus echte Vorzüge« und »das Leben im Osten seine notorischen Nachteile« haben konnte, dürfte einer politischen Analyse geschuldet und verziehen sein, die nun doch »ein wenig mit der Stange im Nebel«[41] herumgefahren ist.

Rätselhaft unfertig bleibt Barths »Brief an einen Pfarrer in der DDR« auch darum, da Barth in seinem Brief vom 23. März 1959 an Johannes Hamel konstatiert, dass einige seiner »Schüsse« nicht »ins Schwarze gegangen« und »wichtige Fragen« des Briefes deshalb »überhaupt nicht zur Sprache gekommen« seien, da er sich »zu sehr an das Schema« der ihm »vorgelegten Fragen gehalten habe«.[42]

4.2. Widersprüchliche Informationen aus dem Stasi-Dunkel der DDR

Einige Informationen aus der DDR waren zudem geradezu widersprüchlich. So hatte Barth einerseits mit Johannes Hamel, Gerhard Gloege oder Heino Falcke glaubwürdige Informanten,[43] während andererseits selbsternannte »Freunde« Barths wie die Stasi-IMs Walter Feurich (Stasi-Deckname »Klemm«)[44], Herbert Trebs (Deckname »Anton«)[45] oder Hanfried Müller (GI-Deckname »Hans Meier«)[46] als DDR-Regime-Kalfaktoren ganz gezielt schönfärberisch über ihren Staat informierten und so unwahre Behauptungen über den allseits »friedliebenden Sozialismus« ungeniert kolportierten.

---

41 Barth, Offene Briefe 1945-1968, 427.

42 Barth, Offene Briefe 1945-1968, 438 Anm. 88.

43 Vgl. dazu die Darstellung von Gockel / Leiner, Barth und die DDR, 102-110.

44 Unterlagen in BStU: Archiv-Nr. 1115/81, P-Akte, Bd. I bis IX (u.a. mit 42 Treffberichten), Dresden. Vgl. auch: Walter Feurich, Lebensbericht eines Dresdner Gemeindepfarrers, Berlin 1982, bes. 146. Im Karl Barth-Archiv Basel sind 58 Schriftstücke der Korrespondenz W. Feurichs mit K. Barth von 1947 bis 1968 vorhanden, aus denen Barth freilich nicht auf eine Kollaboration Feurichs mit der DDR-Staatssicherheit schließen konnte.

45 Unterlagen in BStU: Archiv-Nr. 10990/68, Bd. Nr. VII, 000017-000020

46 Vgl. dazu: Dietmar Linke, Theologiestudenten der Humboldt-Universität. Zwischen Hörsaal und Anklagebank. Darstellung der parteipolitischen Einflussnahme auf eine Theologische Fakultät in der DDR anhand von Dokumenten (Historisch-theologische Studien zum 19. und 20. Jahrhundert 3), Neukirchen-Vluyn 1994, 451-472. H. Müller konnte Johannes Hamel als »angeblichen Schüler Karl Barths« sogar einer »wahren Lügenflut« bezichtigen (siehe dazu die Briefauszüge von H. Müller an Gerhard Winter 1978-1979, 3 auf: www.pkgodzik.de/fileadmin/user_upload/Geschichte_und_Politik/Briefe_Hanfried_Mueller.pdf [24.08.2014]).

In diesem Zusammenhang liest sich ein gewiss auch Karl Barth zu Ohren gekommener Bericht über die von Pfarrer Matthias Thurneysen (Sohn des engen Barth-Freundes Eduard Thurneysen) organisierte »Studienreise in die DDR«[47] vom 4. bis 12. April 1964 als nahezu grotesk, schon weil entsprechend der Stasi-IM-»Niederschrift« Thurneysen »bewusst Dinge tun wolle und würde, die einer ›Aufwertung‹ der DDR und der Gewinnung von Sympathien für sie dienen« sollten.[48] Obendrein war die gesamte DDR-Studienreise der etwa 40 Schweizer Teilnehmer von dem Stasi-IM »Anton« (H. Trebs) im Sinn der DDR-Führung mit vorbereitet worden.[49] Und hier dürfte Barths scharfe Ablehnung einer Geheimdiplomatie ihren rechten Ort finden, wo der sich ins Dunkel hüllende Staat »das böse Gewissen seiner Bürger oder seiner Funktionäre zu verbergen hat«.[50] Denn dass Barth seinerseits unter Stasi-Observanz stand und damit aktenkundig[51] war, machte ihn wie so viele andere nicht etwa zum Täter,[52] sondern zum Opfer eines sich ins Dunkel hüllenden Unrechtsstaates, in dem geheim Operierende ein berechtigtes (christlich-brüderliches) Vertrauen bewusst täuschten und sich damit selber als *falsche* Freunde kompromittierten.

47 Gleichnamiger Bericht in: Kirchenbote für den Kanton Zürich, 50. Jg., Nr. 6, Juni 1964, 8. Siehe dazu die harsche Leserbrief-Replik eines ehemaligen DDR-Bürgers im Zürcher Kirchenboten: in Nr. 7 vom Juli 1964, 11. Vgl. dazu den DDR-Bericht »Wir nehmen Ihr Land ernst«, in: Neue Zeit, 18.4.1964, 5.

48 Unterlagen in BStU: Archiv-Nr. 10990/68, Bd. VII, Stempelvermerke 000017-000020.

49 Unterlagen in BStU: Archiv-Nr. 10990/68, Bd. VII, Stempelvermerke 000017-000020.

50 Barth, Christengemeinde, 71.

51 Unterlagen in BStU: Archiv-Nr. 22396/92 (»Barth, Karl«).

52 Als Täter »im Dienste der DDR-Kommunisten« wird Karl Barth von dem einstigen Schweizer Diplomaten Erwin Bischof und Autor der pointiert rechtsbürgerlichen Plattform »Trumph Buur« verunglimpft. Siehe Erwin Bischof, Honeckers Handschlag. Beziehungen Schweiz – DDR 1960-1990. Demokratie oder Diktatur, Bern 2010, 135-155, hier 136.

5. »Hier wie dort ein ›Soli Deo gloria!‹«[53] über alle politischen Entscheidungen

Überdenkt man mit der derzeitigen Quellenlage von Äußerungen Barths zur DDR vor allem die darin enthaltenen *politischen* Implikationen,[54] dann dürfte es »mit aller interpretatorischen Vorsicht« (Günther van Norden) nicht vorstellbar sein, im Nachhinein mit ihnen ein solches geheimdiplomatisches Geschäft wie den DDR-Häftlingsfreikauf von Barths *politischen* Entscheidungen her rechtfertigen, geschweige denn befürworten zu können. Es wäre mit dem Erfolg jedes einzelnen in den Westen freigekauften DDR-Häftlings genau die von Barth ausgesprochene Befürchtung »schrecklich« eingetreten, dass er »eines Morgens bei jenen ›Fleischtöpfen Ägyptens‹, als ein[en] dem ›American way of life‹ Verpflichtete[r]« erwachen würde.[55] Ebenso war in solch einem Geschäft Barths »Hoffnung auf eine bessere Entwicklung jenes Sozialismus«[56] in der DDR einer Nüchternheit gewichen, wenigstens noch vieles menschlich abwickeln zu können. Denn wenn ein Regime wie die DDR ihre Bürger und damit Menschen wie Sklaven über Jahrzehnte in einer so hohen Summe (3,4 Milliarden DM) an den Westen verkaufen konnte, dann erlaubte ein derartiger DDR-Menschenhandel nicht mehr Barths Aufruf folgen zu können, noch glaubwürdig und weiterhin für einen »ernsthaften Sozialismus«[57] einzutreten. So hatte sich mit dem menschenverachtenden Verkauf seiner Bürger der »reale Sozialismus« schon längst korrumpiert und sich aller Hoffnung auf eine »bessere Entwicklung« beraubt.

Hingegen gewinnen die theologisch-poimenischen Äußerungen Barths zur Situation in der DDR und insbesondere für die von dem Häftlingsfreikauf betroffenen Gefangenen einen unschätzbaren Stellenwert. Sie sind in der Tat »Den Gefangenen Befreiung«.[58] Mit seiner Stimme hat Barth verdienstvoll die

---

53 Vgl. Barth, Offene Briefe 1945-1960, 426.

54 Diesbezüglich wird auch noch die Tätigkeit Charlotte von Kirschbaums im Präsidium der (von Moskau aus geleiteten) Bewegung »Freies Deutschland« zu erforschen sein, mit welcher auch Barth durch seine engste Mitarbeiterin »in nahe Berührung« kam. Vgl. u.a. dazu: Karl Barth, How my mind has changed, in: ders., »Der Götze wackelt«. Zeitkritische Aufsätze, Reden und Briefe von 1930 bis 1960, hg.v. Karl Kupisch, Berlin 1961, 194-195. Siehe Näheres dazu bei Hans Teubner, Exilland Schweiz. Dokumentarischer Bericht über den Kampf emigrierter deutscher Kommunisten 1933-1945, Berlin 1975.

55 Barth, Offene Briefe 1945-1968, 430.

56 Barth, Offene Briefe 1945-1968, 419.

57 Barth, Offene Briefe 1945-1968, 210.

58 Siehe hier Anm. 13.

dem Evangelium widersprechenden Formen des Hasses konkret im Ost-West-Konflikt in Frage gestellt. Sie forderte von niemandem, das SED-Regime mit seiner ganzen Gefolgstruppe zu lieben, sondern diente vielmehr schon rein menschlich dazu, vom Negativen in einem selbst loszukommen. Vor allem war damit sein theologisch-existentieller Hinweis verbunden, »dass wir nun eben dort wie hier eingeladen sind, dem altbekanntem ›Soli Deo gloria!‹« in »ganz neuer Demut, Aufgeschlossenheit und Willigkeit gerecht zu werden«.[59]

Mit dieser unter einer »Soli Deo-Gloria!« stehenden Aufgeschlossenheit könnte Karl Barth vielleicht rückblickend und posthum gefragt werden, ob er im Nachhinein den geheimdiplomatischen DDR-Häftlingsfreikauf befürwortet oder strikt abgelehnt hätte? Und bei dieser Frage würde ein ehemaliger DDR-Gefangener mit seiner Erfahrung und Sichtweise auf Barths eigene Worte verweisen, dass sich doch Gott »in größter Selbstverständlichkeit darin an die Seite des Menschen stellt, daß eben das, worunter der Mensch als seine Kreatur leidet, auch ihm und ihm zuerst leid«[60] tut, so dass er dann »zuerst ist Partei gegenüber dem Nichtigen, das den Menschen zunichte machen will«.[61]

---

59 Barth, Offene Briefe 1945-1968, 426

60 Barth, KD IV/2, Zollikon-Zürich 1955, 249.

61 Barth, KD IV/2, 250.

Anhang

Werke Barths

Personenregister

SACHREGISTER

Autorenverzeichnis

Rolf-Joachim Erler, geb. 1949, ist Pfarrer im Ruhestand sowie Herausgeber des Briefwechsels Karl Barth - Charlotte v. Kirschbaum und lebt in Berlin.

Matthias Gockel Ph.D., geb. 1969, ist Wissenschaftlicher Mitarbeiter am Lehrstuhl für Systematische Theologie / Ethik der Theologischen Fakultät der Friedrich-Schiller-Universität Jena.

Prof. Dr. Michael Hüttenhoff, geb. 1958, ist Professor für Historische und Systematische Theologie an der Universität des Saarlandes in Saarbrücken.

Prof. Axel Noack, geb. 1949, ist ehemaliger Bischof der Evangelischen Kirche der Kirchenprovinz Sachsen und Professor für Kirchliche Zeitgeschichte und territoriale Kirchengeschichte an der Theologischen Fakultät der Martin-Luther-Universität Halle-Wittenberg in Halle / Saale.

PD Dr. Henning Theissen, geb. 1974, ist Heisenbergstipendiat der Deutschen Forschungsgemeinschaft am Lehrstuhl für Systematische Theologie der Theologischen Fakultät der Ernst-Moritz-Arndt-Universität Greifswald.

Dr. Christoph Vogel, geb. 1966, ist Oberkonsistorialrat und Leiter der Abteilung für Aus-, Fort- und Weiterbildung der Evangelischen Kirche Berlin-Brandenburg-schlesische Oberlausitz.

Dr. Peter Zocher, geb. 1967, ist Leiter des Karl Barth-Archivs in Basel.

Henning Theißen

Einführung in die Dogmatik

Eine kleine Fundamentaltheologie

Greifswalder Theologische Forschungen (GThF) | 25

190 Seiten | Hardcover | 15,5 x 23 cm
ISBN 978-3-374-04164-0
EUR 34,00 [D]

Als Reflexion ihrer Erkenntnisvoraussetzungen hat die Fundamentaltheologie einen festen Platz in der evangelischen Dogmatik. Mit der Differenzierung der Fachwissenschaften steigen die Anforderungen an die interdisziplinäre Vermittlungsfähigkeit dieses Kapitels der Theologie.

Im Gespräch mit aktuellen Entwürfen behandelt der Autor die fundamentaltheologischen Kernthemen (Wort Gottes und Offenbarung, Bibel und Bekenntnis, Glaube und Religion) und entwickelt eine eigene Position zu der Frage, in welchem Sinne sich evangelische Theologie unter den Bedingungen neuzeitlichen Denkens auf Offenbarung stützt und welche Rolle dabei die Bibel spielt. Der Einbezug verschiedener Konfessionskulturen (u.a. Wittenberger Reformation, F. Schleiermacher, K. Barth) ist ein weiteres Kennzeichen dieses Buches.

EVANGELISCHE VERLAGSANSTALT
Leipzig www.eva-leipzig.de

Tel +49 (0) 341/ 7 11 41 -16 vertrieb@eva-leipzig.de